아는 만큼 맛있다!

문화로 맛보는
맛있는
일본 요리

정의상 지음

시사일본어사

'일본의 전통 음식은 있다? 없다?'

일본의 전통 음식이라고 하면 주로 스시, 우동, 사시미 등을 떠올리곤 합니다. '스시'는 세계화에 성공한 일본 제일의 대표 음식이며 우동, 라멘, 샤부샤부, 돈카츠, 덴푸라, 카레라이스 등도 일본 음식을 이야기할 때 빠지지 않고 등장합니다.

그러나 이들 음식은 모두 일본이 원조가 아니며, 전통 음식이라고도 할 수 없습니다. 스시는 동남아시아의 발효 식품이 원조이며, 우동과 라멘은 중국, 샤부샤부는 몽골, 덴푸라는 포르투갈, 카레라이스는 인도나 영국이 원조입니다. 이렇듯 일본을 대표하는 음식들 중에는 일본이 원조인, 즉 일본이 기원인 음식이 많지 않습니다. 하지만 동남아시아의 생선 발효 음식을 오랜 기간 변화를 거쳐 생선초밥인 니기리즈시로 발전시키고, 인도의 카리 또는 영국의 커리에 일본의 주식인 밥을 곁들이면서 보통의 일본 요리보다도 더 자주 먹는 카레라이스라는 국민 음식으로 발전시켰다는 것 또한 사실입니다. 심지어는 일본인에게 아주 사랑받는 가정식 반찬 중 하나인 니쿠자가도 영국의 비프스튜에서 유래했다는 설이 아직도 많이 회자됩니다.

이처럼 일본은 자국에 전해진 외국 유래 음식들을 모방해서 유사한 음식을 만들기 시작해 시간이 지나면서 일본인의 식생활이나 식습관에 맞게 재해석하고 변형시켜 새로운 음식으로 발전시켜왔습니다. 그리고 이렇게 변형 발전된 음식이 현재 일본을 대표하는 음식으로 자리 잡았습니다.

이러한 외국 유래 일본 음식에 대해서는 학자들 사이에서도 각기 다른 견해가 있습니다. 일본의 민속학자인 야나기타 쿠니오(柳田国男)는 『메이지다이쇼사(明治大正史)』라는 책에서 이러한 요리를 양식이라 칭하며, 양식은 서양 요리의 영향을 받기는 했지만 '먹는 법에서 만드는 법에 이르기까지 모두 일본의 것'이라고 기술했습니다. 양식은 서양식 요리가 일본식으로 변형된 것이기 때문에 일본 요리의 한 종류라고 주장하는 것입니다. 이와 반대로 오카다테츠(岡田哲)는 『돈카츠의 탄생(とんかつの誕生)』이라는 책에서 '일본은 음식에 주체성이 없기 때문에 전 세계 음식을 흡수하고 동화시켜 향유하는 기술이 생긴 것'이라며 양식에 대해 또 다른 견해를 보입니다.

'음식 문화(식문화)'란 '민족, 집단, 지역 등에서 공유되어 오랜 기간 일정한 양식으로 배양되고 전승될 정도로 정착된 음식물 섭취에 관한 생활 양식'이라고 할 수 있는데, 여기서 '음식물 섭취에 관한 생활 양식'은 식재료의 생산 · 유통 과정, 조리 · 가공 과정, 그리고 음식의 섭취 과정과 섭취 방법 등 식재료의 생산에서 음식물의 섭취까지 모든 과정을 포함한다고 할 수 있습니다.

이러한 의미에서 볼 때, 외국에서 유래된 일본 음식들을 역사와 문화 속에서 배양되어 전해 내려오는 일본 전통 요리라고 할 수 있을까요?

일본과 일본인을 좀더 정확히 이해하기 위해서는 그들의 생활 양식과 문화 전반에 대한 폭넓은 이해가 필요합니다. 그리고 그중에서도 가장 기본적이라고 할 수 있는 음식 문화야말로 일본과 일본인을 이해하는 데 큰 도움이 되지 않을까 하는 생각이 음식 문화 책을 쓰는 계기가 되었습니다.

이 책에서는 먼저 일본 요리의 역사와 특징, 그리고 지역별 향토 요리의 특색 등에 대하여 간단히 개관하고 스시, 사시미 등과 같은 대표적 일본 요리부터 전통 정식 요리까지 일본 요리 전반에 대해 다루었습니다. 특히 이들 요리의 기원이나 유래, 요리의 탄생 과정, 그리고 요리에 얽힌 재미있는 이야기 등도 함께 다루어 일본의 요리 문화를 좀더 쉽고 재미있게 이해할 수 있도록 구성하였습니다.

이 책은 필자의 견해나 추측은 될 수 있는 한 배제하고, 일본과 한국에서 출간된 관련 서적, 일본 요리 관련 웹사이트 등의 자료 조사 내용을 토대로 기술하려고 노력하였습니다.

이 책에서 글과 영상 콘텐츠는 일본 요리 및 일본 음식 문화와 관련된 내용을 다루므로 내용을 좀더 효과적으로 설명하고 정확하게 전달하기 위해 음식 관련 용어 등을 일본어 그대로 사용하는 경우가 많습니다. 하지만 여러분이 이해하기 쉽도록 한국어 뜻과 발음을 함께 제시하였으니 양해 부탁드립니다. 관련 일본어의 우리말 표기는 '외래어 표기법'(돈가스, 쓰케모노)보다는 일본어 발음에 최대한 가깝게(돈카츠, 츠케모노) 표기했습니다. 또한 모든 사진 자료는 전문 이미지 사이트에서 제공받거나 직접 촬영한 것을 사용하였습니다.

이 책과 영상이 완성되기까지 많은 분의 수고와 도움이 있었습니다.

먼저 이 책이 출간될 수 있도록 도움을 주신 시사북스 편집부, 마케팅부, 그리고 일본 요리 관련 사진 및 일러스트 자료 조사 및 교정에 힘써주신 박효숙 선생님, 황민정 님, Selina 님, 유경민 님께 감사드립니다. 또한 요리 동영상을 정성을 다해 제작해주신 시사북스 영상콘텐츠 제작팀, 18가지 일본 요리를 직접 만들고 촬영에 참여해주신 전 리츠칼튼호텔 김정태 셰프님과 특별 맛집 기행 촬영을 흔쾌히 허락하고 최강 레시피와 맛있는 요리를 소개해주신 낭만식당 이시환 대표님께도 진심으로 감사드립니다.

끝으로 이 책의 출간과 영상 제작에 물심양면으로 지원을 아끼지 않으신 시사북스 엄태상 대표이사님께도 진심으로 감사의 말씀을 드립니다.

정의상

목 차

일본의 가정식

 일본 전통 정식 요리

일본 요리의 탄생부터 요즘 요리까지

1부

─ 일본인의 식생활

일본 요리의 역사

1 일본 요리의 탄생 및 전개

우리나라의 전통 음식을 한식(韓食)이라고 하듯, 일본의 전통 음식은 일반적으로 화식(和食), 즉 일본어로 와쇼쿠(和食)라고 한다. 한복과 대비하여 양복, 한옥과 대비하여 양옥이라고 하듯 한(韓)은 양(洋)과 대비해 한국을 대표하는 한자로 쓰인다. 일본에서는 양식(洋食)에 대비해 일본의 전통 음식을 나타내는 말로 우리가 흔히 알고 있는 일식이 아니라 화식이라는 말을 쓴다. 즉, 일본에서는 양에 대비해 일본을 대표하는 말로 화(和)를 사용하는 것이다. 그럼 일본 요리인 화식, 즉 와쇼쿠는 어떻게 탄생했을까?

일본은 아주 오래전부터 아시아 대륙의 인접 국가, 특히 지리적으로 가까운 중국, 한국으로부터 다양한 음식 문화의 영향을 받았으며, 농경 문화 또한 중국과 한반도를 거쳐 전래되었다.

일본에서 처음으로 논농사가 시작된 것은 조몬시대가 끝날 무렵인데, 중국에서 한반도를 거쳐 기타규슈 부근으로 전해지면서부터라고 한다. 이것이 야요이시대에 들어와서는 일본 전역에 급속도로 확산되었다. 이러한 과정을 거쳐 일본에 쌀을 중심으로 한 음식 문화가 확립되었고, 이렇게 시작된 쌀 중심 음식 문화가 그 후 와쇼쿠 역사에 가장 큰 영향을 미쳤다. 또한 벼와 세트를 이루는 생선초밥의 원조 격인 나레즈시(なれずし)도 논농사와 함께 전파됐을 가능성이 높다. 나레즈시는 생선을 보존하는 방법으로 고안된 먹거리로, 생선을 쌀밥으로 발효시키는 숙성 과정에서 감칠맛을 이끌어냄과 동시에 장기간 보존을 가능하게 한 숙성 생선을 뜻한다. 시가현(滋賀県)에 있는 일본 최대 호수 비와호(琵琶湖) 주변에 아직도 남아 있는 붕어초밥도 나레즈시의 일종이라 할 수 있다. 이 원리에서 시작해 많은 변화를 거쳐 현재와 같은 형태의 생선초밥(쥠초밥: 에도마에 스시)이 탄생하게 되었다.

또한 논농사 방법과 함께 돼지(멧돼지를 가축화한 동물)를 사육해 식용하는 방법이 야요이시대에 대륙에서 전해졌다는 것이 일반적인 설이다. 당시에 논농사와 함께 돼지 사육도 시작되어 이후로도 지속된 것으로 보이나, 문헌상 나라시대를 마지막으로 돼지에 대한 언급이 사라진다.

6세기 중반 백제에서 전래된 불교는 일본인의 식생활에 많은 영향을 미쳤다. 일본에서는 구석기시대 이후 오랫동안 동물의 고기를 먹어왔지만 살생을 금하는 불교의 영향으로 일본 고대 국가의 최고 전성기인 7세기 후반 일왕(텐무텐노)에 의해 육식 금지령이 내려진다. 일왕은 소, 닭, 말, 개, 원숭이 다섯 동물의 살생과 육식을 금했다. 동물은 인간에게 도움을 주는 존재이므로 그 고기를 먹어서는 안 된다는 것이 육식 금지령이 내려진 가장 큰 이유로 보인다. 예를 들어 말과 소는 노동력을 제공해주고 닭은 귀중한 달걀을 낳아주며, 개는 인간이 가까이서 기르는 친근한 동물로 농사에 해가 되는 논밭의 새들을 쫓아주고 원숭이는 사람을 닮았다는 이유로 육식을 금한 것이다. 그렇다고 모든 육식을 금한 것은 아니어서 사슴이나 멧돼지 등과 같이 인간의 생활, 특히 농경 생활에 직접적으로 도움을 주지 않는 동물들은 육식 금지 동물에 포함시키지 않았다. 또 육식 금지 기간도 4월부터 9월까지 농번기에 한정되어 당시의 육식 금지령이 살생을 금하는 불교의 영향이라는 속설에는 한계가 있고, 엄밀히 말하면 벼를 풍성하게 수확하기 위한 하나의 방책이었다고 할 수 있다. 고대 국가에서 영양가가 높고 힘의 원천이라고 생각했던 쌀은 가장 중요한 조세 수단으로 쓰일 정도로 신성한 먹거리 자원이었다. 그 당시는 불결하다고 여긴 동물의 고기를 먹으면 쌀농사를 망친다는 미신을 믿던 시대였으므로 풍작을 위해서 어쩔 수 없이 육식 금지령이 내려진 것이다. 이것이 육식하는 식습관이 서서히 사라지는 계기가 되었고, 고기를 얻기 위한 돼지 사육도 자취를 감추게 되었다. 육식 금지령이 내려진 이후 약 1,200년 동안 국가가 소, 닭 등의 육류 섭취를 철저하게 금지함에 따라 동물의 고기를 대신해 단백질 섭취가 가능한 생선이나 해산물을 이용한 음식이 발달하는 등의 변화가 일본 음식 문화에 큰 영향을 미쳤다. 또한 중국에서 선종이 들어오면서 선종사찰에서 만들어진 쇼진요리(精進料理)가 도입되었고, 면류와 함께 콩으로 만드는 두부가 일본 음식으로 정착되었다.

그렇다고 해서 식습관이 하루아침에 정착된 것은 아니다. 당시 쌀은 생산량이 많지 않은 귀중한 식재료였으므로 서민들은 쉽게 먹지 못했다. 따라서 서민들은 이후로도 오랫동안 육식을 하지 않을 수 없었다.

그러나 쌀 생산량이 늘어난 중세 이후부터는 서민들도 쌀밥을 먹을 수 있게 되었고, 동물의 고기는 불결하다는 인식이 서민들에게까지 점차 확산되면서 사슴이나 멧

돼지와 같이 식용이 금지되지 않았던 동물의 고기까지도 서서히 먹지 않게 되었다. 이 때문에 중세 말기부터는 동물의 고기를 먹지 않고 쌀밥을 중심으로 생선(해산물)에 채소를 곁들여 먹는 형식이 일본의 식문화 형태로 자리 잡게 되었고, 생선초밥(스시)과 같이 쌀과 생선을 함께 먹는 것이 일본의 가장 대표적인 음식이 되었다.

19세기 이후에는 서양과의 교역 등의 영향으로 1872년 육식 금지령이 풀려 1,200년 가까이 먹지 않았던 소고기 등 육류가 식재료로 사용되기 시작했다. 또한 새로 서양에서 수입된 양배추, 감자 등의 채소가 재배되면서 화양절충 요리(와쇼쿠와 양식을 절충해 조화를 꾀한 요리)가 탄생하게 되었다. 이때부터 밥과 미소 된장국이 기본이던 일본 요리의 메뉴에 소고기가 주재료인 스키야키(すき焼き), 돼지고기가 주재료인 돈카츠 등이 새롭게 등장했다. 또한 튀김 요리인 덴푸라(天ぷら)도 외국의 요리 기법에 일본의 식재료를 더해 새롭고 독자적인 요리로 재창조하는 과정을 거쳐 일본의 또 다른 대표 음식으로 자리매김하게 되었다. 우동, 소면 등 면류도 대부분 중국에서 유래했지만, 조리법과 먹는 방법 등은 일본에서 독자적으로 개발하고 발전시킨 것이다. 이처럼 일본 요리는 해외에서 식재료나 요리법 등이 전파되면서 다양성을 띠게 되었다.

이러한 조리법과 먹는 방법의 개발 및 발전과 함께 지리적 여건 역시 일본 요리가 다양해지는 또 하나의 요인으로 들 수 있다.

일본은 지리적으로 남북으로 길게 뻗어 있어 북쪽에 있는 홋카이도는 아한대에, 남쪽에 있는 오키나와는 아열대에 속하므로 수확할 수 있는 식재료 종류가 다양하다. 게다가 주위는 바다로 둘러싸여 있어 바다에서 다양한 해조류와 어패류를 수확할 수 있다. 이러한 자연환경 덕에 지역마다 특유의 향토 요리가 발달했다.

결국 일본 요리의 다양성은 각지에서 수확되는 풍부한 식재료를 사용하며, 외국에서 들어온 식문화를 그대로 받아들이지 않고 일본인의 정서와 입맛에 맞게 일정한 양식을 지키면서도 조리법과 먹는 방법 등을 독자적으로 개발·발전시킴으로써 성립된 것이라 할 수 있다.

일본 요리 또는 일본 전통 요리 중 대표적 정식(定食)요리로는 수행 중인 승려들의 일상식인 쇼진요리(精進料理), 무로마치시대 무사 집안의 의식 요리로 발전된 혼젠요리(本膳料理), 무로마치시대 다도 발달로 생겨난 가이세키요리(懷石料理), 에도시대 술안주 등의 연회요리로 탄생한 가이세키요리(会席料理) 등이 있다.

2 일본 요리의 시대적 구분

1 _ 조몬시대(縄文時代: 기원전 13000년~기원전 300년)

조몬시대에는 식용 식물을 재배하는 농사가 발달되지 않았다. 따라서 사슴이나 멧돼지 등의 동물을 수렵하거나 물고기를 잡아먹기도 하였지만, 그보다는 주로 식물성 식재료를 채집해서 먹었다.

2 _ 야요이시대(弥生時代: 기원전 300년~기원후 300년)

조몬시대 후기에서 야요이시대 초기 대륙에서 쌀이 전해져 물을 쉽게 댈 수 있는 논에서 벼농사가 시작되었다. 벼농사는 중국에서 직접 전해졌다는 설과 한반도를 통해 전해졌다는 두 가지 설이 있다. 이후 벼농사가 일본 전역으로 전해지면서 농경 생

활이 시작되어 수렵·채집 생활에 비해 안정적인 식재료 공급이 가능해졌고, 한곳에 정착하자 인구도 증가했다. 또한 쌀뿐만 아니라 팥 등의 곡물을 삶아서 죽처럼 먹거나 채소류를 생으로 먹었다. 중국의 역사서 『삼국지(三國志) 위지왜인전(魏志 倭人傳)』에는 '일본에서는 채소를 생으로 먹는데, 그것도 맨손으로 먹는다'는 기록이 있다.

3 _ 고훈·아스카시대 (古墳·飛鳥時代: 3세기 중반~8세기 초반)

이 시기부터 가마솥을 사용해 쌀을 쪄서 먹었으며, 벼가 중요한 조세 수단이 되었다. 또한 미소된장이나 간장의 원형이라고 하는 히시오(醬)가 일본에 전해지는 등 중국과의 교류로 대륙의 식문화가 일부 전해졌다.

7세기 후반 불교의 영향에 더해 일왕이 풍작을 위해 농사에 도움이 되는 소, 닭, 말, 개, 원숭이 다섯 종류 동물의 식용을 금지하여 이 시기부터 육식을 꺼리는 습관이 확산되었으며, 이후 서양의 식문화가 본격적으로 전해지는 메이지시대까지 무려 1,200년 가까이 육식이 금지됐다.

4 _ 나라시대 (奈良時代: 710년~794년)

비교적 짧은 나라시대에 쌀은 전국적으로 보급되지만 귀족 계급이 쌀을 세금으로

거둬들이다 보니 서민들은 쉽게 쌀을 먹을 수 없어 밤이나 피 등 다른 곡물을 주식으로 할 수밖에 없었다. 결국 이 시기부터 귀족과 서민의 주식이 구별되기 시작했다.

육식이 금지된 시기였음에도 서민들은 사슴이나 멧돼지 또는 조류 등의 육류를 먹었지만, 귀족들은 육식을 하지 못하자 우유나 고급 유제품을 먹기 시작했다. 그 외 이 시기의 특이사항은 귀족을 중심으로 젓가락을 사용하게 되었다는 것이다. 또한 중국의 식사 양식을 받아들여 발전시킨 대향요리(大饗料理)가 궁중 귀족들을 중심으로 보급되었다.

5 _ 헤이안시대(平安時代: 794년~1185년)

헤이안시대는 현재 일본 음식 문화의 기초가 성립된 시기이다. 서민들의 희생으로 귀족들의 생활이 풍요로워지면서 귀족들 사이에 연중행사나 축하연회에서 접대 형식의 요리가 생겨났다. 그러나 당시에는 전문 요리사가 없었으므로 음식을 먹는 본인이 소금, 초, 히시오 등으로 직접 간을 맞추거나 맛을 내서 먹었다. 이 때문인지 이 시기 귀족들은 음식의 맛이나 영양가보다는 잔칫상을 외관상 얼마나 아름답게 차려내느냐에 훨씬 관심이 많았다. 귀족들의 이러한 형식적인 식문화는 오늘날 일본 요

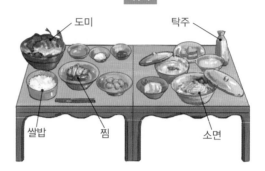

도미　　　　탁주

쌀밥　　　찜　　　　소면

리의 큰 특징 하나를 결정하는 원천이 되었다. 즉, 그릇에 담기는 음식의 외형적인 아름다움을 중시하는 일본 요리의 성격이 이 시기의 귀족 생활에서 비롯했다고 할 수 있다.

　한편 서민들의 생활은 나라시대에 비해 나아지지 않았으며, 불교의 계율이 서민층에까지 침투하지 못해 서민들은 여전히 짐승을 사냥해서 먹었다.

6 _ 가마쿠라시대(鎌倉時代: 1185년~1333년) · 무로마치시대(室町時代: 1333년~1573년)

　헤이안시대에는 상류 계급인 귀족이나 승려가 요리의 맛보다는 외관상 아름다움을 중시하고 불교의 영향으로 육식을 금하였으나 무사들의 세상이 된 가마쿠라 · 무로마치시대에는 현미와 함께 동물의 고기를 먹기도 했다. 이 때문에 헤이안시대에 비해 식사는 간결해졌지만 실제로는 건강한 식생활로 바뀌었다고 할 수 있다.

　가마쿠라시대에는 중국에서 말차(抹茶)가 전해졌으며, 선종과 함께 채소나 콩 등이 중심이 되는 승려들의 일상식이 전해져 일본풍으로 변화 · 발전하면서 쇼진요리(精進料理)가 되었다.

　무로마치시대에는 전문 요리사가 생겨나 직접 간을 맞추거나 맛을 내게 되었다. 또

귀족들이나 무사가 손님을 대접할 때 내던 접대 요리인 혼젠요리(本膳料理)가 탄생하는데 오늘날 일본 음식의 기본 식단인 밥, 국물, 반찬, 절임채소를 특징으로 한다.

7 _ 아즈치모모야마시대(安土桃山時代: 1573년~1603년)

아즈치모모야마시대는 아주 짧지만 일본 음식 문화 정립의 아주 중요한 토대를 이룬 시기이다.

무로마치시대 말기에서 아즈치모모야마시대에 걸쳐 나가사키항이 개항(1571)되면서 해외 무역이 시작되었는데 이때 중국과 한국, 동남아시아 외에도 스페인, 포르투갈 등의 난반(南蛮)으로부터 이전에는 없었던 농작물과 식품, 요리법 등이 전래되거나 수입되었다. 특히 스페인, 포르투갈과의 난반 무역으로 땅콩, 호박, 대파, 양파, 고추, 시금치, 땅콩, 토마토, 감자, 고구마, 포도, 수박, 바나나, 무화과 등의 농작물이 전래되었으며 설탕을 본격적으로 수입하면서 설탕을 사용한 난반 과자류인 카스테라, 별사탕(金平糖: 콘페이토) 등도 전해졌다. 기름에 식재료를 튀겨 만드는 요리법이 전파되면서 덴푸라(天ぷら)나 간모도키(がんもどき) 같은 튀김 음식도 선보이게 되었다.

또한 센노리큐(千利休)라는 다인(茶人)이 일본의 다도(茶道)를 제대로 정립하고 완성하면서 다도가 일본을 대표하는 독특한 문화로 자리 잡았다. 이를 계기로 다도 모임에서 차를 맛있게 먹기 위해 고안된 식사인 가이세키요리(懷石料理), 일명 차가이세키요리(茶懷石料理)가 탄생한다. 이러한 음식 문화의 집대성이 이 시대 식문화의 큰 특색이며, 이를 기반으로 에도시대에 들어 와쇼쿠(和食: 일본 요리)가 완성된다.

8 _ 에도시대 (江戸時代: 1603년~1867년)

비교적 평온했던 에도시대에는 농업과 어업이 크게 발전했다. 농업에서는 새로운 농경지를 개발하면서 곡식의 품종이 개량되었다. 어업에서는 어장 관리법이나 해산물 포획 방법 등이 새롭게 개발되어 농수산물의 전체 수확량이 늘면서 시장도 확대·발전되었다.

소바집, 우동집, 이자카야, 포장마차 등 서민적인 음식점이 등장해 보급되었으며, 고급 요리를 취급하는 음식점도 많아졌다. 특히 이 시기에는 일본에서 처음으로 요리책이 출간되었는데, 고급 음식점의 음식 조리법을 보여주는 책이라든지 나가사키항을 통해 전해진 서양 요리를 먹는 방법을 정리한 책 등 다양한 요리책이 출간되었다. 음식점에는 다시마와 가다랑어포(かつおぶし: 가츠오부시)를 사용해 육수(다시)을 만드는

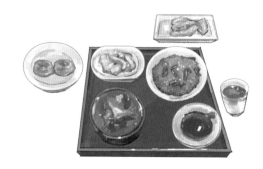

방법이 널리 퍼졌다. 특히 오늘날 일본 대표 요리라 할 수 있는 초밥 형태인 쥠초밥(에도마에 스시)은 물론 덴푸라도 이 시기에는 포장마차에서 파는 일본식 패스트푸드로 서민들이 손쉽게 먹을 수 있는 음식이었다.

1620년대 말에 처음 등장한 가이세키요리(会席料理)도 처음에는 다도 모임에서 내어놓는 요리로 시작해, 모임 말미에 안주를 약간 곁들여 가볍게 술 한잔하는 정도의 간단하고 단순한 식사 형식이었다. 하지만 차츰 변화를 거쳐 술을 마시기 위한 술안주 중심의 세련되고 화려한 잔치 코스 요리의 성격을 띠게 되었다.

에도시대 초기에는 질 좋은 간장이 보급되기 이전이었으므로 생선회는 생강초나 생강 된장초, 생와사비 된장초 등을 곁들여 먹었다. 생선 외에 조류, 조개류, 채소도 생으로 먹었지만, 시간이 지나 간장을 사용할 수 있게 되면서 회로 먹는 대상은 생선회로 국한되었다.

9 _ 메이지시대(明治時代: 1868년~1912년)

일본의 개화기라고도 하는 메이지시대에는 서양의 요리와 식문화가 유입되어 보급되었다. 메이지유신으로 쇄국 정책을 접고 서양과 교류·무역을 재개하고 문호를 개방하면서 서양 요리 전문 음식점이 많이 늘어나는 등 일본의 음식 문화도 크게 변화했다.

메이지유신 전후 서양 문명은 뛰어나다는 풍조 속에 메이지 일왕이 육식 금지령을 해제하고 육식을 하게 된 것이 대중에게 큰 영향을 미쳤으며 양식, 특히 소고기를 먹는 것은 문명 개화의 상징으로 여겨져 상류 계급이나 지식인은 물론 서민들까지도 육식을 하는 사람이 늘어났다. 처음에는 고기를 익숙한 된장이나 간장을 넣어 끓여 먹었으나 점점 감자, 양파, 토마토 등의 서양 채소에 버터, 마요네즈 등의 조미료를 사용하거나 서양의 조리법 등을 이용해 요리를 만들었다. 심지어 가정에서도 서양 요리를 만들기 시작했다.

　그러나 서양 요리라 하더라도 조리법이나 먹는 방법 등을 일본풍으로 변화시키는 경우가 많았다. 이 시기에 도쿄나 요코하마를 중심으로 소고기 전골인 규나베(牛鍋) 식당이 많이 문을 열었는데, 이는 일본에서는 먹지 않았던 소고기라는 재료에 일본 전통의 조리법과 먹는 방법을 응용하여 서양 요리를 일본풍으로 변화시킨 요리라 할 수 있다. 다시 말하면 정통 양식이 아닌 일본식(和食)과 양식(洋食)을 적당히 혼합한 화양절충(和洋折衷)의 서양 요리가 많이 등장했다고 할 수 있다. 화양절충은 일본의 전통을 지키려는 방편이기도 했지만, 한편으로는 대중이 그동안 접해보지 못했던 생소한 서양 음식에 대한 부정적인 생각이나 거부감을 줄이고 쉽게 다가가도록 하려는 목적 또한 컸을 것이다. 또 요리 잡지 등에서 서양 요리를 자주 소개하면서 대중도 점차 서양 요리를 접할 기회가 많아졌다. 그러나 일반 가정의 식사 메뉴는 여전히 일본 음식이 주를 이루고 가끔 서양 음식을 먹는 정도였다.

　이 시기에 긴자에서 처음으로 팥빵을 선보였으며, 조미료로는 다양한 서양식 소스와 향신료를 자주 사용되게 되었다.

10 _ 다이쇼시대(大正時代: 1912년~1926년)

　다이쇼시대에는 양식이 일반 가정 요리에도 서서히 나타났으며 도시화가 진행됨에 따라 대중음식점을 중심으로 양식이 전국적으로 보급되었다. 특히 카레라이스, 돈카츠, 고로케 등 일본화된 양식이 서민들 사이에 널리 퍼졌다.

11 _ **쇼와시대**(昭和時代: 1926년~1989년)

제2차 세계대전의 영향으로 식량 공급이 어려워지자 쌀의 대용식으로 감자 등이 증산되기는 했지만 식량난은 막을 수 없어 식재료, 특히 쌀이 부족해 국민의 식생활이 궁핍해졌다. 1945년 패전 이후 사정은 더욱 악화되어 도쿄, 오사카 등의 대도시에는 굶어 죽는 사람도 많았다. 하지만 일본 부흥을 위한 미국의 경제 원조와 한국전쟁의 특수로 일본 경제는 1951년이 되자 전쟁 전 수준으로 회복되었고, 1955년에는 쌀농사 가 대풍작으로 쌀 생산량도 전쟁 전 수준을 회복했다. 이후 고속 경제성장 시기를 거 쳐 빈곤에서 탈출하면서 서민들의 일상 식생활까지 미국이나 유럽식으로 변화하기 시 작했다. 식생활을 둘러싼 환경에도 많은 변화가 생겨 1956년에 미국에서 슈퍼마켓이 들어왔고, 최초로 전기밥솥이 판매되었다. 1965년에는 냉장고 보급률이 50%를 넘어 섰으며, 저온 유통 체계가 구축되면서 1960년대부터는 그동안 식생활의 주를 이루었 던 쌀이나 생선 요리가 줄어드는 한편 학교 급식으로 빵, 우유 등이 사용되고 고기 요 리가 급증하는 등 식생활이 급속히 서양화되었다. 1958년 이후 인스턴트 라면 같은 다양한 인스턴트 식품이 나오는 등 쇼와시대는 일본인의 식생활 스타일이 크게 변화 된 시기였다.

12 _ **헤이세이시대**(平成時代: 1989년~2019년)

헤이세이시대의 음식 문화는 안심하고 먹을 수 있는 음식, 양보다는 질을 중시하는 음식, 건강에 좋은 음식 그리고 레토르트 식품, 간편식 등이 대표적 특징이자 흐름이라고 할 수 있다. 또 이탈리아, 프랑스 등 음식으로 유명한 나라나 가까운 한국, 중국의 요리 외에도 인도, 필리핀, 타이완, 멕시코 등 세계 여러 나라의 다양한 먹거리를 맛볼 수 있게 된 시기이기도 하다. 2013년 일본인의 전통 음식 문화라고 정의한 일본 요리, 즉 와쇼쿠(和食)가 우리나라의 김치·김장 문화와 함께 유네스코 무형문화유산으로 등록되었다.

이러한 음식 문화의 특징은 2019년 문을 연 레이와시대(令和時代)에도 큰 변화없이 이어지고 있다.

일본 요리의 역사

일본 요리의 특징

가정에서 먹는 일상적인 음식을 대표로 음식점에서 먹는 음식까지 일본인의 전통적인 식사를 '일본 요리' 또는 '화식(和食: 와쇼쿠)'이라고 한다.

일본인은 식사할 때 전통적으로 작은 1인용 소반(밥상)에 차려진 음식을 먹었다. 20세기 초까지 화식의 기본 식단은 작은 소반에 주식인 '밥'을 중심으로 일본식 된장국인 미소시루 등 한 가지 국물인 1즙(一汁)과 세 가지 반찬인 3채(三菜)의 조합인 '1즙 3채(一汁三菜)'가 올려지며, 여기에 발효 식품인 '절임채소(漬物: 츠케모노)'를 곁들였다(일반적으로 절임채소는 반찬에 포함되지 않기도 한다. 절임채소는 채소를 오래 보관하기 위해 만들어진 것으로 나라시대 때부터 밥과 세트로 취급했기 때문에 보통 반찬 종류로 취급했기 때문이라고 할 수 있다.). 이렇게 밥과 1즙 3채, 츠케모노까지 소반에 올리면 다른 것을 더 올려놓을 공간이 없다.

그러다 보니 손님에게 좀더 많은 요리를 대접하고자 할 때는 소반 숫자를 늘릴 수밖에 없었다. 그 결과 과거에는 소반이 2개인 요리, 심지어 3개, 5개, 7개 하는 식으로 소반을 늘려가는 호화로운 요리를 대접하는 일도 있었지만, 지금은 이러한 형식적인 요리는 거의 사라졌다.

반찬 종류로는 날로 먹는 사시미가 가장 선호되는 고급스러운 반찬이며, 구이와 조림의 순서로 선호도가 떨어진다. 이것은 과거에 신선한 생선은 사시미로 먹고, 다음에 소금구이, 그리고 선도가 떨어지면 조림으로 해서 먹었던 데서 기인한다.

예전에는 반찬이 세 종류였지만, 지금은 더 다양한 반찬이 나오는 경우도 많다. 반찬 내용도 전통적 요리뿐만 아니라 서양 요리나 중국 요리, 한국 요리 등 세계 각국의 요리가 추가될 때도 있다.

전통 일본 요리의 일반적 식단에는 반드시 국물(汁物)이 나오는데, 맛있는 국물을 만들기 위해서는 맛국물인 '육수(다시)'를 사용하며, 반찬을 만들 때도 육수를 많이 넣는다. 따라서 일본 요리의 특징을 설명할 때 육수 재료와 육수 만드는 방법은 빼놓을 수 없는 요리의 기본이라고 할 수 있다. 일본인은 500년 전에 이미 가다랑어포와 다시마로 맛국물인 육수를 만들었으며, 육수를 만드는 기술은 오늘날까지 계속 발전되어왔다.

일본 요리의 가장 큰 특색은 국물이나 반찬의 맛을 내는 데 기본적으로 육수(다시)를 사용하고, 독자적으로 전개·발전시켜온 미소된장과 간장으로 향과 풍미를 내며, 자연 소재의 맛을 그대로 살린 요리를 만들어내는 것이다. 또 가공하지 않은 그대로의 소재를 중시한다는 점에서 생식(날로 먹는 것)이 발달했으며, 요리 자체에 필요 이상의 조리를 하지 않고 신선한 제철 식재료를 사용해 본연의 맛과 형태를 최대한 살려 계절감을 내거나 자연과의 조화를 중시하는 담백한 맛을 낸다는 것이 일본 요리의 근간을 이루는 개념이다. 이러한 점이 철저히 가열을 중심으로 하는 중국 요리, 농후한 유제품을 사용하는 서양 요리, 다양한 양념으로 맛을 내는 한국 요리와의 차이점이라고 할 수 있다.

또 다른 측면에서 일본 요리의 특징으로 '5미(味), 5색(色), 5법(法)'이라는 개념이 있다. 이는 다섯 가지 맛, 다섯 가지 색, 다섯 가지 조리법을 의미하는 것으로, 일본 요리는 이 세 가지 개념을 적절하게 조화시켜 만든다.

다섯 가지 맛은 '단맛, 짠맛, 신맛, 쓴맛'의 기본적인 네 가지 맛에 '감칠맛'을 포함한 맛을 말한다(감칠맛 대신 매운맛을 5미라 하기도 한다). 감칠맛은 생선, 육고기, 채소, 해

초 등에 포함되어 있는 독특한 맛으로, 구체적으로는 다시마, 가츠오부시, 말린 표고버섯, 마른 멸치 등의 식재료로 만드는 육수(다시)에서 느낄 수 있는 맛이다. 감칠맛은 기본 네 가지 맛처럼 확실하게 구별되지는 않지만 일본 요리에서 맛의 균형감과 풍미를 높이는 데 중요한 역할을 한다. 감칠맛과 향을 모두 갖춘 육수는 요리에 깊은 맛을 내준다.

다섯 가지 색은 '흰색, 빨간색, 노란색, 녹색, 검은색'을 말한다. 다섯 가지 색 식재료로 음식을 만들면 색감이 풍요로울 뿐만 아니라 영양의 균형도 맞춰준다. 색과 식재료의 조화는 예를 들어 흰색은 주식으로서 에너지가 되는 밥, 빨간색은 메인 반찬으로서 단백질 공급원이라 할 수 있는 고기나 참치 등의 붉은살생선, 노란색은 비타민이나 미네랄을 섭취할 수 있는 콩이나 달걀, 녹색은 채소류, 검은색은 해조류나 버섯 등이 있다. 일본 요리는 눈으로 즐기면서 먹는 요리라는 말이 있을 정도로 색의 조화를 살린 플레이팅의 시각적 아름다움과 정교함을 중요하게 여긴다. 색깔뿐 아니라 요리에 어울리는 질감과 형태를 고려한 다양한 그릇(사기, 도기, 칠기, 나무, 대나무, 철)도

일본 요리에서 중시되는 소재 중 하나라고 할 수 있다.

다섯 가지 조리 방법이란 '생식(칼로 생선살을 자르는 조리법), 구이, 조림, 튀김, 찜'의 기본 조리법을 말한다.

서양에서는 주로 육고기를 식재료로 사용하기 때문에 날고기를 먹는 생식 문화가 발달하지 않았지만 일본에서는 선도가 높은 생선을 날로 먹는 사시미 등의 생식 문화가 발달해 칼로 생선살을 자르는 기술이 조리법의 하나로 취급된다. 어떤 방법으로 어떻게 자르느냐에 따라 사시미의 식감과 맛이 달라지기 때문이다. 구이는 식재료를 꼬챙이에 끼우거나 석쇠에 올려놓고 직접 불로 구워내는 직화구이와 프라이팬 등을 사용하는 간접구이가 있는데 고온에서 가열하기 때문에 고소한 냄새, 불맛 등을 통해 식욕을 돋울 수 있는 조리법이다. 조림은 식재료를 다시, 조미료 등과 함께 가열하는 조리법으로 생선, 채소 등이 식재료로 쓰이는 경우가 많은데 일본 요리에서는 가장 일반적이고 편리한 조리법이다. 튀김은 고온의 기름으로 식재료를 가열하는 조리법이다. 일본 전통의 조리법이 아니라 약 400년 전 포르투갈에서 덴푸라가 전해지면서 점차 일본 요리로 수용되었다. 찜은 찜기에 식재료를 넣고 물을 끓여 증기로 간접적으로 가열하는 조리법이다.

생식을 제외한 다른 조리법은 대체로 가열 온도와 시간 등이 요리의 맛을 결정한다. 일본 요리에 사용되는 조미료로는 간장, 된장, 식초 등과 같은 발효 식품이 많은데, 발효로 생기는 유기산이나 아미노산이 일본 요리 특유의 감칠맛을 내준다고도 할 수 있다.

일본 요리는 눈으로 즐기면서 먹는다.

일본 향토 음식의 특색

　　오래전부터 계속된 외국과의 활발한 접촉은 새로운 음식 문화 형성에 큰 역할을 해왔다. 일본의 음식 문화는 고대·중세에는 중국과 한반도 등에서, 근세 초기에는 난반 (유럽)에서, 메이지시대에 들어와서는 유럽과 미국에서, 그리고 제2차 세계대전 이후에는 세계 각국에서 들어온 식품이나 식재료, 요리, 조리법, 먹는 법에 이르기까지 큰 영향을 받고 있다.

　　이렇게 형성된 일본의 음식 문화는 1즙 3채의 식단, 주식과 부식의 분리, 서양에서 들어온 양식, 자연 그대로를 살린 조리법, 발효 식품의 발달 등 일본 전역에서 비슷한 특징을 보이기도 하지만, 지역(지방)마다 독특한 향토 음식이 발달하기도 하였다.

　　일본은 8개 지방으로 이루어져 있는데 이들과 오키나와 지역의 향토 음식과 요리의 특징을 간단히 살펴보자.

1 _ 홋카이도(北海道) 지방

일본에서 해산물 하면 가장 먼저 떠오르는 곳이다. 최소한의 조리로 최고의 해산물 요리를 맛볼 수 있는 홋카이도는 다른 어느 지역보다 사시사철 질 좋은 신선한 해산물을 구할 수 있다보니 조리법은 그다지 발달하지 않은 곳이라는 말을 듣기도 한다.

이 지역의 대표적인 향토 음식으로는 지역민의 소울푸드라고 하는 '루이베(ルイベ)'가 있다. 루이베는 겨울에 영하 30℃에 가까운 야외에서 얼려 기생충을 없앤 연어를 얇게 썰어 먹는 이른바 얼린 연어회 요리이다.

우리가 흔히 회로 먹는 멍게도 신선도가 떨어지는 여름이 제철이다보니 일본에서는 홋카이도나 도호쿠 일부 지방 이외에서는 맛보기 힘든 음식이다.

2 _ 도호쿠(東北) 지방

한랭한 기후로 1년 중 3분의 1 정도가 눈이 쌓여 있는 곳이 많은 지역이다. 식재료를 염장해서 먹거나 체온을 유지하기 위해 염분기가 비교적 많은 음식을 먹는 등의 식습관이 현재 도호쿠 지방 향토 음식의 기초가 되었다. 아키타현(秋田県)의 쌀을 주재료로 하는 향토 음식인 기리탄포나베(きりたんぽ鍋) 등 추운 지방에 걸맞은 전골(나베) 요리나 국물(시루)요리, 그리고 신선한 어패류 등을 밥 위에 올린 덮밥으로 유명하다. 미야기현(宮城県)은 근해의 좋은 어장에서 잡히는 흰살생선을 이용해 조릿대 모양으로 만든 어묵인 사사 가마보코(笹かまぼこ)와 쫄깃쫄깃한 식감을 느낄 수 있는 센다이(仙台)의 명물 소 혀구이(牛タン: 규탄)로 유명하다. 이 외에도 다른 지방에서는 먹지 않지만 기근에 대비해 먹기 시작한 쇠비름이나 으름 등의 산채를 주재료

牛タン

로 한 산채요리는 야마가타현(山形県)의 별미로 꼽힌다. 아키타에서 동해로 흘러가는 강의 하구에서 잡히는 칠성장어를 이용한 요리는 아키타현의 명물 요리이다.

3 _ 간토(関東) 지방

간토 지방은 다양한 음식 문화가 융합된 곳이다. 예부터 도쿄를 중심으로 간토 지방의 대도시권으로 여러 지역 사람들이 모여듦에 따라 그들을 상대로 하는 여러 지역의 향토 음식점들이 생기면서 다양한 음식 문화가 공존하게 되었다. 또한 국제도시인 도쿄에 해외에서 많은 외국인이 들어오면서 미국 요리, 중국 요리, 한국 요리, 태국 요리, 인도 요리 등 다양한 국가의 요리도 맛볼 수 있다.

바다에서 떨어진 도치기현(栃木県)은 강에서 잡히는 민물고기 요리가 향토 음식으로 유명하다. 도치기현 서북부 관광도시인 닛코(日光)의 향토 음식으로는 두유에 콩가루를 섞어 끓여 그 표면에 엉긴 얇은 껍질을 걷어내 말린 '유바(湯葉)'가 유명하다. 유바는 생선회와 마찬가지로 간장을 찍어 먹거나 국물 요리인 스이모노(吸い物)에 넣어 먹는데, 일본의 전통 정식 요리인 쇼진요리에 빠질 수 없는 전통 식자재이다. 치바(千葉) 동쪽 먼바다에서 11월에서 3월경에 대량으로 잡히는 정어리를 콩비지와 쌀초에 살짝 절여 먹는 정어리 콩비지 절임(イワシの卯の花付け: 이와시노 우노하나즈케)은 치바현의 향토 음식이다.

4 _ 추부(中部) 지방

추부 지방은 일본의 동과 서가 만나는 곳으로 음식 문화도 지리적인 영향을 받아서 맛의 선호도가 갈린다. 동쪽 지역에 사는 사람들은 간토풍의 '진한 맛'을 선호하고, 서쪽 지역에 사는 사람들은 간사이(関西)풍의 '순하고 부드러운 맛'을 선호한다. 특히 이 지역에는 일본에서 음식에 대한 호기심이 가장 많다고 하는 나고야(名古屋)가 있다.

독특한 감성으로 맛있는 나고야만의 맛을 만들어낼 뿐 아니라 낫토 커피젤리 샌드위치, 닭날개튀김 아이스크림 등 색다르면서도 조금은 기이한 먹거리도 맛볼 수 있다.

추부 지방의 향토 음식을 지역별로 살펴보면, 분지인 야마나시현(山梨県)은 물이 부족해 논을 만들기 어렵기 때문에 벼 대신 밀로 만드는 요리가 발달했다. 특히 밀가루 반죽을 잘라 만든 두꺼운 면을 감자, 호박, 우엉 등의 채소와 함께 미소된장 국물에 끓인 호우토우우동(ほうとううどん)은 야마나시현의 명물로 꼽힌다. 나가노현(長野県)은 주변에 바다가 없기 때문에 오래전부터 곤충이 중요한 단백질원으로 여겨졌는데 누에 번데기, 말벌 유충, 수생 곤충의 유충 등 곤충을 재료로 하는 요리가 발달했다. 바다를 접하고 있는 도야마현(富山県)은 해산물이 맛있기로 유명한 곳이다. 특히 봄에 산란을 위해 도야마만에 오는 꼴뚜기와 4~7월이 제철인 흰새우는 도야마를 대표하는 특산물이다. 이때 잡히는 꼴뚜기로 만든 요리와 흰새우로 만든 흰새우 튀김, 흰새우 덮밥은 이 지역을 대표하는 요리이다. 기후현(岐阜県)은 사냥한 멧돼지를 손질해 구워먹거나 멧돼지 고기를 주재료로 하는 나베(전골)요리로 유명하다.

5 _ 긴키(近畿) 지방

긴키 지방은 오코노미야키(お好み焼き)나 다코야키(たこ焼き)가 유명하지만 이런 밀가루 음식만 있는 것은 아니다. 일본 최초의 스시 발상지인만큼 다양한 스타일의 향토 스시를 즐길 수 있다. 스시 종류로는 생선 등의 요리에 간장을 넣고 밥과 비비듯이 버무려 먹는 우리의 회덮밥과 흡사한 미에현(三重県)의 테코네(手こね)스시, 일정한 상자 형태의 틀에 다양한 재료를 밥과 함께 겹겹이 쌓아 눌러 만든 오사카의 오시즈시(押しずし: 누름초밥), 초절임한 고등어로 만든 스시를 감잎으로 싸서 만든 나라현(奈良県)의 가키노하즈시(柿の葉ずし: 감잎초밥), 붕장어를 쪄서 뜨거운 밥에 올려 만드는 교토(京都)의 겨울 한정 메뉴 무시즈시(蒸しずし: 찜초밥), 초밥과 위에 올리는 어패류

교토 테마리즈시

나 채소 등의 재료를 예술적으로 둥글게 말아 만든 교토의 테마리즈시(手毬ずし) 등이 있다.

이 외에도 이 지역의 대표적 향토 음식이라고 하면 1,200년 이상의 긴 역사와 전통을 자랑하는, 일본에서 가장 오래된 붕어초밥인 시가현의 후나즈시(鮒ずし)가 있다. 붕어 안에 밥을 넣고 1~3년 동안 숙성시킨 후 썰어 먹는 스시인데 톡 쏘는 맛과 삭은 겉모양이 특징이다.

교토는 분지라는 지형적 특성과 기후 풍토에 맞게 재배한 명품 채소인 교야사이(京野菜)로 만든 요리가 향토 음식으로 유명하다.

6 _ 추고쿠(中国) 지방

상업주의적 성향이 적은 곳으로, 매스컴의 관심을 받을 만큼 눈길을 끌 만한 음식은 많지 않다. 좋은 항만이 없어 어업이 활성화되지 못한 돗토리현은 어패류 대신 두부요리가 발달했다. 그러나 겨울에는 우리나라의 영덕대게에 해당하는 마츠바가니(松葉ガニ)가 많이 잡혀 대게 요리만큼은 돗토리의 명물로 꼽는다.

추고쿠 지방의 그 외 지역 향토 요리를 지역별로 살펴보면, 시마네현(島根県)은 소박하고 깊은 맛을 자랑하는 이즈모(出雲)소바, 담수와 해수가 만나는 신지코(宍道湖) 호수에서 잡히는 7가지 어패류로 만든 요리가 명물이며, 히로시마현(広島県) 미야지마의 다양한 굴 요리, 야마구치현(山口県) 시모노세키(下関)의 복어 요리 등이 유명하다.

7 _ 시코쿠(四国) 지방

강수량이 적은 시코쿠 지방은 논농사가 어려워 예부터 쌀보다는 밀 재배가 활발했다. 이 지역은 우동이 주식이라고 해도 지나친 말이 아닐 정도로 우동이 유명한데, 그 중에서도 가장 유명한 향토 음식은 가가와현(香川県)의 사누키(讃岐)우동이다. 바다로 둘러싸인 시코쿠는 신선한 해산물이 풍부해 다양한 해산물 요리가 발달했다. 특히 고치현(高知県)에서는 봄이 되면 태평양의 난류를 타고 오는 가다랑어가 많이 잡히는데 이 가다랑어를 활용한 가츠오부시(かつお節: 가다랑어포)와 가다랑어를 짚불에 살짝 구워내는 가츠오타타키(鰹たたき)가 가장 유명한 향토 음식이다.

8 _ 규슈(九州) 지방

'식도락을 즐기는 사람에게 규슈는 천국'이라고 말하는 사람들이 있을 정도로 육류, 해산물, 채소, 과일 등이 모두 맛있으며, 고구마로 만든 소주와 보리로 만든 소주가 특히 높이 평가받고 있다.

규슈 지방의 대표적 향토 요리를 지역별로 살펴보면, 후쿠오카에서는 주로 연안에 살면서 산란기인 봄에 강으로 거슬러 올라오는 습성이 있는 몸길이 5㎝ 정도의 사백 어(시로우오)를 그물을 쳐서 잡아 올려 산 채로 간장에 찍어 한입에 호로록 빨아 먹는데, 이는 활 빙어를 통째로 먹는 것과 같은 느낌이라고 할 수 있다. 사가현(佐賀県)에서는 아리아케(有明)해와 야츠시로(八代)해 갯벌에서만 잡힌다는 무츠고로우(짱뚱어)를 통째로 쪄서 조린 짱뚱어 요리나 짱뚱어 라멘이 향토 요리로 유명하다. 또 말의 생고기를 처음으로 먹기 시작한 구마모토현(熊本県)은 식용 말을 사육해 회로 먹는 바사시(馬さし)가 유명하다.

9 _ 오키나와(沖縄)현

일본 남서부 최남단에 위치한 오키나와현은 예부터 건강한 식습관이 몸에 배어 있는 곳이다. 제2차 세계대전 후 미군이 들여온 멕시코 요리인 타코스를 밥 위에 얹어 만든 오키나와식 타코라이스, 보통은 메밀로 만드는 소바와 달리 밀가루로 만든 굵은 밀면을 돼지뼈와 다랑어를 우려낸 국물에 넣어 먹는 오키나와 소바, 무알코올 음료로 파스맛이 나는 루트비어 등이 대표적인 먹거리이다.

오키나와는 돼지의 먹이가 되는 고구마 산지로 돼지를 많이 사육하다보니 돼지고기로 만드는 향토 음식이 발달했다. 그중에서도 돼지고기를 오키나와 전통 술인 아와모리(泡盛)와 간장, 설탕, 가다랑어포로 만든 육수(다시)에 함께 넣어 삶은 오키나와식 삼겹살 요리 라후테(ラフテー)는 이 지역 명물 중 하나이다.

오키나와식 삼겹살 요리 라후테

2부

일본의 대표 요리

탱글탱글한 밥알과 신선한 생선회의 절묘한 조합 스시!

 1 스시의 원조는 일본이 아니다

일본 음식으로 가장 먼저 떠오르는 것이 바로 초밥, 즉 '스시'이다. 스시라는 명칭은 '시다(sour)'라는 일본어 형용사 스이(酸い)의 고어 형태인 스시(酸し)에서 유래했다는 설이 가장 유력하다.

일본의 대표 음식인 스시를 일본에서 개발된 독자적인 전통 음식으로 생각하는 이들이 많을 것이다. 그러나 스시는 당시의 중요한 식재료였던 민물고기를 장기간 보존하기 위해 소금에 절인 생선에 쌀밥을 넣어 발효시킨 저장 음식이 그 시작이었다. 이를 나레즈시(なれずし: 자연 발효 초밥, 숙성초밥)라고 하는데, 쌀밥에 초를 배합해 만든 초

밥을 사용하는 오늘날의 스시와 달리 나레즈시는 유산 발효된 생선만 먹고 쌀밥은 버렸다고 한다. 나레즈시는 동남아시아에서 동아시아에 걸쳐 널리 분포하는 형태의 생선 발효 보존 식품이 그 원형으로 추정된다.

이러한 발효 문화는 중국과 한반도를 통해 일본으로 전해져 나레즈시의 원형인 시가현의 '붕어초밥(ふなずし: 후나즈시)'을 탄생시켰다. 붕어초밥의 역사를 살펴보면 나라시대 문헌에는 명칭만 언급되어 있고, 헤이안시대 문헌에는 쌀과 소금으로 붕어초밥을 만드는 간단한 방법이 실려 있다. 이러한 역사적 사실에서 붕어초밥이 소금에 절인 붕어를 쌀밥으로 유산 발효시킨 일본 스시의 원조임을 알 수 있다. 나레즈시는 붕어, 은어 등의 민물고기뿐만 아니라 고등어, 청어 등의 바닷고기로도 만들었으며, 지금도 일본 각지에서 다양한 나레즈시가 만들어지고 있다.

무로마치시대에 들어서는 오사카를 중심으로 하는 관서 지방에서 스시의 변화가 시작됐다. 기존의 나레즈시의 숙성 기술을 발전시켜 길쭉한 네모상자 아래에 초절임한 생선회를 깔고 그 위에 밥을 올려 몇 시간 동안 무거운 돌로 꾹 눌러 유산 발효시켜 특유의 감칠맛을 끌어내는 기법을 고안해낸 것이다. 돌로 누른다(押し: 오시)고 하여 '오시즈시(押しズシ: 누름초밥)'라고 하며, 상자(箱: 하코)에 넣는다고 하여 '하코즈시(箱ズシ: 상자초밥)'라고도 한다. 생선을 넣은 밥을 김이나 나뭇잎, 대나무 껍질 등으로 말아 만든 '마키즈시(巻きずし: ○○말이초밥)'도 말아놓은 상태로 압력을 가하는 오시즈시의 요리 기법으로 만들어진 스시이다. 이렇게 해서 밥과 생선을 조합한 새로운 유형의 스시가 탄생하게 되었다.

하코즈시를 해체해놓은 것이 '바라즈시(バラズシ)'인데, 그 연장선상에 '치라시즈시(ちらしずし)'가 있다. 바라즈시는 자연적으로 유산 발효가 되기를 기다리지 않고 유산 발효시킨 식초를 밥에 넣는 '초밥'을 만들어 인스턴트화를 꾀했다. 여기에 어패류를 전혀 사용하지 않고 맛을 들인 채소 등과 섞어 만든 것이 오늘날의 치라시즈시이다.

또한 맛을 들인 유부에 밥을 눌러 넣으면 '유부초밥(いなりズシ: 이나리즈시)'이 된다. 이러한 종류의 스시는 빨리 만들 수 있다 하여 '하야즈시(무ズシ: 빠른 초밥)'라고 한다. 하야즈시의 마지막에 등장한 것이 현재 우리에게 친숙한 형태의 스시인 '니기리즈시(握りズシ: 쥠초밥)'이다. 18세기 후반에서 19세기 초반에 걸쳐 성격 급한 에도(江戸) 서민들이 쉽고 간편하게 먹을 수 있도록 자연 발효로 산미(신맛)를 내지 않고 초로 밥에 간을 해서 빠르게 산미를 낸 초밥을 손으로 꽉 쥐어 정형한 후 그 위에 생선회만 올리는 것인데, 이것이 현재 일본 음식을 대표하는 스시이다.

> **tip** 에도(江戸): 도쿄의 옛 이름. 1603년~1867년까지 에도 막부가 일본을 지배하던 시대를 말한다. 1868년에 막부가 전복되면서 에도는 동쪽(東)의 수도(京)를 의미하는 도쿄(東京)로 개칭되었고 일왕이 거처를 도쿄로 옮기면서 일본의 공식적인 수도가 되었다.

당시 니기리즈시는 고급 음식은 아니었다. 처음에는 유곽 근처에서 밤늦은 시간부터 다음 날 새벽까지 스시를 방문 판매한 것이 원조라는 설이 유력하며, 차츰 스시 전문 포장마차에서 미리 만들어 진열해놓은 스시를 손님들이 사가는 형식으로 판매 방식이 바뀌었다. 이후 손님이 스시 포장마차에 들러 조미된 생선회를 직접 밥 위에 올려 먹는 방식으로 발전하였다. 이러한 니기리즈시는 당시 주머니가 가벼운 서민들에게 사랑받는 패스트푸드였으나 시간이 흐르면서 스시 가격을 벽에 붙여놓는 고급 스시집이 출현한다. 고급 스시집에서는 스시를 고급화하는 전략으로 도미, 고등어, 전갱이의 한 면을 통째로 밥 위에 올려 비싸게 팔기도 했으며, 심지어 초밥에 작은 황금 알맹이까지 넣어 파는 고급 스시집이 하나둘 늘어났다. 이후 스시는 포장마차에서 파는 패스트푸드로서의 스시와 고급화 노선을 표방하는 스시집에서 파는 값비싼 스시로 나뉘게 되었다.

기존의 생선 발효 방식과 달리 초를 넣어 만든 초밥을 손으로 꽉 쥐어 형태를 만들

에도 니기리즈시

고 그 위에 신선한 생선을 올려 먹는 일본 특유의 스시, 즉 오늘날 가장 보편화된 스시인 니기리즈시(쥠초밥)의 형태로 먹게 되면서 스시는 일본의 독자적인 대표 음식으로 자리매김하게 되었다. 이처럼 스시는 원래 외국의 음식 문화를 받아들여 일본에서 독자적으로 발전시킨 대표적 요리라 할 수 있다.

그러면 애초에 자연 발효 초밥인 나레즈시에서 시작된 스시가 지금의 쥠초밥인 니기리즈시까지 어떻게 변해왔는지 스시의 변천사를 좀더 구체적으로 살펴보자.

2부_일본의 대표 요리

1_1단계: 생선을 장기 보존하기 위한 자연 발효

일본에서 가장 오래된 스시는 민물고기로 만들었으며 가장 대표적인 것이 후나즈시이다. 스시는 은어, 메기, 미꾸라지 등의 민물고기는 물론 꽁치, 고등어, 홍합 등의 해산물로도 만들었는데 이러한 스시는 자연 발효 초밥, 즉 자연 발효 식품인 '나레즈시(馴れずし)'이다. 나레즈시는 내장을 제거한 생선을 소금에 절여 쌀밥과 함께 발효시킨 보존식으로 우리의 가자미식해와 비슷하다.

なれずし

나레즈시의 일종인 후나즈시는 시가현에 있는 일본 최대 호수 비와호의 명물이다. 그 옛날 붕어는 나라에 세금으로 바칠 정도로 귀했으며, 오랜 역사를 자랑하는 나레즈시의 대표 주자였다. 붕어초밥을 만드는 방법은 다음과 같다.

봄에 통통하게 알이 밴 떡붕어 암놈을 잡아 비늘과 내장을 제거하는데, 이때 배를 가르지 않고 아가미 쪽에서 손가락을 밀어 넣어 알집은 남겨두고 내장만 긁어낸다. 내장을 제거한 붕어는 3개월 정도 소금에 절여 수분과 핏물을 빼낸다. 초여름이 되면 절여둔 붕어를 물로 씻어 소금기를 뺀다. 아가미 쪽으로 식힌 밥을 채운 다음 항아리에 밥을 깔고 그 위에 밥을 채운 붕어를 등 쪽을 아래로 향하게 해서 차곡차곡 쌓아 통을 채운다. 통 안쪽으로 뚜껑을 얹고 그 위를 무거운 누름돌로 눌러 압력을 가한 상태로 일정 기간 숙성 발효시키면 모든 과정이 끝난다.

이렇게 두면 소금에 절인 생선 자체에서 아미노산 발효가 일어나고, 동시에 쌀밥이 유산 발효되면서 젖산이 나와 생선의 부패를 막아 장기간 보관할 수 있다. 밥이 흐물흐물하게 삭으면 밥은 버리고 오렌지색 알이 꽉 차 있는 붕어만 먹는다.

나레즈시는 생선을 장기간 보존하는 데 도움이 될 뿐 아니라 유산 발효로 감칠맛이 나지만, 냄새가 독특해 쉽게 먹기는 어렵다. 우리가 푹 삭힌 홍어를 처음 접했을 때 먹기는커녕 냄새 맡는 것조차 힘든 것과 비슷하다고 생각하면 된다. 큰 붕어는 3년, 작은 붕어는 3개월 정도 발효시키며, 대부분 6개월에서 1년간 숙성 발효시킨다. 발효 방법이 좀더 발전하면서 나무로 만든 통 안에 소금에 절인 생선과 밥을 번갈아 넣고 밀폐가 잘되도록 이전에는 없었던 중간 뚜껑으로 덮은 후 무거운 누름돌로 눌러 발효시킴으로써 잡균의 번식을 최소화하였다.

이렇게 만드는 나레즈시는 처음에는 효모의 작용으로 밥이 분해되면서 당분이 만들어진다. 다음으로 유산균의 작용으로 산미를 내면서 생선살이 수축되어 보존성이 높아진다. 뚜껑을 덮고 무거운 누름돌로 누른 채 오랜 시간 두면 유산의 작용으로 서서히 생선뼈까지 물러지며, 그 과정에서 나온 액체가 공기를 차단하기 때문에 곰팡이나 잡균의 번식을 억제하여 생선의 부패를 막아 장시간 보존할 수 있다.

시가현의 붕어초밥 외 대표적 나레즈시로는 청어나 연어, 채소를 소금과 누룩으로 발효시킨 초밥인 홋카이도의 '이즈시(いずし)', 소금으로 맛을 들인 쌀밥과 고등어를 한데 겹쳐 왕갈대잎으로 싸서 자연 발효시킨 초밥인 와카야마현의 '사바노나레즈시(さばのなれずし: 고등어 초밥)' 등이 있다.

2 _ 2단계: 반숙성된 생선과 밥을 함께 먹는 스시의 시초

무로마치시대 들어 밥이 자연 발효되어 신맛이 나기 시작할 때 밥과 함께 먹는 반숙성 스시가 등장했다. 이전의 나레즈시와 달리, 반으로 갈라 소금에 절인 생선의 배속에 소금을 넣어 지은 쌀밥을 채워 조릿대잎이나 갈대잎으로 말아서 통에 넣고 중간 덮개로 덮은 다음 무거운 누름돌로 눌러놓는 것이 특징이다. 이때부터 오늘날의 초밥처럼 생선과 밥을 함께 먹기 시작했다. 현재 아키타현에서 많이 잡히는 어종인 도루묵을 주재료로 그 위에 채소나 해조류를 올리고, 또 그 위에 쌀밥과 누룩 등을 올려 장시간 소금과 식초에 절여 숙성·발효시켜 만드는 이 지역 향토 스시 하타하타스시(ハタハタ寿司: 도루묵스시)가 이러한 반숙성 스시라고 할 수 있다.

3 _ 3단계: 쌀 식초로 자연 발효 기간을 줄인 스시의 본격적인 시작 하야즈시

새로운 단계로 발전된 초밥은 쌀 식초와 함께 시작되었다. 에도 초기(1640년대)에는 자연 발효 기간을 줄이기 위해 쌀 식초에 소금을 혼합하거나 쌀 식초와 소금에 일본 술을 혼합해 만든 초밥용 배합초를 밥에 섞어 맛을 내는 하야즈시(早ずし: 속성 초밥)가 등장한다.

에도 중기에는 손으로 쥐어 만든 초밥 위에 얇게 썰어 초에 절인 생선살을 얹고 대나무잎으로 싼 사사마키즈시(笹巻きずし: 대나무잎말이 초밥)가 등장했으며, 이후 고등어를 얹은 초밥을 감나무잎으로 싼 가키노하즈시(柿の葉ずし: 감나무잎 초밥)가 나온다.

4 _ 4단계: 상자 모양의 틀에 넣고 눌러 만드는 하코즈시

에도 중기 이후 오사카 스타일의 하코즈시가 탄생하는데, 하코즈시는 초밥 틀인 나무상자(箱: 하코)에 초밥을 채우고 그 위에 숙성시켜 얇게 자른 생선이나 조개류 등을 얹은 후 틀의 덮개를 덮고 무거운 돌을 올려 한나절 또는 하루 정도 눌러놓아 숙성시킨

초밥을 말한다(상자 바닥에 어패류를 먼저 깔고 그 위에 초밥을 채우기도 한다). 완성되면 한입 크기로 잘라서 먹는다. 잘라서(切り: 자름) 먹는다고 하여 기리즈시(切りずし: 자름초밥)라고도 한다. 하코즈시는 눌러(押し: 누름) 만드는 오시즈시(押しずし: 누름초밥)의 일종이다.

오시즈시는 초밥 틀인 나무상자에 넣고 누르면 오사카가 본고장인 하코즈시가 되고, 김밥말이 발로 둥글게 말아 꾹꾹 눌러 봉 모양으로 만들면 교토가 본고장인 보우즈시(棒ずし: 봉초밥)가 된다. 보우즈시를 자른 단면은 둥근 모양이다. 초밥 위에 올리는 생선은 고등어가 가장 대표적이며, 그 외에 전어, 전갱이를 사용하기도 한다. 보우즈시는 처음에는 보존 식품으로 만들어진 나레즈시의 일종이었다.

5 _ 5단계: 생선을 초밥 위에 올려 손으로 쥐어 만든 니기리즈시

나무틀에 넣어 만들던 하코즈시가 니기리즈시의 선구자인 하나야 요헤이(華屋與兵衛)에 의해 1824년경부터 직접 초밥과 생선을 손에 쥐어서 만드는 초밥, 즉 니기리즈시(握りずし: 쥠초밥)로 바뀐다. '니기리'는 손으로 꽉 쥠을 나타내는 일본어로, 니기리즈시는 손으로 꽉 쥐어 뭉친 초밥이라는 뜻이다. 니기리즈시를 중심으로 하는 에도의 향토 초밥을 '에도마에즈시(江戸前寿司)'라고 하는데, 세계적으로 잘 알려진 'sushi'는 주로 이 에도마에즈시를 가리킨다. 예전에는 에도스시, 도쿄스시라고도 했다. 현재는 에도 요리, 즉 도쿄식 요리의 의미로 많이 사용되는 에도마에(江戸前)라는 말은 원래 에도 앞바다라는 뜻이며, 에도 앞바다에서 잡히는 어패류를 말하기도 한다. 에도 앞바다에서 잡히는 신선한 어패류를 재료로 하여 장인이 만드는 스시라 하여 에도마에즈시라고 부르게 되었다고 한다. 에도만에서 전어, 보리멸, 뱅어 같은 작은 생선이나 광어, 가자미 같은 흰살생선이나 백합, 피조개 같은 조개류 등 신선한 활어나 수산물

을 풍부하게 얻을 수 있어, 이들로 만드는 니기리즈시가 탄생하게 되었다. 당시는 어패류 보존 기술이 발달되지 않아서 날생선을 초밥에 직접 올리지 않고 반드시 조리해서 사용했다.

에도마에즈시는 길거리 좌판 또는 스시 포장마차에서 팔았기 때문에 서서 간단히 먹을 수 있는 이른바 패스트푸드였으며, 1850년경부터 스시야(寿司屋)라는 앉아서 먹는 초밥집으로 바뀌었다.

당시 초밥은 신맛이 강한 식초와 소금만 넣어서 만들었으며, 지금과 같이 설탕을 사용하지는 않았다. 스시 크기도 지금의 2~3배 정도 컸다. 초밥 크기가 커서 한입에 먹기 힘들어 두 개로 나누어 내놓았는데, 이것이 현재 회전초밥집에 가면 일반적으로 한 접시에 스시가 2개씩 나오는 계기가 되었다.

에도 사람들은 전어, 전갱이 등 맛이 담백한 생선을 선호했다. 현재 일본인이 가장 선호하는 어종인 참치도 비교적 담백한 부위인 참치 붉은살(赤身: 아카미)은 먹었지만, 현대인이 아주 좋아하고 가장 비싼 부위인 참치 뱃살(トロ: 도로)은 기름기가 많아 느끼한 데다가 당시는 냉장, 보존 기술이 발달하지 않아 빨리 부패했기 때문에 잘 먹지 않고 개나 고양이에게 먹이로 줄 정도로 인기가 없었다.

1920년 이후 냉장기술과 유통이 발달하면서 신선한 생선회를 올려 먹는 현재와 유사한 니기리즈시가 전성기를 맞는다. 또 이때부터 참치 부위인 아카미를 날것으로 먹었으며, 1950년 이후에는 참치 뱃살인 도로가 최고급 생선 재료로 인기를 얻게 되었다.

6 _ 6단계: 회전초밥의 탄생

1820년대 말기, 에도 거리에서는 니기리즈시 포장마차가 성업했다. 이 당시 스시는 길거리 음식이자 패스트푸드로, 포장마차에서 스시를 만들어 앞에 놓아두면 손님들은 좋아하는 스시를 골라 먹었다. 현재의 회전초밥 집과 마찬가지로 좋아하는 스시를 골라서 먹는다는 점에서 회전초밥이 에도시대에 탄생했다고 할 수 있다.

일본의 스시가 세계적으로 인기를 얻는 데 크게 기여한 것 중 하나가 회전초밥이 탄생한 것이다. 회전초밥은 오사카에서 서서 먹는 스시집을 운영하던 사장의 번뜩이는 아이디어에서 시작되었다. 좀더 빨리, 좀더 싸게 스시를 제공하는 방법을 고민하던 그는 아사히맥주 공장에 견학 갔을 때 공장의 벨트 컨베이어 위에 맥주병이 물 흐르듯 순환되는 것에 힌트를 얻어 회전초밥을 처음 시도했다. 손님들이 눈앞에서 직접 보고 쉽게 골라 먹을 수 있도록 스시를 담은 접시가 반복적으로 순환되게 하는 스시용 컨베이어를 개발해 1958년 회전초밥의 원조인 겐로쿠즈시(元禄寿司)를 오사카 도톰보리에 오픈했다.

회전초밥은 인건비가 적게 들고 일반 스시보다 가격도 저렴하여 인기가 있었다. 게다가 아이들도 좋아하도록 초와 소금만으로 간을 맞추던 기존의 에도마에즈시와 달리 설탕을 많이 사용했다.

이렇게 시작된 회전초밥은 오늘날 로봇이 스시를 쥐는 곳도 있으며, 손님들에게 신선한 초밥을 제공하기 위해 접시 뒤에 바코드를 부착해 일정 시간이 지난 초밥은 컨베이어에서 제외하기도 한다. 또 터치스크린을 통해 스시를 주문하면 별도의 레일로 초밥이 바로 전달되는 등 시스템도 많이 진화·발전하고 있다.

한편 현재 세계 각지에서 유니크한 스시가 만들어지고 있다. 우리에게도 잘 알려진 캘리포니아롤은 미국에서 탄생한 스시이다. 미국인이 검은색 김이 밥을 감싼 김밥을 다소 낯설어 하고 색감에 거부감을 보이자 이를 해소하기 위해 김을 밥 안쪽으로 넣어 만든 롤이다. 이렇게 탄생한 캘리포니아롤이 1980년대 미국에서 인기를 끌자 일본으로 역수입되어 샐러드롤이라는 이름으로 인기를 얻었다. 이 외에도 브라질에는 양갱 롤 스시, 딸기롤 스시라는 독특한 스시가 있으며, 이탈리아에는 스푼으로 초밥을 떠서

유니크한 스시

그 위에 생선 등의 재료를 올리고 그 위에 올리브오일을 살짝 뿌려 먹는 스시도 있다.

일본에서는 초밥에 카레소스를 부어먹는 스시카레나 스테이크를 담는 주물 철판접시에 불에 살짝 그을린 스시가 담겨 나오는 스시야키(すし焼き)와 같이 조금은 독특한 스시도 경험할 수 있다.

tip 회전초밥집에서는 토핑이 흰살생선이거나 생선살 색이 밝은 것부터 먹고 나서 참치와 같이 색이 짙은 붉은살생선을 먹자. 마요네즈 등으로 여러 가지 맛을 들인 마키(김말이초밥)는 토핑이 신선하지 않은 것을 숨기려는 경우도 있으므로 주의한다.

스시의 종류

스시라 하면 가장 먼저 떠오르는 것이 손으로 쥐어 만드는 쥠초밥일 것이다. 그러나 스시 종류는 만드는 방법에 따라 다양하다. 스시는 크게 쥠초밥과 김말이초밥으로 나뉘며, 그 외에 유부초밥(いなりずし: 이나리즈시), 일본풍 회덮밥(ちらしずし: 치라시즈시) 등이 있다. 또 특정 지역에서만 만드는 지역색이 짙은 향토 스시(郷土ずし: 쿄도즈시)도 있다.

1 쥠초밥(にぎり寿司: 니기리즈시)

우리가 알고 있는 가장 일반적인 스시를 말한다. 발효 과정이나 시간을 현격히 줄여 빠르게 만들 수 있는 초밥으로, 초밥초로 간을 한 밥을 손으로 쥐어 그 위에 생선 등을 올리는 형태의 스시이다.

쥠초밥의 밥 위에 올리는 토핑으로는 다음과 같은 다양한 종류가 있다.

1_ 생선류

1) 참치(マグロ: 마구로)

밥과 어우러져 부드럽게 넘어가는 식감 덕분에 일본에서 스시에 쓰이는 생선으로 가장 인기가 있다. 10~2월이 제철이다. 스시에 사용하는 참치의 각 부위는 다음과 같다.

① **참치 등살**(赤身: 아카미)

　가장 많이 소비하는 부위로, 감칠맛과 찰진 식감을 느낄 수 있다.

② **참치 대뱃살**(大トロ: 오토로)

　지방이 풍부해서 마블링이 선명하고 입 안에서 살살 녹는 부위이다.

③ **참치 중뱃살**(中トロ: 주토로)

　대뱃살과 등살의 장점을 함께 갖춘 부위로, 적당히 기름져 느끼하지 않고 질리지 않는다.

④ **간장절임 참치 등살**

　(づけマグロ: 즈케마구로)

　참치 등살을 간장에 절인 것으로, 간장의 맛이 은은히 스며들어 초밥과 잘 어울린다.

2) 도미(鯛: 다이)

　가장 대표적인 도미는 참돔(真鯛: 마다이)이다. 참돔은 부드럽고 씹히는 맛이 좋으며, 산뜻한 맛이 특징이다. 껍질을 벗기지 않고 스시 재료로 쓰기도 하는데, 맛과 향이 강해서 보통 12시간 정도 숙성해서 먹으며 11~5월이 제철이다. 그 외에 잘 알려진 도미로는 돌돔(石鯛: 이시다이), 감성돔(黒鯛: 구로다이)이 있다. 돌돔은 육질이 단단하여 얇게 썰어 올리는데, 씹을수록 감칠맛이 느껴지며 6~8월이 제철이다. 감성돔은 생선살이 부드럽고 지방이 적어 감칠맛이 있고 고소하며 9~12월이 제철이다.

3) 광어(鮃: 히라메)와 가자미(鰈: 가레이)

광어와 가자미는 한쪽 면에 양쪽 눈이 몰려 있으나 방향이 각각 반대이다. '좌 광어, 우 가자미'라고 하여 눈이 있는 부분을 위로 놓고 봤을 때 눈이 몸체의 좌측에 있으면 광어, 우측에 있으면 가자미다.

광어와 가자미는 둘 다 쫀득쫀득한 식감에 고급스러운 단맛이 나며, 그윽한 바다의 향을 느낄 수 있는 것이 특징이다. 손질을 해서 6~8시간 숙성시키면 감칠맛이 더해져 더 맛있게 먹을 수 있다. 광어는 9~2월이 제철이다.

> **tip 광어와 가자미 지느러미**(エンガワ: 엔가와)
> '엔가와'는 광어와 가자미의 위아래 지느러미의 몸체 쪽 부위를 말한다. 지느러미를 움직이는 근육의 일부라서 쫀득쫀득하고 고소한 맛이 나 인기가 높다. 일본 전통가옥의 툇마루(緣側: 엔가와)와 그 모양이 비슷하여 엔가와로 불리게 되었다고 한다.

4) 연어(サーモン: 사몬, サケ: 사케)

예쁜 색과 매끄러운 식감이 매력적인 연어로 만든 스시로는 기름기가 많은 부위인 연어 대뱃살(サーモン大トロ: 사몬 오토로), 연어의 껍질을 살짝 구워 껍질이 고소한 구운 연어(焼きサーモン: 야키사몬), 연어에 채썬 양파를 올려 마요네즈로 맛을 내는 샐러드풍 스시인 양파 연어(オニオンサーモン: 오니온 사몬) 등이 있다. 연어는 3~5월이 제철이다.

5) 농어(鱸: 스즈키)

해안 근처나 하천에 서식하는 대형 육식어인 농어는 육질이 도미와 비슷하며 부드럽고 산뜻한 맛이 특징이다. 살이 오르고 육질이 좋아지는 여름에 가장 맛있다.

6) 대방어(ブリ: 부리) & 새끼방어(ハマチ: 하마치)

방어는 관동과 관서에서 부르는 명칭이 다르다. 관동 지방에서는 성장이 끝난 대방어를 부리라고 하고, 관서 지방에서는 새끼방어를 하마치라고 한다. 또한 관동에서는 크기와 상관없이 자연산 방어와 구별하기 위해 양식한 방어를 부리라고 한다. 방어가 가장 맛있는 계절은 기름기가 많이 오르는 겨울(12~2월)이다.

7) 잿방어(カンパチ: 간파치)

방어의 일종이며, 성장하면 할수록 맛이 떨어지기 때문에 새끼잿방어를 선호한다. 방어보다 산뜻한 맛이 더 많이 느껴지는 것이 특징이다. 잿방어는 10~1월이 제철이다.

8) 가다랑어(カツオ: 가츠오)

서식 지역이 정해져 있지 않은 가다랑어는 세계의 넓은 해역을 돌아다니는 회유어이다. 5월경 처음 잡히는 가다랑어(初カツオ: 하츠가츠오)와 9월경 다시 돌아와서 잡히는 가다랑어(もどりカツオ: 모도리가츠오)가 맛이 다른데, 전자는 기름기가 적어 산뜻하고 가벼우며, 후자는 기름기가 올라 고소하다.

9) 복어(鰒: 후구)

독이 있어 제대로 처리해서 먹어야 하지만, 식감이 쫄깃하고 부드러워서 예전부터 인기 있는 생선으로 가격도 비싸다. 육질이 단단해서 회를 올려놓는 접시의 무늬가 비칠 정도로 얇게 썰어 먹는 게 특징이다. 12~2월이 제철이다.

10) 전갱이(鰺: 아지)

생선살이 약간 끈끈한 식감이 있으며, 비린내를 없애기 위해 잘게 썬 파와 간 생강을 올리기도 한다. 5~9월이 제철이다.

니기리즈시

2부_일본의 대표 요리

11) 정어리(鰯: 이와시)

생선살이 부드럽고 잔가시가 많아서 손질에 시간은 걸리지만 기름기가 많아 고소하고 단맛이 난다. 비린내를 없애기 위해 주로 잘게 썬 파와 간 생강을 올려먹는다. 5~11월이 제철이다.

12) 전어(小鰭: 고하다)

전어는 잔가시를 제거하고 소금을 뿌려 초절임을 한 후 스시 재료로 사용한다. 제대로 손질한 전어 생선살은 비린내가 없고, 씹으면 고급스러운 맛이 입안에 퍼져 같은 등푸른생선인 정어리, 전갱이, 고등어보다 인기가 높다. 9~11월이 제철이다.

13) 고등어(鯖: 사바)

고등어는 지방이 풍부해지는 가을에서 겨울에 걸쳐 가장 맛있다. 즉 9~12월이 제철이다. 선도가 빨리 떨어져 상하기 쉬운 고등어는 대부분 소금과 초에 절였다가 스시 재료로 사용한다.

이 외에도 붕장어(穴子: 아나고), 청어(鰊: 니신), 갈치(太刀魚: 다치우오), 날치(飛魚: 도비우오), 꽁치(秋刀魚: 삼마), 학꽁치(サヨリ: 사요리), 열빙어(シシャモ: 시샤모) 등이 스시 재료로 흔히 쓰인다.

> **tip** 스시 재료로 생선알을 쓰기도 하는데 알 종류는 군함 김말이초밥의 형태로 먹는 경우가 많다. 청어알(カズノコ: 가즈노코)은 청어 알집을 그대로 소금에 절여 말려 사용하기 때문에 형태가 흐트러지지 않으므로 니기리즈시로 먹는다. 홋카이도산이 유명한 청어알은 자손의 번영을 비는 의미에서 일본 설 음식으로 먹기도 한다.

2_ 조개류

조개류는 부위별로 다리만, 관자 부분만, 호흡 기관인 수관만 스시 재료로 사용하기도 해서 다양한 색깔과 형태, 맛을 즐길 수 있다.

1) 전복(鮑: 아와비)

꼬들꼬들 씹히는 맛이 특징으로 6~8월이 제철이다.

2) 가리비(ホタテ貝: 호타테가이)

스시에는 관자(かいばしら: 가이바시라) 부위가 주로 쓰이며, 부드러운 식감이 특징으로 6~8월이 제철이다.

3) 새조개(鳥貝: 토리가이)

흑갈색인 다리 부분을 주로 쓰는데, 이 부분이 작은 새 모양이라서 새조개라 부른다. 일본어에서도 같은 이유로 도리가이(鳥-도리: 새 + 貝-가이: 조개)라고 한다. 새조개는 1~2월이 제철이다.

4) 피조개(赤貝: 아카가이)

에도시대부터 쓰이던 스시 재료로 조개 중에서도 인기가 높으며 씹으면 깊은 단맛을 느낄 수 있다. 9~4월이 제철이다.

5) 백합(ハマグリ: 하마구리)

삶아서 쓰는 일이 많으며, 고급스러운 맛이 특징이다.

6) 함박조개(ホッキガイ: 홋키가이)

주로 다리 부위를 쓰며, 날것일 때는 회색이지
만 열을 가하면 빨간색을 띤다. 식감이 부드럽고
단맛을 느낄 수 있다.

7) 왕우럭조개(ミルガイ: 미루가이)

몸 뒤쪽에 있는 수관(호흡할 때 사용하는 기관)을 쓰며 뜨거운 물에 살짝 데친 후 껍질
을 벗겨 사용한다.

8) 고둥(ツブガイ: 츠브가이)

맛이 좋고 손질했을 때 양이 많다. 스시 외에 사시미나 튀김 재료로도 쓰인다.

9) 뿔소라(サザエ: 사자에)

고단백 저지방으로 눈 건강과 아이들 성장에 좋다. 전복과 비슷한 꼬들꼬들한 식
감을 느낄 수 있어 사시미 재료로도 많이 쓰인다. 6~8월이 제철이다.

10) 키조개(タイラガイ: 타이라가이)

삼각형 모양의 대형 조개로 맛이 담백해 샤부샤부 등 다양한 요리에 쓰며, 스시에
는 식감이 부드러운 관자 부위만 쓴다. 3~4월이 제철이다.

3 _ 새우류

1) 삶은 새우(ゆで海老: 유데에비)

삶거나 찐 새우를 니기리즈시로 만드는데 맛이 좋고 값이 싸서 스시에 자주 쓰인다.

2) 단새우(甘エビ: 아마에비)

살이 탱탱하고 씹으면 단맛이 나서 단새우라고 한다. 11~2월이 제철이다.

甘エビ

3) 보리새우(クルマエビ: 구루마에비)

몸체를 둥글게 말면 등쪽의 얼룩 모양이 마치 자동차(車: 구루마) 바퀴처럼 보인다하여 구루마에비라고 한다. 5~11월이 제철이다.

이 외에 모란새우(ボタン海老: 보탄에비), 꽃새우(サルエビ: 사루에비)로도 스시를 만들며, 심지어 새우튀김인 에비덴푸라, 에비후라이를 올려 만들기도 한다.

> **tip 갯가재**(シャコ: 샤코)
> 스시에는 삶아서 쓴다. 새우와 게의 맛있는 맛을 합쳐놓은 듯하며, 초여름 알을 품은 갯가재를 최상품으로 친다. 6~11월이 제철이다.

4 _ 오징어류

오징어(イカ: 이카)류도 스시 재료로 많이 쓰인다. 일반적인 오징어(スルメイカ: 스루메이카) 외에 한치(ヤリイカ: 야리이카)나 오징어 종류 중 최고급으로 취급하는 갑오징어

(アオリイカ: 아오리이카) 등이 있다. 오징어 다리(ケソ: 게소)를 생으로 초밥에 올리거나 살짝 데쳐서 올리기도 한다. 3~8월이 제철이다.

　일본인이 많이 먹는 문어(鮹: 다코)는 스시에는 다리 부분을 쓴다. 일반적으로 데친 것을 사용하지만 날것으로 만드는 경우도 있다. 문어는 씹으면 씹을수록 단맛이 나는 것이 특징이다. 12~2월, 6~8월이 제철이다.

　이 외에 니기리즈시 재료로 자주 쓰이는 것으로는 살짝 삶은 대게(ズワイガニ: 즈와이가니) 다리, 달걀말이(たまご焼き: 타마고야키) 등이 있으며, 독특한 재료로는 꽃등심, 햄버그, 햄소시지, 오믈렛, 소 혀, 돼지갈비, 소금에 살짝 절인 가지 절임 등이 있다.

② 김말이초밥

　마키즈시(巻き寿司: 김말이초밥)는 김 위에 초밥을 넓게 편 뒤 돌돌 말아 만든다. 대표적인 마키즈시에는 군함(배) 형태로 만드는 군칸마키(軍艦巻き: 군함 김말이초밥)와 얇은 김말이초밥(細巻き: 호소마키), 굵은 김말이초밥(太巻き: 후토마키) 등과 같이 우리에게 친숙한 김밥과 같은 형태로 만드는 초밥, 원추형으로 만드는 테마키(手巻き: 원추형 김말이초밥) 세 종류가 있다.

> **tip** 마키(巻き)는 마키즈시(巻き寿司)의 준말로 대부분 김말이초밥, 김초밥, 김밥으로 번역된다.

1_군함 김말이초밥

　김 위에 초밥을 깔고 돌돌 말아 일정한 크기로 자른 뒤 밥이 보이는 넓은 면에 재료를 올리는 형태의 스시이다. 스시 모양이 마치 군함과 비슷하다 하여 군함말이초밥(軍艦まき: 군칸마키)이라고 한다. 연어알, 성게알과 같이 니기리즈시 형태로 만들면 흘러

내리거나 형태를 잡기 힘든 재료는 군함말이초밥으로 만드는 경우가 많다.

1) 성게알(ウニ: 우니)

봄에서 여름까지가 제철이며, 알이 풀어지지 않고 윤기가 나는 것이 신선하다.

2) 연어알(イクラ: 이쿠라)

빨간색이 아름다운 연어알은 씹으면 톡 터지며 입안으로 퍼지는 식감을 즐기는 재료로, 9~11월이 제철이다.

3) 날치알(トビコ: 도비코)

알갱이가 아주 작은 알을 입에 넣고 씹으면 톡톡 터지는 식감이 식욕을 돋운다. 천연 날치알은 연한 노란색이지만 군함말이초밥에 올릴 때는 붉은색 등으로 착색을 하기도 한다.

4) 파＋다진참치(ネギトロ: 네기토로)

기름기가 많은 도로(トロ: 뱃살)를 잘게 다져 가늘게 썬 실파와 함께 초밥 위에 올린 것이다. 네기토로는 돈부리(덮밥)의 재료로도 쓰인다.

5) 꼴뚜기(ホタルイカ: 호타루이카)

5~7㎝ 정도 크기의 꼴뚜기를 김말이초밥에 올려 먹는데, 산란하기 전인 봄에서 초여름에 가장 맛있다.

이 외에 군칸마키 재료로는 명란(明太子: 멘타이코), 낫토(ナットウ: 낫토), 대게 장(カニミソ: 가니미소), 게 샐러드(カニサラダ: 가니사라다) 등 다양한 종류가 있다. 참치마요, 옥수수콘마요, 마 등 독특한 재료를 사용하는 퓨전식 군칸마키도 인기를 끌고 있다.

2 _ 얇은 김말이초밥 (細巻き: 호소마키)

보통 김밥의 반 정도 굵기로 만든 김말이초밥이다. 김발에 반으로 자른 김을 놓고 초밥을 펼친 다음 내용물을 올려 말면 호소마키의 굵기가 된다.

1) 박고지말이 (かんぴょう巻き: 칸표마키)

박고지(박의 과육을 가늘고 길게 깎아서 말린 것)를 물에 불린 뒤 달고 짜게 삶아서 스시 재료로 사용한다.

2) 참치말이 (てっか巻き: 뎃카마키)

에도시대에 탄생한 마키로 마구로와 초밥을 김으로 말아 만든다. 마구로마키라고 하지 않고 뎃카마키라고 하는데, 여기서 '뎃카(てっか)'는 도박(장)을 뜻한다. 에도시대 도박장에서 도박에 빠져 있는 사람들이 가장 손쉽고 간편하게 먹을 수 있었던 음식이 참치를 넣어 말아 만든 초밥이었는데 이 김말이초밥이 유래가 되어 뎃카마키라는 이름이 붙여졌다.

3) 오이말이 (カッパ巻き: 갓파마키)

오이를 길고 가늘게 썰어서 만 것으로 오이(キュウリ)마키라고 하지 않고 갓파(カッパ)마키라고 한다. '갓파'는 일본 전설 속 동물로, 갓파가 유독 오이를 좋아했기 때문에 오이가 들어간 김말이초밥을 갓파마키로 부르게 되었다고 한다.

호소마키

이 외에도 우메보시(梅干し: 매실초절임)의 과육과 시소잎을 함께 말아 만든 매실 시소잎말이(梅しそ巻き: 우메시소마키)나 낫토말이(納豆巻き: 낫토마키) 등이 있다.

3 _ 굵은 김말이초밥(太巻き: 후토마키)

보통의 김밥보다 굵게 말아 만든 김말이초밥을 말한다. 김발에 김을 1장 반 놓고 그 위에 초밥을 골고루 깐 후 스시 재료를 몇 종류 얹어 말면 후토마키가 된다. 우리가 주로 먹는 중간 굵기의 김말이초밥은 일본에서는 중간말이 김밥(中巻き: 추마키)이라고 한다.

tip 누드 초밥(裏巻きずし: 우라마키즈시)

전통적인 형태의 김말이초밥은 아니지만 캘리포니아
롤과 같이 김의 검은색을 감추기 위해 김을 밥 안쪽으
로 넣어 만든 형태의 롤을 말한다.

裏巻きずし

4 _ 원추형 김말이초밥(手巻きずし: 테마키즈시)

김발을 사용하지 않고 손으로 원추형으로 둘둘 말아 만드는 김밥으로, 가정에서도
간단하게 만들 수 있다.

3 기타 형태의 초밥

1 _ 유부초밥(いなりずし: 이나리즈시)

약간 달고 짭짤하게 조린 주머니 모양의
유부에 초밥을 채운 스시로, 다른 재료와 섞
어 만든 초밥을 유부에 넣기도 한다. 유부초
밥의 모양은 관동 지방에서는 쌀섬(쌀을 담는
가마니) 모양의 직사각형에 가깝고, 관서 지
방에서는 삼각형 모양이 일반적이다.

いなりずし

2_ 바라즈시(バラずし)

바라즈시는 큰 그릇에 담긴 밥 위에 어패류나 채소 등 다양한 재료를 올려 내어놓는 오카야마현의 별미로 우리의 회덮밥과 비슷하다. 바라즈시의 '바라'는 일본어로 흩뿌리다라는 뜻으로, 밥 위에 올리는 반찬류가 마치 흩뿌려져 있는 듯하다고 해서 붙여진 명칭이다.

에도 초기에 오카야마현의 영주가 관할 지역의 재정 적자를 최소화하기 위해 평소 세 가지 반찬을 기본으로 먹던 것을 한 가지로 줄여 검소하게 식사하라고 명했다. 그러자 어떻게든 맛있는 음식을 다양하게 먹고 싶었던 지역의 서민들이 큰 그릇에 초밥초로 간을 한 밥을 넣고 그 위에 마치 한 가지 반찬만 올린 것처럼 생선이나 채소 등 다양한 반찬류를 올리면서 시작되었다. 바라즈시는 우리의 비빔밥처럼 섞어서 먹는다.

호화로운 바라즈시의 경우 초밥 위에 삼치, 갯장어, 준치, 고등어, 밴댕이, 오징어, 새우, 목이버섯, 인삼, 연근, 죽순, 유자, 마, 풋콩 등 수많은 재료가 올라가기도 한다.

3_ 치라시즈시(ちらしずし)

치라시즈시의 '치라시'는 일본어로 흩뿌린다는 뜻이다. 초밥 위에 올린 식재료가 마치 흩뿌려놓은 듯하다 하여 붙여진 명칭으로 바라즈시의 어원과 비슷하다.

치라시즈시는 초밥용 배합초로 간을 한 초밥을 그릇에 담고 그 위에 어패류, 고기, 지단, 채소, 버섯, 유부 등을 올린 음식이다. 식재료들의 조합이 마치 꽃처럼 알록달록하다 하여 우리나라에서

는 꽃초밥이라고도 한다. 초밥 위에 올리는 내용물은 참치, 새우 등 해산물이 주류를 이루는데, 초밥이 아닌 일반 밥 위에 해산물을 올리면 해산물덮밥(海鮮丼: 가이센동)이 된다.

바라즈시와 치라시즈시는 언뜻 비슷해보이지만, 바라즈시는 밥 위에 올리는 반찬류와 초밥을 비비듯 섞어 먹는 반면 치라시즈시는 초밥 위에 얹은 반찬류를 섞지 않고 그대로 밥과 함께 떠먹는 점이 가장 큰 차이다. 도쿄 지역에서는 두 가지 모두 치라시즈시라고 한다.

4 _ 향토 스시 (鄕土ずし: 쿄도즈시)

일본에는 예부터 사랑받는 향토 스시가 많다. 수많은 향토 스시 중에서 유명한 몇 가지를 알아본다.

1) 밧테라 스시 (バッテラずし: 밧테라즈시)

초밥용 나무틀에 숙성시킨 생선류, 새우, 달걀 등을 깔고 배합초로 간을 한 초밥을 넣은 다음 덮개로 눌러 사각형으로 만드는 오사카 지역의 향토 스시이다. 틀(상자)초밥 또는 누름초밥의 한 종류로 전용 나무틀에 먼저 투명한 필름처럼 얇은 다시마를 깔고 초절임한 고등어와 초밥을 순서대로 넣고 꾹꾹 눌러 만든다. 밧테라는 포르투칼어로 '작은 배'라는 뜻의 바테이라(bateira)에서 왔는데, 스시 모양이 마치 작은 배와 비슷하다 하여 붙여진 명칭이다.

2) 감잎 스시 (柿の葉ずし: 가키노하즈시)

나라현과 와카야마현(和歌山県), 이시가와현(石川県) 지역의 향토 스시이다. 가키노하(柿の葉)의 가키(柿)는 '감', 하(葉)는 '나뭇잎'이라는 뜻으로, 초밥과 생선을 감잎으

로 감싸 만든 스시를 말한다. 향균성과 보존성이
있는 식초와 소금을 넣어 만든 보존식 스시로
최대 3일간 보관이 가능하다. 숙성의 특
성을 이용해 배달음식으로도 인기가 높
으며 하루 정도 숙성되었을 때 먹는 것이
가장 맛있다. 초밥 위에 얹는 재료(토핑)로는
숙성시킨 고등어, 연어, 도미, 갯장어 등이 있다.

柿の葉ずし

이와 비슷한 방법으로 만드는 스시로 '사사즈시(笹ずし)'가 있다. 사사(笹)는 조릿대
(대나무의 일종)를 뜻하며, 사사즈시는 초밥과 생선을 조릿대잎으로 감싸 상자에 넣어
압력을 가해 만든 누름초밥이다. 사사즈시에 쓰이는 생선으로는 고등어, 도미, 연어
등이 있다.

3) 고등어 초절임 스시 (さばずし: 사바즈시)

고등어 초절임 스시는 내장과 뼈를 제거하고 초에 절인 고등어인 시메사바(しめさば:
절인 고등어)로 만든다. 시메사바는 쉽게 상하는 고등어를 오래 보존하기 위해 만든 요리
로, 초절임을 하는 이유는 먼저 소금에 절여 단단하고 쫀득해진 고등어 살을 식초로 숙
성시키면 단맛과 감칠맛을 한층 끌어올리기 위함이다.

고등어 초절임 스시는 시메사바와 초밥을 김발에 감아 눌러 사각
형으로 만든 뒤 잘라먹는 오시즈시(누름초밥)의 일종
인 보우즈시(봉초밥)로, 교토는 물론 돗토리현, 시마네
현, 오카야마현(岡山県) 등의 향토 스시로 유명하다.

さばずし

2부_일본의 대표 요리

4) 찜 스시(蒸しずし: 무시즈시)

관서 지방에서 겨울에만 맛볼 수 있는 독특한 스시이다. 찜 스시는 나무로 만든 찜통에 배합초를 섞은 초밥을 깔고 그 위에 버섯, 어묵, 완두콩 등을 고명으로 올린 스시로, 치라시즈시를 쪄서 먹는다고 생각하면 된다. 추운 겨울밤에 먹으면 꽁꽁 언 몸을 녹여준다고 해서 '먹는 온천'이라고 하는 사람들도 있다.

5) 일본술 스시(酒ずし: 사카즈시)

가고시마현(鹿児島県)의 향토 스시인 사카즈시는 일반적으로 스시에 사용하는 초밥용 초 대신에 가고시마 특산 토속주를 사용한다는 점이 특징이다. 이 토속주는 요리용 맛술같은 느낌이 든다.

만드는 방법은 스시 전용 통에 토속주를 끼얹은 밥을 먼저 넣어 깔고, 살짝 데친 죽순이나 버섯 등의 채소, 초에 살짝 절인 도미, 새우, 오징어 등의 해산물을 그 위에 올린다. 이 과정을 몇 번 반복한 후 마지막으로 토속주를 골고루 끼얹고 뚜껑을 닫은 다음 무거운 누름돌로 눌러 한나절이나 하룻밤 재웠다가 먹는다. 집이나 식당마다 쓰이는 재료도 다양하고, 사용되는 토속주의 양도 다르다.

6) 순무 스시(かぶらずし: 가부라즈시)

가나자와현의 겨울철 특산물인 순무 스시는 초밥으로 만드는 일반 스시와 달리 소금에 절인 순무(가부라)의 속을 파내고 그 사이에 소금에 절인 방어회와 당근, 다시마 등을 끼워 넣은 후 쌀누룩에 넣어 발효시킨 나레즈시의 한 종류이다. 쌀누룩을 사용해 순하고 부드러운 맛과 향을 내는 순무 스시는 술안주로도 인기가 높다. 순무 스시는 순무와 방어회, 쌀누룩을 함께 잘라 샌드위치처럼 먹는다.

tip 스시 먹는 법: 손가락 VS 젓가락

초기의 스시는 한입 반 또는 두 입 이상의 크기, 즉 지금 스시의 1.5배에서 2배 이상의 크기였기 때문에 젓가락으로 집어서 먹기가 어렵다보니 자연스럽게 손으로 집어서 먹게 되었다. 즉 원래 스시는 손으로 간편하게 집어먹는 패스트푸드로 탄생했다.

손으로 집어먹으면 밥알이 흐트러지는 것을 방지할 수 있다는 장점도 있다. 이때 엄지와 장지로 초밥의 양쪽을 잡고 검지로 생선회를 가볍게 누르며 간장은 생선회 부분에 찍는다. 손으로 먹은 뒤에는 보통 물수건으로 손을 닦는다. 에도시대에 들어 스시의 크기가 작아지면서 고급 스시 전문점에서는 스시를 젓가락으로 먹게 되었다. 따라서 스시를 손으로 집어먹든 젓가락으로 집어먹든 둘 다 틀린 방법은 아니다.

와사비의 양은 스시에 넣은 것으로도 충분하기 때문에 간장에 와사비를 넣어 섞지 않는다.

tip 우리나라 스시집에서는 보통 식사 전에 미소 된장국이 나오는데 일본 스시집에서는 마지막 단계에 나온다. 이는 생선회를 소화시키는 데 미소 된장국이 도움이 되기 때문이라고 한다.

2부_일본의 대표 요리

소재의 맛과 멋이 담긴 스시

신선한 바다를 날로 먹는
사시미!

1 사시미의 원조는 일본이 아니다

1_사시미의 원조를 찾아서

　'사시미(刺し身: 회)'란 신선한 생선이나 조개류 등의 해산물을 조리거나 익히는 등의 조리를 하지 않고 날것인 상태로 작게 잘라 간장이나 초 등을 찍어 와사비나 생강을 곁들여 먹는 요리의 총칭이다. 사시미라는 말은 식재료인 생선 자체보다는 생선 요리 방법에 초점을 두어 만들어진 명칭이라고 할 수 있다.

　그러면 사시미의 원조(원형)는 무엇일까?

사시미의 원조는 우리가 잘 알고 있는 '회(膾)'이며, 회의 원조는 중국이다.

원래 회는 날생선이나 동물의 생고기 따위를 잘게 썰어서 먹는 음식을 말한다. 기원전 800년경 중국 서주시대에 쓰인 한 문헌에 물고기를 날것으로 먹었다는 기록이 나오는데, 이를 가장 오래된 것으로 추정한다. 문헌에는 당시 북방정벌에서 승리하고 돌아온 장군들의 축하연에 나온 요리 중 하나가 잘게 썬 무를 마치 구름처럼 흩뿌려 놓고 그 위에 민물고기인 잉어를 얇게 잘라 올린 요리였다는 내용이 나온다고 한다. 이 요리는 오늘날의 잉어회로 추정되며, 이것이 바로 현재의 생선회, 즉 일본 사시미의 원조라고 할 수 있다.

그 이후 춘추전국시대(기원전 770년~기원전 221년)에는 생고기·날생선을 파나 겨자채를 곁들여 초에 찍어 먹었다고 하는데, 특히 공자(孔子)가 생고기를 좋아했다고 한다. 또한 당시에는 고기를 굽는 '자(炙: 구울 자) 요리법'과 함께 날것을 먹는 '회(膾: 회 회) 요리법'이 널리 알려졌을 정도로 굽는 요리법 외에 날것을 그대로 먹는 것도 흔한 일이었다는 것을 알 수 있다. 『맹자』에서도 맛있는 것의 예로 膾炙(회와 구운 고기)를 들었을 정도다. 참고로 '칭찬을 받으며 사람의 입에 자주 오르내리게 되다'라는 뜻으로 쓰이는 '회자되다'의 한자가 바로 여기서 말하는 膾炙이다.

이후 진나라·한나라로 오면서 소나 양 등의 가축이나 들짐승의 생고기를 먹는 식습관은 사라지고, 날것으로 먹는 것은 오로지 생선뿐이라는 식습관이 일반화되었다. 그러나 명나라 때 날생선을 먹는 습관도 점차 사라지기 시작해서 청나라 때에는 일부 지역을 제외하고는 날것을 먹는 습관이 사라져 지금에 이르렀다. 물론 지금은 일본의 영향으로 중국에서도 생선회를 파는 음식점이 많다.

한국에서 처음으로 회를 접한 것은 삼국시대였으며 회를 먹는 식습관은 중국에서 전해졌다.

명·청나라 때 날것을 먹는 습관이 사라진 중국과 달리, 우리나라는 고려시대에도

생선회 모리아와세

문인들이 회를 즐겼으며 조선시대에는 공자의 제례에 올리는 음식이었을 정도로 왕부터 서민에 이르기까지 회를 즐겼다는 기록이 많이 남아있다. 조선시대에는 바닷고기 외에 민물고기까지 회로 먹었는데 붕어, 쏘가리, 은어, 밴댕이, 준치, 고등어, 민어, 농어 등을 주로 먹었고 전복, 해삼, 조개도 회로 먹었다. 또한 사슴고기, 돼지고기, 소고기, 닭고기, 꿩고기 등 동물 고기도 얇게 썰어 회로 먹었다.

당시의 회는 생선살을 얇게 자른 후 실처럼 가늘게 채썰어 무생채와 함께 겨자와 고추 식초를 뿌려 버무려 먹거나, 날생선에 겨자장을 곁들여 먹었다. 이러한 점에서 회를 뜨는 방법은 사시미의 원조라고 할 수 있는 중국 서주시대 잉어회와 비슷하고 만드는 방법과 먹는 방법은 일본 사시미의 원형인 '나마스'와 비슷하다는 것을 알 수 있다.

조선에 고추가 전해지면서 겨자장을 곁들여 먹던 조선시대 초반과 달리 회에 고추장을 곁들여 먹게 되었고, 19세기 중반 이후에 현재의 초고추장을 민어의 양념장으로 곁들이게 되면서 오늘날에 이르게 된다.

2 _ 사시미의 어원

사시미의 어원으로는 무사 가문에서 할복(切腹: 배를 가름)에 사용되는 切(끊을 절: 가르다, 자르다)이라는 글자를 매우 꺼려해 금기시했기 때문에 자른다는 기리(切り)보다는 이와 유사한 '찌르다, 꽂다'는 의미의 刺(찌를 자)를 사용해 사시(刺し: 사시미의 줄임말이나 칼로 작게 자른다는 뜻)라는 단어에 생선의 살을 나타내는 미(身)를 합성해 사시미라고 부르게 되었다는 설이 가장 유력하다. 또 다른 설로는 생선을 잘게 썰어놓으면 원래의 생선 종류를 알기 어려워 이를 식별하게 하여 손님을 안심시키는 방법으로 생선의 등 지느러미나 꼬리를 서로 다른 회의 경계에 있는 살(身: 미)에 꽂아(刺し: 사시) 내놓았기 때문에 사시미라는 말이 시작되었다는 이야기도 있다.

3 _ 사시미의 과거와 현재

일본에서 생선을 날로 먹는 식습관이 기원전부터 있었다고 하지만 사시미의 형태로 생선을 날로 먹었다는 가장 오래된 기록은 가마쿠라시대의 문헌에서 볼 수 있다. 기록에 따르면 당시의 날생선이란 민물고기인 잉어나 바닷고기인 도미 등과 같이 갓잡은 물고기의 껍질을 벗긴 생선살을 말하는데, 이는 어부들의 즉석 요리로 잘게 썰어 아무것도 곁들이지 않고 먹었다고 한다. 이후 가마쿠라시대 후기에서 부로마치 초기에는 날생선에 와사비초나 생강초 등의 조미초를 곁들여 먹거나, 매실장아찌, 와사비초, 겨자초, 생강초, 된장, 이리자케(煎り酒: 가다랑어포, 매실장아찌, 술, 물, 된장을 우려내 바짝

졸인 것) 등으로 조미(무침) 하는 형식으로 먹었다. 이러한 방식으로 먹는 날생선을 당시에는 膾(회)라고 쓰고 '나마스'라고 읽었는데, 나마스는 원래 생선살, 조갯살, 육고기 등을 날로 잘게 썬 것이라는 말이었지만 이 시기부터 조미초에 무쳐먹는 방식의 생선회를 나마스라고 하게 되었다.

膾(なます)

　무로마치시대 후기 들어서 간장의 탄생으로 이전과는 달리 날생선에 초를 곁들이거나 현재와 같이 조미하지 않고 와사비간장에 찍어먹는 형태로 발전했다.

　결국 일본에서 '회'와 '사시미'라는 용어는 간장의 탄생을 기준으로 변화가 생겼다고 할 수 있다. 가마쿠라시대까지는 우리나라와 마찬가지로 생고기나 날생선을 한자 '膾(회)'로 표현했으나, 무로마치시대에는 膾, 즉 나마스가 식초를 사용한 회무침이라는 다른 요리로 변하고, 무로마치시대 후기부터 생선회를 와사비간장에 찍어 먹게 되면서 膾를 대신해 생고기나 날생선을 나타내는 말로 '사시미(刺し身)'를 사용하게 되면서 생선의 요리 방법에 따라서 '회(나마스)'와 '사시미'를 구분하게 된 것이다.

> **tip** 나마스(膾)는 일반적으로 잘게 썬 고기를 식초 등으로 무쳐 먹는 초무침과 같은 음식이며, 사시미는 조금 크게 썰어서 와사비와 간장에 찍어먹는다는 차이가 있다.

　스시가 처음에는 민물고기를 재료로 사용한 것처럼 사시미도 처음에는 도미(생강 초) 등과 같은 바닷고기뿐만 아니라 잉어(와사비 초)와 같은 민물고기도 날것으로 먹었다.

　생선을 날것으로 먹는다는 의미의 사시미라는 말이 일반 서민들에게까지 널리 퍼진 것은 에도시대부터였다. 에도는 바로 앞에 바다가 있어 바닷고기의 산지 직송에 용이하다는 지리적 특성이 있다.

에도시대 초기에는 사시미 재료로 어패류 외에 말, 닭, 꿩, 오리, 죽순, 버섯, 토란, 밀기울, 두부, 곤약 등이 사용되었다. 그러나 에도 중기 이후에는 생선이 대량 유통되면서 사시미의 중심은 생선이 되었고, 오늘날과 같이 생선에 와사비나 생강을 곁들여 먹게 되었다.

지금도 바사시(馬刺し)라는 명칭으로 일본의 이자카야 등에서 먹을 수 있는 말고기 사시미는 임진왜란 당시 조선을 침략했던 구마모토(熊本)성의 성주 가토 기요마사(加藤清正)가 군대의 식량이 바닥을 보이자 군마를 날것으로 먹은 데서 시작되었다. 그런데 전쟁이 끝나고 구마모토로 돌아온 후에도

말고기를 날로 즐겨먹으면서 일본 전역으로 퍼졌다. 또한 도리사시(鳥刺し: 닭고기 회)는 흔하게 먹지는 않았지만 지금도 가고시마현의 향토 음식으로 남아 있다.

사시미가 서민들 사이에 널리 보급된 것은 에도시대 중기(1690년대) 이후인데, 지금과 같이 고급스러운 이미지는 아니었다. 당시 무사들이나 거상들은 외식도 그다지 하지 않았을뿐더러 날생선은 더더욱 먹지 않았다. 오늘날과 달리 유통이나 냉장·냉동 기술이 발달하지 않았던 시기라서 신선도를 유지하기 어려웠기 때문이다. 사시미는 오히려 서민들이 먹었다.

에도시대 중기까지는 가다랑어, 광어, 복어 외에는 사시미로 먹지 않았다. 가다랑어 사시미의 경우 당시 서민들이 회로 먹을 때는 와사비 간장에 찍어먹기보다는 된장과 식초에 겨자를 섞어 만든 가라시미소(辛子味噌)에 찍어 먹을 때가 많았다. 와사비의 잎이 도쿠가와(德川)가문의 문장과 비슷했기 때문에 재배가 제한되다보니 와사비는 귀한 재료로 서민들은 구하기 힘들었다. 이후 사시미는 에도시대 말기(1830년대)부터 인기를 끌게 되었다.

생선회는 관동 지방에서는 사시미, 관서 지방에서는 주로 '오츠쿠리'라고 불리는데, 관서 지방에서는 가르다의 切(자르다)뿐만 아니라 刺(찌르다)도 사용하기를 꺼려해 '생선을 얇게 자르다'라는 의미의 동사 츠쿠르(作る)의 명사형인 츠쿠리(作り)에 접두어 오(お)를 붙여 오츠쿠리로 부르게 되었다. 사시미보다는 오츠쿠리가 말이 예쁘고 고급스럽게 들리기 때문인지, 지역에 따라서는 오츠쿠리를 사시미의 정중한 표현으로 취급하기도 한다. 오츠쿠리는 여러 장식을 하여 예쁘게 내어놓는 형태의 회를 의미하기도 한다. 즉 우리의 고급 일식 레스토랑에서 손님에게 제공되는 장식이 많은 형태의 회와 비슷하다고 생각하면 된다. 오츠쿠리와 대비될 때 쓰이는 사시미는 장식 없이 내놓는 회를 말하며, 우리의 일반 횟집에서 접시에 무만 깔아 제공하는 형태의 회를 연상하면 된다. 또한 생선회를 그릇에 담는 방법에 따라 모리아와세(盛り合わせ: 한 그릇에 여러 음식을 담는 것)라는 말이 쓰이기도 하는데, 이는 하나의 접시에 복수의 어패류와 회를 함께 담는 모둠회를 의미한다. 이처럼 사시미는 지역이나 담는 법, 장식 요소에 따라 그 명칭이 달라지기도 한다.

4 _ 사시미는 왜 일본 요리인가?

사시미는 본격적인 조리과정을 거치지도 않는데 왜 일본 요리로 취급할까 하는 의문이 들 수 있다.

예를 들어 자연 상태의 원목을 판재로 가공할 때 목재의 특성을 잘 이해하고 톱질을 어떻게 하느냐에 따라 목재의 부가가치가 달라진다. 이와 마찬가지로 생선의 특징을 잘 이해하고 어떤 칼로 어떻게 생선살을 자르느냐에 따라 사시미의 가치도 달라지고 맛도 달라진다. 즉, 선도가 높은 생선살을 감칠맛을 가둔 채 날카로운 사시미 칼로 살이 뭉개지지 않게 자르는 것이 조리의 기술이라는 것이다. 이렇듯 조리거나 익히는 등의 본격적인 조리는 하지 않지만 칼로 생
선살을 자르는 것도 하나의 조리법
으로 인정한다. 따라서 조리법을
기준으로 분류할 때 사시미도 일본
요리의 하나로 취급한다. 일본 요
리의 조리법은 생식(칼로 생선살을 자
르는 조리법), 구이, 조림, 튀김, 찜 다
섯 종류로 구분하는데 이들 조리법 중 칼로 생선살을 자르는 조리법, 즉 생식을 가장 기
본으로 여긴다.

사시미의 종류

1 _ 사시미의 재료

사시미의 재료로 쓰이는 생선은 크게 흰살생선과 붉은살생선으로 나눌 수 있다. 생
선회를 떴을 때 생선살이 흰색이면 흰살생선, 붉은색이면 붉은살생선으로 구분하는
데, 이는 전혀 틀렸다고는 할 수 없지만 색깔 차이만으로 모든 생선을 구분하기는 어
렵다. 엄밀히 말하면 흰살생선과 붉은살생선은 생선살의 근세포에 함유되어 있는 미
오글로빈의 함량에 따라 구별되는 것으로 이 세포가 적으면 흰살생선으로, 많으면 붉
은살생선으로 구분된다. 적색 색소 단백질 세포인 미오글로빈은 포유류나 조류, 어류
의 근육을 붉게 만들며 근조직 속에 산소를 저장하는 기능이 있어 활동량이 적은 흰살
생선은 미오글로빈을 적게 필요로 하고, 활동량이 많은 붉은살생선은 미오글로빈을
많이 필요로 한다. 이로써 붉은살생선의 속살이 붉게 보이는 것이다.

사시미 재료로는 이들 생선 외에 조개류 등도 많이 사용되니 하나씩 알아보자.

1) 흰살생선

흰살생선은 대체로 바다 깊이 살거나 암초나 모래 등에 붙어 사는 심해어가 많기 때문에 움직임이 적어 살코기가 쫄깃하면서 담백하고 비린내가 심하지 않으며, 붉은살생선에 비해 지방분이 적어 부패 속도가 느린 편이다. 일반 단백질은 많지만 미오글로빈의 양이 적어 생선살은 흰색인 경우가 많으나 반드시 흰색만 있는 것은 아니다. 흰살생선에는 도미(たい: 타이)류, 광어(平目: 히라메), 우럭(くろそい: 구로소이), 연어(さけ: 사케), 복어(ふぐ: 후구), 갈치(たちうお: 다치우오), 농어(スズキ: 스즈키), 가자미(かれい: 가레이), 장어(うなぎ: 우나기), 노래미(クジメ: 구지메), 보리멸(きす: 기스), 쥐치(かわはぎ: 가와하기) 등이 있다.

tip 연어는 붉은살생선? 흰살생선?

먹음직스러운 선홍색을 띠는 연어는 생선살의 색깔로 보면 붉은살생선이라고 생각하기 쉬우나 알고 보면 흰살생선에 속한다. 왜 그럴까? 연어는 회유성 어류가 아니라서 참치처럼 움직임이 많지 않아 다량의 산소를 필요로 하지 않다보니 적색 색소인 미오글로빈의 함유량도 적다. 따라서 연어의 살색이 붉은색(선홍색)을 띠는 것은 미오글로빈이라는 색소로 인한 것이 아님을 알 수 있다.

그러면 왜 살색이 붉은색에 가까운 주홍 빛을 띨까?

연어는 어릴 때부터 새우 등의 갑각류를 먹으면서 자란다. 새우나 게 등의 갑각류를 삶으면 선홍색으로 변하는 것을 알 수 있는데, 그 이유는 적색 색소인 아스타잔틴이 분해되면서 붉은색이 나타나기 때문이다. 연어는 일반적으로 이러한 새우 등을 먹이로 하다보니 속살에 붉은색이 착색되어 주홍색을 띠는 것이다.

2) 붉은살생선

붉은살생선은 항상 바다 속을 유영하는 회유성 물고기이다. 붉은살생선의 대표 주자인 참치의 경우 부레(공기 주머니)가 없기 때문에 가라앉지 않기 위해 태어나서 죽을 때까지 잠시도 쉬지 않고 물속에서 헤엄친다. 심지어 잘 때도 뇌는 수면 상태지만 몸은 움직이는 가수면 상태이다. 이처럼 지속적으로 헤엄치기 위해서는 근육 속에 산소

를 저장하는 기능을 하는 적색 색소 단백질 미오글로빈이 필요하다. 하지만 붉은살생선이라고 해서 모든 생선살의 색이 붉은 것은 아니며 생선의 종류에 따라 회색, 갈색, 노란색 등 조금씩 차이가 난다. 붉은살생선의 살코기는 지방분이 많고 육질이 부드러우며 진한 맛을 내는 것이 특징이다. 붉은살생선에는 다랑어(マグロ: 마구로), 가다랑어(かつお: 가츠오), 고등어(さば: 사바), 꽁치(さんま: 산마), 새끼방어(はまち: 하마치), 대방어(ぶり: 부리), 잿방어(カンパチ: 간파치), 전갱이(あじ: 아지), 청어(にしん: 니신), 삼치(さわら: 사와라), 부시리(ひらまさ: 히라마사), 정어리(いわし: 이와시) 등이 있다.

> **tip 가츠오 타타키**(カツオたたき: 가다랑어 살짝구이)
>
> 가츠오 타타키는 가다랑어회를 표면만 불로 가볍게 그을리는 정도로 익힌 음식을 말한다. 여기서 가츠오 타타키의 '타타키'는 우리말로 '두드림, 치기'라는 의미인데 요리하는 과정을 생각하면 타타키라는 명칭은 어울리지 않는다. 그럼에도 두드림에 해당하는 일본어인 타타키라는 명칭이 붙여진 이유는 무엇일까?
>
> 원래 가츠오 타타키는 어부들이 갓 잡아올린 신선한 가다랑어를 그 자리에서 배를 갈라 손질해 만든 가다랑어회를 불로 표면만 살짝 그을리듯 가볍게 익힌 후 그 위에 소금을 살짝 뿌려 먹는 요리이다. 이 요리가 탄생할 당시 소금은 값이 비싼 고급 조미료였기 때문에 적은 양으로 생선살 전체에 짠맛이 골고루 배이게 하기 위해 칼등이나 칼날로 생선살을 가볍게 두드렸는데, 이러한 까닭에 가츠오 타타키라는 명칭이 붙게 되었다.
>
> 또한 가츠오 타타키는 짚불구이 방식으로 만드는 경우가 많은데, 그 이유는 볏짚을 태우면 볏짚에 있는 소량의 기름기로 빠른 시간 안에 화력이 강해지기 때문이다. 화력이 강하면 순식간에 표면만 가볍게 익고 속은 촉촉한 상태를 그대로 유지할 뿐만 아니라 볏짚에서 밴 향도 즐길 수 있다.
>
> 그러면 갓 잡은 가츠오를 그대로 회로 먹어도 되는데 어부들이 일부러 표면을 익힌 이유는 무엇일까? 1600년대 초 야마우치 가즈토요(山内一豊)가 가츠오 산지로 유명한 토사 지방의 영주로 부임했는데 영내 백성들이 가다랑어를 날로 먹는 것을 보고 식중독을 염려해 가다랑어회를 금지했다. 그러자 백성들이 어떻게든 가다랑어를 날로 먹고 싶어서 고안해낸 것이 표면만 살짝 구워 겉으로는 회가 아니라는 것을 보여줄 수 있는 방법이었고, 이것이 조리법으로 정착되면서 가츠오 타타키라는 요리가 탄생하게 되었다.

적색 색소 단백질인 미오글로빈은 붉은살생선뿐만 아니라 소고기와 같은 육류에도 많이 함유 되어 있다. 미오글로빈으로 소고기 등의 생고기가 붉은색을 띠는 것이다. 살짝 익힌 스테이크 에서는 핏물처럼 보이는 붉은색 물이 나오는데, 이는 핏물이 아니라 적색 색소인 미오글로빈 과 수분이 섞인 것이다.

3) 등푸른생선

등푸른생선은 표면의 색깔 차이로 분류되는데, 등 쪽이 바다색과 비슷한 푸른 색 깔을 띤다 하여 등푸른생선이라고 한다. DHA, 타우린, 철분 등을 많이 함유해 영양 만점인 등푸른생선은 바다 표면 가까이에 산다. 움직임이 많은 편이라서 근육이 단단 하고 지방분이 많으며 비교적 비린내가 많이 난다. 등푸른생선은 대부분 붉은살생선 에 속하기도 한다. 등푸른생선에는 고등어(さば: 사바), 꽁치(さんま: 산마), 정어리(いわ し: 이와시), 청어(にしん: 니신), 삼치(さわら: 사와라), 전갱이(あじ: 아지), 다랑어(まぐろ: 마구 로), 장어(うなぎ: 우나기), 방어(ぶり: 부리), 뱅어(しらうお: 시라우오) 등이 있다.

4) 조개 등 기타 재료

사시미로 먹는 조개류로는 전복(あわび: 아와비), 굴(かき: 가키), 참소라(サザエ: 사자에), 백합(はまぐり: 하마구리), 가리비(ほたてがい: 호타테가이), 피조개(あかがい: 아카가이), 키조개 (タイラギ: 타이라기), 함박조개(ウバガイ: 우바가이), 왕우럭조개(ミルガイ: 미루가이) 등이 있다.

그 외에 문어(タコ: 다코), 성게(うに: 우니), 연어알(いくら: 이쿠라), 새우(えび: 에비), 해 삼(なまこ: 나마코), 오징어(イカ: 이카) 등과 같은 해산물도 사시미로 즐겨 먹는다.

2 _ 붉은살생선과 흰살생선의 대표 주자

1) 참치(マグロ)

속명이 참치로 잘 알려진 마구로의 우리말 표준어는 다랑어이다. 고등어과에 속하는 다랑어의 종류로는 참다랑어(ホンマグロ: 혼마구로. 몸체 색깔이 검다 하여 구로 마구로라고도 함. 사시미, 스시의 재료), 눈다랑어(メバチ: 메바치. 눈이 큰 것이 특징이며 사시미, 스시의 재료), 황다랑어(キハダ: 기하다. 몸체 색깔이 약간 노란색을 띠며, 주로 캔참치의 재료), 날개다랑어(ビンナガ: 빈나가. 가슴지느러미가 길며, 주로 캔참치의 재료) 등이 있다. 청새치(カジキ: 가지키)나 황새치(メカジキ: 메카지키)도 마구로의 한 종류로 취급하기도 한다.

가장 대표적 다랑어인 참다랑어는 보통 몸길이가 최대 3m에 몸무게가 400kg이 넘는 것도 있다(대서양 참다랑어: 몸길이 4.5m, 몸무게 680kg). 유영 속도는 최고 80~90㎞ 정도이며(황새치는 100㎞ 이상) 비싼 것은 1,000만 엔이 넘는 것도 있다. 근육에 혈액이 많이 들어 있어서 살이 붉은색을 띤다. 혈액량이 많아서 부패하기 쉽고 상온에 놓아두면 단시간에 살이 검게 변하므로 잡은 참치는 곧바로 아가미와 내장을 제거하고 잘 씻은 후 −60℃ 이하로 급속 냉동해야 참치의 맛을 제대로 느낄 수 있다. 근래에는 냉장·냉동 등의 보존 기술 및 유통이 발달해 잡은 즉시 아가미와 내장을 제거하고 몸통 안에 얼음을 넣어 신속하게 목적지로 공수가 가능해짐에 따라 맛있는 생 마구로를 먹을 수 있다.

참치회

마구로는 현재 일본에서 가장 인기 있는 먹거리이지만 예전에는 '고양이도 먹지 않는 생선'이라고 여겨졌다. 이는 맛이 없어서가 아니라 냉장·냉동 등의 보존 기술이 없어 신선도를 유지할 방법이 없었고 배송 수단이 발달되지 않아 마구로를 육지로 배송하는 과정에서 부패했기 때문이다. 에도시대 초기까지 마구로의 선도를 되도록 오래 유지하는 유일한 방법은 소금에 절이는 것이었다. 그러나 마구로를 소금에 절이면 맛과 식감이 현저히 떨어져 그때까지만 해도 마구로는 최하위계층의 음식이었다.

에도 중기에 간장이 보급되면서 한 스시집에서 마구로의 신선도를 속이기 위해 아카미(赤身: 등살)를 간장에 절였는데, 이것을 즈케(づけ: 절임)라고 했으며, 이것으로 스시를 만들기 시작했다.

근대 이후에는 냉장 기술이 발달하면서 아카미를 날것으로 먹게 되었으나 1920년대 전까지는 큰 인기를 얻지 못했다. 또한 에도시대까지는 지방질이 많은 도로(トロ: 뱃살)는 특히 상하기 쉬운 데다가 너무 기름지다는 이유로 아카미보다 더 인기가 없어 버리거나 나베 요리에 넣었으며, 이후 대부분 통조림 가공용으로 쓰였다.

그러던 중 1879년 도쿄 니혼바시(日本橋)에 창업한 스시집 요시노스시(吉野鮨)에서 1920년경 처음으로 마구로의 뱃살 부위를 초밥 재료로 사용하면서 '입안에서 녹다'라는 의미의 동사 도로케루(とろける)의 앞부분을 딴 '도로'라는 명칭으로 인기를 끌었다. 냉장 기술과 운송수단의 발달, 그리고 서구화된 입맛으로 기름진 음식을 선호하게 되면서 1950년대 이후 도로는 회나 초밥의 최고급 재료로 대변신한다. 이후 참치는 1970년대에 들어서면서 본격적으로 대중화된다. 당시 일본은 대량의 전자제품을 미국으로 수출하는데, 수요 및 납품 기한을 맞추기 위해 운송 수단으로 해운이 아닌 항공 화물기를 이용했다. 이 화물기가 일본으로 돌아올 때 미국에서 값싸게 사들인 냉동 참치를 짐칸에 가득 싣고 오게 된 것이 일본 전역에서 참치를 쉽게 먹을 수 있는 계기가 되었다.

도로는 뱃살 한가운데인 오도로(대뱃살), 등 쪽에 가까운 주도로(중뱃살), 아가미에 가장 가까운 가마도로(아가미 쪽 뱃살) 등으로 나뉜다. 마구로 한 마리에서 나오는 도로는 전체 부위의 10% 정도에 불과하다. 마구로는 지방 함량이 높아지는 겨울철에 특히 맛있다.

마구로를 잡는 방법은 나라마다 다른데, 이탈리아나 스페인에서는 주로 쌍끌이 어선에 연결된 그물망으로 잡고, 일본에서는 주낙으로 잡는다. 그물망으로 잡는 마구로는 그물 안에서 에너지를 많이 소모해서 주낙으로 잡는 마구로에 비해 맛이 떨어진다.

2) 도미(鯛: 다이)

일반적으로 몸길이가 30~100㎝ 정도의 생선으로 체형은 타원형에 납작한 편이며, 몸 색깔은 빨간빛을 띠는 종류가 많다. 흰살생선의 대표 주자로 육질이 연하고 담

백하여 고급 횟감으로 쓰인다. 대표적인 도미로는 참돔(マダイ: 마다이)이 있으며 일반적으로 도미라고 할 때는 이 참돔을 의미한다. 그 외의 도미 종류로는 감성돔(クロダイ: 구로다이), 돌돔(イシダイ: 이시다이), 줄돔(シマダイ: 시마다이), 뱅에돔(メジナ: 메지나), 황돔(キダイ: 기다이), 청돔(ヘダイ: 헤다이), 붉돔(チダイ: 치다이) 등이 있다. 이들 도미(돔) 외에 분류상 도미라고는 할 수 없지만 외견적 특징이 비슷하여 ○○도미, 일본어로 ○○たい(타이)라고 불리는 생선들도 있다. 금눈돔(きんめだい: 긴메다이), 옥돔(あまだい: 아마다이), 샛돔(イボダイ: 이보다이) 등이 이에 속하며, 이 외에도 주로 양식을 많이 하는 외래어종인 틸라피아(Tilapia: 역돔)는 외형은 감성돔을 닮았고 생선살의 색과 맛은 참돔과 비슷하여 민물고기이면서도 돔이라는 명칭이 붙었다. 틸라피아는 더러운 물에서도 살 만큼 생명력이 강하며, 도미류와는 전혀 별개 종인데도 값이 싸서 참돔으로 속여 파는 경우도 있다고 한다. 현재 일본에서는 각지에서 야생화가 보고되어 요주의 외래어종으로 지정 되어 있다.

가장 대표적 도미인 참돔은 고운 분홍색을 띠며, 도미류 중 가장 커서 몸길이가 100㎝가 넘는 것도 있다. 모습과 색깔이 예뻐 우리나라에서는 바다의 여왕이라는 별

도미회

칭으로, 일본에서는 어류의 왕(에도시대 이후) 또는 흰살생선의 왕으로 불린다. 특히 일본에서는 축하하다라는 뜻의 '메데타이(めでたい)'의 たい(타이)와 도미의 たい의 발음이 똑같다 하여 예부터 결혼 등의 축하 자리에 자주 등장한다. 일본 씨름인 스모대회에서 우승한 선수는 축하의 의미를 담아 도미를 들고 기념사진을 찍는다.

참돔은 겨울에서 초봄까지가 맛있으며, 특히 산란 직전인 3~4월에 가장 맛있다. 이 시기의 도미는 산란을 대비하여 육질이 풍부해지고 지방질이 많이 올라 윤기가 돈다. 반대로 산란 직후인 5월 말~6월 말에는 껍질뿐인 도미라는 말이 있을 정도로 맛이 떨어진다.

참돔은 사시미나 스시로 먹는 가장 대표적인 생선이기는 하지만, 돌돔이나 감성돔에 비하면 육질이 연해 시간이 지나면 무르기 쉽고 맛이 떨어진다. 그래서 사시미 외에 비늘만 제거하고 껍질은 벗기지 않은 상태로 포를 뜬 후 껍질 위로 골고루 뜨거운 물을 부어 껍질을 살짝 익힌 다음 얼음물에 담가 냉장고에서 3시간 정도 숙성시키는 숙회(유비키)로 먹기도 한다. 이 요리는 껍질이 쫄깃하고 껍질 바로 아래에 있는 지방이 살 전체로 배어들어 한층 고소한 맛을 즐길 수 있다.

 ## 3 사시미를 자르고 담고 먹는 방법

1_사시미 자르는 방법

사시미는 자르는 방법에 따라서 맛이 달라진다. 예를 들어 방어나 다랑어(참치) 같은 붉은살생선은 두껍게 썰어야 제맛을 느낄 수 있으며, 흰살생선은 얇게 썰어야 쫄깃한 식감과 담백한 맛을 느낄 수 있다.

생선과 해산물의 특성에 따라 자르는 방법을 달리한다면 같은 생선이라도 더 맛있게 즐길 수 있다.

사시미를 자르는 방법은 다양하지만 대표적인 방법 7가지를 알아본다.

1) 평썰기(히라즈쿠리)**:** 참치와 같은 붉은살생선, 즉 부드러운 생선을 회 뜰 때 쓰는 방법으로, 회를 자르는 가장 대표적이고 기본적인 방법이다. 길이가 긴 사시미 칼의 특성을 이용해 자르는 사람의 앞쪽으로 칼을 잡아당기듯 천천히 자르는 방법이다. 따라서 자른 단면을 깔끔하게 마무리할 수 있다.

2) 당겨 썰기(히키즈쿠리)**:** 횟집에서 가장 많이 이용하는 방법으로 칼을 똑바로 세워서 앞쪽으로 잡아당기듯 회를 뜨고 오른쪽으로 옮겨놓지 않고 그대로 이어서 자른다.

3) 깎아썰기(소기즈쿠리)**:** 도미 등과 같이 비교적 살이 쫄깃한 생선회를 씹기 편하게 생선살의 섬유를 끊어 자르는 방법으로, 칼을 살짝 눕혀서 깎아내듯 편평하게 썬다. 평썰기와 마찬가지로 긴 사시미 칼의 특성을 활용해 한번에 썰어낸다.

4) 얇게 썰기(우스즈쿠리)**:** 생선을 아주 얇게 엇베어 회를 뜨는 방법으로 복어회를 뜰 때 주로 사용한다. 횟감 아래로 접시의 색감이 비칠 정도로 얇게 써는 것이 특징이다.

5) 깍둑썰기(가쿠즈쿠리): 속살이 부드러운 생선을 회 뜰 때 많이 사용하는 방법으로, 한입에 먹을 수 있도록 주사위 모양으로 네모나게 자른다.

6) 물결모양 썰기(사자나미 즈쿠리): 칼을 살짝 눕혀서 물결모양으로 회를 뜨는 방법으로, 문어나 오징어, 전복, 고둥 등 탄력이 있고 단단한 해산물로 회를 뜰 때 사용한다.

7) 실모양 썰기(이토즈쿠리): 한치나 오징어, 은어, 학꽁치와 같이 비교적 몸체가 길고 날씬한 해산물을 칼을 세워서 일자로 가늘고 길게 자르는 방법이다.

> **tip 背越し**(せごし: 세고시)
> 세고시는 우리에게는 세꼬시라는 말로 알려져 있는데, 이는 날생선을 자르는 방법 중 하나인 세고시라는 일본어 표현을 잘못 발음한 것이다. 따라서 일상생활에서 사용할 때는 '뼈째 썰기' 정도의 우리말로 순화하여 쓰는 것이 바람직하다.
> 세고시는 주로 어린 은어, 어린 우럭, 전어, 쥐치 등과 같이 뼈가 연하고 크기가 작은 생선의 껍질을 벗기고 머리 · 지느러미 · 내장을 제거한 후 뼈와 살을 함께 옆으로 얇게 썬 다음 찬물에 씻어 식감을 살린 사시미 요리로, 여뀌초나 초된장(스미소)을 곁들여 먹는다.

2_사시미 담는 방법

일식당에서 모둠 생선회(刺身の盛り合わせ: 사시미노 모리아와세)가 접시 등의 그릇에 담겨 있는 모습을 보면 색깔이 다양해 화려하게 느껴지는 경우가 많다. 사시미의 플레이팅은 단순히 보기 좋게 그릇에 담아놓는 것만은 아니다. 플레이팅에도 사시미 또는 스시라고 하는 요리의 룰과 의미가 담겨 있다.

접시에 담을 때는 기본적으로 그릇의 왼쪽 앞에는 담백한 흰살생선이나 오징어, 오른쪽 앞에는 조개류 등 노란색 어패류, 안쪽에는 참치 등 붉은살생선을 놓으며, 생선의 가짓수는 홀수로 맞추는 게 일반적인 사시미 담기 방법이다. 이것은 맛이 담백하고 연한 흰살생선에서 진한 것의 순서로 먹어 각각의 맛을 확실하게 즐길 수 있도록, 가장 맛있게 먹을 수 있는 순서로 배열한 것이다. 따라서 회는 왼쪽 앞에서부터 차례로 먹는 것이 가장 이상적이다.

사시미는 접시에 담을 때의 배열 형식이나 담긴 모습에 따라 다양한 담기 방법이 있다.

1) 평면 담기(平盛り: 히라모리): 큰 접시에 많은 양의 사시미를 평면적으로 담는 방법으로, 모둠 사시미 등을 담을 때 흔히 사용한다. 다양한 종류의 사시미를 담을수록 모양이 예뻐지지만, 색이 비슷한 사시미는 바로 옆에 놓지 않는다. 접시에 담는 사시미의 종류를 늘리거나 사시미끼리 되도록 밀착시켜 배치한다는 점 등을 신경 쓰면 좀더 깔끔해 보일 수 있다.

2) 일렬 겹쳐담기(流し盛り: 나가시모리): 종류가 같거나 비슷한 사시미를 같은 크기로 썰어 같은 방향으로 흐르듯이 약간씩 겹쳐 담을 때 사용하는 담기 방법이다.

3) 방사형 담기(放射盛り: 호샤모리): 스시를 동그란 나무통에 담을 때 자주 사용하는 방법으로 서로 다른 재료를 위·아래·왼쪽·오른쪽 네 곳을 중심으로 균등하게 배치한다. 플레이팅 방법이 간단하면서도 예쁘게 보일 수 있어서 초보자들이 쉽게 사용할 수 있다.

4) 산수 담기 (山水盛り: 산스이모리)

마치 배산임수의 형태가 연상되는 담기 방법으로 앞쪽은 물이 흐르는 강처럼 낮게, 뒤쪽은 산처럼 높게 배열하는 것인데, 특히 뒤쪽은 산 세 개를 만들 듯 담는 것이 일반적이다. 산수화처럼 보기 좋게 앞쪽은 낮게, 뒤쪽은 높게 담는다.

5) 평썰어 담기 (節盛り: 후시모리)

평썰기를 한 사시미를 그대로 접시에 담는 가장 일반적인 담기 방법이다. 일반적으로 3·5·7과 같이 홀수로 장식한다.

6) 원추형 겹쳐 담기 (杉盛り: 스기모리)

학꽁치처럼 체형이 가늘고 긴 생선 사시미를 원추형으로 세워서 담거나 전복회처럼 얇게 썬 회를 겹쳐서 피라미드 모양 산처럼 높이 쌓아올려 장식하는 것으로, 윗부분이 뾰족해 그 모양이 마치 스기(杉: 삼나무)의 모양과 비슷하다 하여 붙여진 이름이다.

7) 통째 담기 (姿盛り: 스가타모리)

생선의 머리와 꼬리를 활용해 생선 형태를 그대로 살린 담기 방법이다.

8) 배 담기 (舟盛り: 후나모리)

예쁜 배 모양 접시에 사시미를 담는 방법이다.

9) 꽃·새모양 담기(花鳥盛り: 가초모리)

꽃과 새 등의 모양으로 사시미를 담는 방법이다.

10) 막 담기(乱盛り: 란모리)

정해진 모양이나 형식에 구애받지 않고 자유롭게 장식하는 담기 방법이다.

11) 모둠 담기(混ぜ盛り: 마제모리)

모둠 사시미와 같은 의미로 쓰이는 플레이팅 방법으로 색과 형태 그리고 맛의 조화를 고려해 담는 방법이다.

3_ 사시미 먹는 방법

사시미는 지방질이 많이 올라 있는 제철 생선(해산물)을 먹는 것이 가장 좋다.

봄에는 도미가, 봄에서 여름까지는 농어, 전복, 피조개 등이, 가을에서 겨울까지는 광어, 고등어, 전갱이, 전어가, 겨울에는 다랑어가, 겨울에서 봄까지는 방어, 학꽁치, 문어 등이 제철이다.

사시미는 대부분 간장에 와사비를 섞어서 먹는데, 이 경우 와사비의 자극적인 풍미와 향으로 사시미를 제대로 즐기기 어렵다. 일본 음식을 먹을 때는 기본적으로 재료와 재료를 섞거나 비비지 않는다. 일본에서는 사시미 중간 위치에 와사비를

조금 올려놓고 사시미로 와사비를 안으로 감싸 접어서 작은 개인 접시에 미리 따라놓은 간장을 살짝 찍은 다음 간장이 흐르지 않도록 개인 접시로 받쳐 먹는 것이 올바른 테이블 매너이다.

우리나라에서 생선회를 기호에 맞게 초고추장이나 막장(된장)에 찍어 먹는 경우가 있는 것처럼 일본에서도 도미나 광어, 마구로, 방어 등의 사시미는 와사비에 찍어 먹는 것이 가장 좋다. 또한 전갱이, 가다랑어, 정어리 등의 사시미는 생강 간장에, 복사시미는 폰즈와 모미지오로시(무에 구멍을 내어 빨간 고추를 끼워 강판에 간 것)에 찍어 먹는 것이 재료와 궁합이 잘 맞는 방법으로 널리 알려져 있다.

그럼 사시미에는 왜 와사비를 곁들여 먹을까? 혀를 자극하는 캡사이신 성분 때문에 매운맛을 내는 고추와 달리, 와사비는 코를 자극하는 시니그린 성분으로 또 다른 매운맛을 낸다. 이런 와사비는 살균작용이 뛰어나 병원성대장균, 살모넬라균, 장염비브리오균 등 식중독 원인균의 증식을 억제하는 효과가 뛰어

나 생식 형태인 사시미나 스시를 먹을 때 곁들이면 좋다.

그러면 사시미가 여러 종류 있을 때 어떤 방법으로 또는 어떤 순서로 먹는 것이 좋을까?

먹는 방법은 다양할 수 있으나 먹는 순서는 어느 정도 정해져 있다. 사시미는 기본적으로 맛이 담백한 것에서 진한 순서로 먹는다. 흰살생선, 조개류, 등푸른생선, 붉은살생선 순이라고 할 수 있다. 흰살생선은 지방이 적어 담백하므로 등푸른생선이나 붉은살생선을 먹고 난 후에 먹으면 흰살생선의 담백한 맛을 느낄 수 없기 때문에 가장 먼저 먹는 게 좋다.

고급 일식집에서는 생선회 사이사이에 채소 등이 곁들여 나오는데, 이것이 단순한 장식인지 아니면 먹어도 되는지 소박한 의문을 가질 수 있다. 접시에는 생선회와 함께 일반적으로 켄(けん)이나 츠마(つま) 그리고 가이시키(かいしき), 가라미(辛味) 등이 놓이는데, 이는 모두 장식 역할도 하지만 사시미와 곁들여 먹을 수도 있다.

켄은 일본어로 긴 칼인 검(劍)이라는 의미로, 가늘고 길게 채 썬 채소의 모양이 검과 비슷하다고 하여 이런 이름이 붙여졌다는 설이 가장 유력하다. 이름에서 알 수 있듯이 무, 개두릅, 양하 등 채 썰어서 장식되어 있는 채소를 켄이라고 한다.

사시미에는 츠마라는 시소잎 등의 채소나 미역 등의 해조류가 함께 장식되어 나오는데, 원래 츠마는 장식용이 아니다. 츠마는 입안을 산뜻하게 해주는 입가심용이기 때문에 사시미와 별도로 먹는 것이 좋지만, 사시미만 먹어서 입이 텁텁하다고 느껴질 때는 함께 먹기도 한다.

사시미를 접시에 플레이팅할 때는 사시미 아래에 까는 츠마와 세워놓는 츠마가 곁들여진다. 켄과 츠마는 생선의 비린내나 느끼함을 없애주기도 하고, 독소 제거나 살균 작용을 하기도 한다. 그래서 츠마와 함께 먹으면 더 맛있는 생선회를 즐길 수 있다. 하지만 츠마 중 참치와 같은 붉은살생선 아래 깔아놓는 시키즈마는 보통 먹지 않는다.

츠마는 일본어로 '부인' 또는 '가장자리'라는 의미인데, 사시미에 곁들이는 츠마의 어원은 두 가지가 있다. 사시미가 주역인 남편이면 츠마는 부인과 같은 조역 역할을 한다는 데서 유래했다는 설과, 츠마가 생선회 가장자리에 놓인다는 데서 유래했다는 설이다.

이 외에 사시미에는 계절감을 연출하기 위해 나뭇잎이나 종이를 뜻하는 가이시키(かいしき)를 접시에 깔기도 하며, 사시미 맛을 좀더 증대하는 와사비나 생강 등의 가라미(辛味)가 곁들여진다.

이처럼 생선회 한 접시에는 담는 법부터 곁들이는 것까지 모두 각각의 의미와 역할이 있다. 이러한 의미를 알면 사시미를 좀더 맛있게 먹을 수 있다.

---

tip 생선의 숙성

대부분 생선은 살에 있는 효소가 단백질과 결합하여 숙성되는데, 생선을 일정 시간 숙성하면 갓 잡아 손질한 활어회에서는 느끼기 어려운 감칠맛을 맛볼 수 있다. 숙성된 생선살에서 나오는 성분인 이노신산이 이 감칠맛의 원인이다. 숙성된 생선 사시미를 간장에 찍어 먹으면 생선 고유의 감칠맛과 달달한 간장맛이 환상의 궁합을 이루는데 이는 간장에 함유되어 있는 또 하나의 감칠맛 성분인 글루탐산이 감칠맛을 한층 배가하기 때문이다. 글루탐산은 다시마로 낸 육수에도 포함되어 있는 성분이다.

소재의 맛 그대로! 사시미

바삭바삭한 식감과 부드러운 속살을 함께 즐기는 덴푸라!

덴푸라(天ぷら)는 육류, 해산물, 조개류, 채소 같은 다양한 식재료에 밀가루 반죽 등으로 튀김옷을 입힌 뒤 기름에 튀겨 조리한 일본의 대표적 튀김 요리라고 할 수 있다.

덴푸라는 튀김 소스인 텐츠유(天つゆ)에 강판에 간 무를 넣어 찍어 먹거나 튀김용 소금이나 카레를 넣은 소금, 또는 말차 등에 찍어 먹는 등 다양한 방법으로 먹는다. 경우에 따라서는 레몬 등 감귤류의 즙을 뿌리면 기름의 느끼함을 잡아주어 더욱 산뜻하게 먹을 수 있다.

또한 덴푸라는 우동 위에 올리면 덴푸라 우동, 소바 위에 올리면 덴푸라 소바, 밥 위에 얹으면 텐동(天丼: 덴푸라 돈부리–튀김덮밥) 등 다양한 요리로도 즐길 수 있다.

덴푸라의 기원

일본 덴푸라의 원형은 필레테스(Filetes)라는 포르투갈의 튀김 요리이다. 필레테스는 지금의 덴푸라와 만드는 방법이 비슷한데 밀가루와 달걀, 적당량의 물을 한데 섞은 반죽으로 튀김옷을 입힌 생선을 기름에 튀긴 요리이다. 덴푸라의 어원에는 다음과 같은 몇 가지 설이 있다.

첫 번째는 16세기 일본이 나가사키항을 서양에 개방하면서 일본에 들어와 선교 활동을 하던 포르투갈과 스페인의 선교사에 의해 일본에 천주교가 전해졌는데, 이때 행한 천주교의 의례 중 하나인 사계재일(四季齋日), 즉 포르투갈어 쿠아투오르 템포라

채소 덴푸라

(Quatuor Tempora)라는 말에서 왔다는 설이다. 쿠아투오르 템포라는 과거 가톨릭의 전통 의례로, 사계절이 시작될 때마다 3일씩 고기를 먹지 않고 금식하며 하느님 은혜에 감사하는 시기를 가리키는 말이다. 이는 제2차 바티칸공의회(1962~1965) 때 폐지되어 현대 가톨릭에서는 거의 행해지지 않는다. 당시 포르투갈 선교사들은 일본에서도 이 시기에 육류 대신 생선이나 달걀을 먹었는데, 생선을 갈아 모양을 만들어 기름에 튀긴 현재 덴푸라의 원형이라 할 수 있는 필레테스를 먹었다. 선교의 일환으로 일본인 신자들에게도 만들어 먹였는데, 이들이 이 신기한 튀김 요리에 대해 묻자 일본어를 제대로 이해하지 못한 선교사들은 음식 대신 천주교의 의례인 쿠아투오르 템포라에 대해 설명했다. 이를 들은 일본인은 튀김 요리의 이름이 템포라라고 생각해 그렇게 부르게 되었으며, 이후 일본인의 발음에 맞게 덴푸라(Tempura)로 바뀌어 지금에 이르렀다는 설이다.

두 번째는 템플로(Templo)에서 유래했다는 설이다. 템플로는 스페인어로 절(사찰)을 의미하는 말이다. 개항 당시 일본에 온 포르투갈과 스페인의 선교사들은 시골 마을의 사찰을 빌려 선교 활동을 시작했는데, 이들은 근처의 어부에게 부탁해 얻은 잔가시가 적은 생선에 밀가루와 달걀 반죽을 입혀 참기름에 튀겨 먹었다. 이를 먹어보고 너무 맛있다고 생각한 어부들은 주민들에게 서양인들이 사는 절에 가면 템플로라는 튀김 음식을 먹을 수 있다고 이야기했다. 결국 일본인이 절에 해당하는 스페인어인 '템플로'라는 단어를 튀김 요리 이름으로 잘못 알아들어 이를 그대로 사용하게 되었으며, 템플로가 일본인이 발음하기 쉽게 덴푸라로 변했다는 설이다.

세 번째는 덴푸라의 어원이 1570년대 일본에 전해진 포르투갈어로 '(음식)조리', '조미료'를 의미하는 템페로(Tempero)라는 말에서 유래했다는 설이다.

그 외에 덴푸라를 일본어 한자로 표기하면 天麩羅(천부라)라고 쓰는데, 한자어와 관련된 음이나 뜻이 점차 변화하여 정착되었다는 설도 있다.

덴푸라의 변천사

역사적으로 기름을 사용한 일본의 음식으로는 나라시대에 쌀가루와 밀가루 반죽에 감미료를 넣고 과일 모양으로 빚어 참기름에 튀겨낸 사찰 음식인 쇼진요리(精進料理)가 있다. 쇼진요리는 가마쿠라·무로마치시대에 보편화되었는데 당시 튀김 요리는 열량을 보충하기 위해 먹었다고 한다.

지금의 덴푸라, 정확히는 덴푸라의 원형인 필레테스가 일본에 들어온 것은 무로마치시대인 1543년이다. 나가사키에 포르투갈 사람들이 들어오면서 총포류를 비롯한 서양 문물 및 여러 가지 음식과 함께 덴푸라(필레테스)도 일본에 전해졌다. 하지만 당시 일본에서는 기름이라 하면 대부분 밤을 밝히는 등잔불용이어서 식용 기름이 귀하다 보니 요리하는 데 많은 기름을 사용하는 덴푸라는 귀족들이나 부자들만이 먹는 고급 요리였다. 에도시대를 연 도쿠가와 이에야스가 도미 덴푸라를 너무 좋아해 과식하다 위장장애로 죽었다는 일화에서 알 수 있듯이 덴푸라는 진귀한 고급 음식이었다. 하지만 농업 생산 기술의 발달과 유통 경로의 확대로 당시 보편적이던 참기름 외에 식용 유채 기름 생산량이 점차 늘어나자 기름을 사용하는 조리법도 함께 보급되었다. 이로써 일부 특권 계층의 전유물이었던 기름을 사용한 음식이 일반 서민들의 생활 속으로 조금씩 파고들었다. 이후 필레테스는 교토, 오사카를 거쳐 에도, 즉 지금의 도쿄로 전해질 무렵에는 명칭도 덴푸라로 정착되었다.

에도시대에 들어와 유채씨로 만드는 채종유(유채기름) 제조가 쉬워져 식용 기름의 생산과 사용이 보편화되면서 덴푸라는 서민들에게도 널리 보급되었다. 에도시대 중기인 1780년대에는 덴푸라가 포장마차에서 판매되는 등 서민들이 즐겨먹는 간식과 같은 패스트푸드로 바뀌었다. 이전에는 귀한 음식이라 여겨졌던 덴푸라가 아주 값이 싼 대표적 길거리 음식으로 전혀 다른 이미지로 바뀐 것이다.

그 당시에는 생선 토막을 꼬치에 끼워 튀김옷을 입혀 기름에 튀겨 팔았는데, 포장

마차에 서서 먹기에는 꼬치 덴푸라가 제격이었다. 이것은 현재 오사카 명물인 구시카츠(串カツ)와 비슷한 형태였다. 당시 덴푸라의 재료로 사용된 어패류는 에도만(도쿄만) 근해에서 잡히는 붕장어, 보리멸, 망둥이, 보리새우 등이었다. 현재 값이 싼 덴푸라 전문식당이나 덮밥집, 소바나 우동을 파는 음식점에서 볼 수 있는 대형 블랙타이거 새우 등을 사용한 덴푸라는 태평양전쟁 이후 외국에서 냉동 새우가 수입되면서부터 판매되었다.

당시 포장마차에서 팔던 덴푸라는 튀김옷이 두껍고 딱딱하였으며, 튀기면 거무스름한 색감을 띠었는데, 이는 글루텐 함량이 높은 중력분으로 튀김옷을 만들고, 튀김 기름으로 흰 참깨를 볶아 짜낸 참기름을 사용했기 때문이다. 참기름에 튀겼기 때문에 색감은 거무스름했으나 냄새도 고소하고, 맛도 진했다. 현재와 달리 얼음이 귀하고, 냉장고나 수족관 등이 보급되기 이전이었으므로 덴푸라 재료인 어패류를 신선하게 보관하기 어려워 선도가 떨어지자 튀김옷을 두껍게 만들어 딱딱해질 때까지 바싹 튀겨냈기 때문에 식감은 그리 좋지 않았다. 튀김옷의 색이 비교적 하얗고 바삭한 식감으로 튀겨지게 된 것은 메이지시대에 미국에서 과자를 만드는 박력분이 수입되면서부터였다.

에도시대 중기까지 덴푸라를 포장마차에서만 팔게 된 이유는 기름과 불을 함께 사용하는 덴푸라가 화재 위험이 커서 실내에서 덴푸라를 튀기는 것이 금지되었고, 또한 당시 튀김 기름은 질이 좋지 않아 식재료를 튀기면 마치 불이 난 것처럼 흰 연기가 나서 실내에서는 도저히 요리할 수 없었기 때문이다. 그러나 에도시대 후기에서 메이지시대 초기 사이에 덴푸라를 튀길 때 동백기름을 사용하면서 연기의 양이 줄어들자, 덴푸라는 포장마차의 길거리 음식이 아닌 가게나 요정 등의 실내에서도 팔 수 있는 음식이 되었다.

메이지유신 이후 1870년대에 노상 포장마차에서 음식을 파는 것이 법적으로 금지됨에 따라 덴푸라도 실내에서만 팔 수 있는 좀더 고급스러운 요리로 바뀌었고, 점차 현재와 같이 일본을 대표하는 약간은 사치스러운 음식으로 자리매김하게 되었다. 당시 덴푸라는 무즙이 들어간 덴푸라용 간장에 찍어 먹었다.

한편 소바 전문식당에서는 밀가루에 버무려 튀긴 새우를 가케소바 국물에 띄워 소바를 먹기 전 술안주로 판매하기도 했다. 또 서민이나 상인들의 왕래가 잦은 지역에서 새우 덴푸라나 붕장어 덴푸라를 뜨거운 밥 위에 올려 덮밥 소스를 뿌려 먹기 시작하면서 튀김덮밥인 덴푸라 돈부리(天丼: 텐동)가 탄생했다.

이후 덴푸라 종류가 다양해졌으며, 보관 기술이 발달하면서 어패류의 선도도 좋아졌다. 태평양전쟁 전까지 덴푸라와 별도로 취급되던 쇼진요리의 채소나 버섯 튀김도 일반적인 덴푸라의 한 종류로 포함되었다.

이처럼 종류가 다양해지다 보니 덴푸라를 먹는 방법도 소금 또는 말차 소금에 찍어 먹거나 레몬이나 감귤류인 초귤(스다치) 과즙을 뿌려 먹기도 하고, 채소 튀김은 무즙과 덴푸라 간장에 찍어서 먹는 등 매우 다양해졌다.

지금은 튀김용 기름으로 보통 식용유인 샐러드유를 많이 사용하지만, 도쿄의 덴푸라 전문점 중에는 건강을 생각해 아직도 흰 참깨를 볶지 않고 짜낸 콜레스테롤 제로의 참기름을 사용하는 곳도 있다.

덴푸라가 본격적으로 일본에서 인기를 끌면서 널리 확산된 것은 19세기 말이다. 일본의 대표적 덴푸라 전문점인 후나바시야(船橋屋)는 1886년 창업해 지금도 영업을 이어오고 있다. 이곳을 비롯한 노포들에서는 철저히 청결을 유지해 기름 냄새가 나지 않으며, 튀김 재료에 따라 기름의 종류, 튀기는 시간 등을 달리하기도 하고, 서로 다른 기름을 배합하여 사용하기도 한다. 그리고 한 번 사용한 기름은 절대 다시 사용하지 않는다. 이러한 장인정신과 연구야말로 오랫동안 영업을 가능하게 한 가장 큰 비결일 것이다.

튀김이라고 하면 자칫 기름지고 느끼해서 식재료 본연의 맛을 느끼기 힘든 음식이라고 생각하기 쉽다. 하지만 일본의 덴푸라는 식재료의 신선한 맛을 그대로 살리면서 순간적으로 맛을 증폭시키는 튀김 요리로 발전해, 전통 요리는 아니지만 일본을 대표하는 음식 중 하나로 손꼽히고 있다.

튀김 방식에 따른 아게모노의 종류

아게모노(揚げ物)는 우리말로 '기름에 튀긴 식품'을 뜻한다. 즉 아게모노는 채소나 어패류 또는 육고기를 재료 그대로 또는 튀김옷을 입혀 기름에 튀기는 요리들을 총칭한다.

방송에서 일식 셰프들이 일본의 튀김을 가라아게 또는 덴푸라라고 말하면, 자막에서 둘 다 튀김이라고 표기하는 경우가 많은데, 이 둘은 실제로는 튀김 방식이 다르지만 달리 번역할 우리말이 없다보니 동일하게 튀김이라고 하는 것이다. 마찬가지로 프라이나 카츠도 서로 다른 튀김 방식이다. 이처럼 똑같이 기름에 튀기는 요리도 일본에서는 식재료나 튀기는 방법에 따라 다른 명칭을 사용한다.

이제부터는 일본의 대표 음식 중 하나인 덴푸라를 중심으로 일본에서 사용되는 다양한 튀김 방식과 튀김에 사용되는 식재료를 알아본다.

1_아게

아게는 기름에 튀긴 것, 즉 튀김을 뜻하는 말이다. 일본의 대표적 튀김류는 조리 방법에 따라 가라아게, 스아게, 고로모아게, 가키아게, 사츠마아게, 타츠타아게, 리큐아게 등으로 나뉜다.

1) 가라아게(唐揚げ/空揚げ)

가라아게는 일본어로 옛 중국을 칭하는 한자인 당(唐)에 튀김을 뜻하는 아게를 합성한 말이다. 이는 가라아게가 에도시대 초기에 중국에서 전해진 튀김 요리라고 하여 붙여진 이름이라는 설이 있다. 또 한자를 달리 써 '가라(空) + 아게(揚げ)'로 도 표기하는데, 여기에서 가라는 '비어 있는, 거짓의'라는 의미로, 덴푸라(고로모아게)와 달리 튀김옷을 거의 입히지 않았기 때문에 거짓 튀김이라는 뜻으로 가라아게라는 표현을 쓴다고 한다.

다시 말하면 가라아게는 식재료에 밑간을 하지 않고(밑간을 하는 경우도 있음) 그 겉면에 밀가루나 전분 또는 튀김가루 등을 얇게 묻혀 고온의 기름에 튀긴 요리나 조리법을 말하며, 덴푸라처럼 본격적인 튀김옷을 입히지 않는 게 특징이다. 가라아게 재료로는 빙어, 전갱이, 도미, 정어리, 임연

수 등의 생선이나 닭고기, 소고기, 채소 등이 사용되며, 닭고기를 재료로 하는 치킨 가라아게가 가장 대표적이다.

참고로 한국과 일본의 치킨 튀김을 비교해보면, 일본은 가라아게 방식으로 치킨을 튀기고, 한국은 아래에서 설명하는 고로모아게 방식으로 치킨을 튀긴다. 고로모아게 방식으로 튀기면 튀김반죽에 찬물이나 얼음물을 사용하기 때문에 튀김이 더 바삭하다. 고기의 부드러움을 더 선호해 가라아게 방식으로 튀기는 일본과 튀김옷의 바삭함을 더 선호해 고로모아게 방식으로 튀기는 한국처럼 선호하는 튀김의 식감이 달라서 튀기는 방법도 달라진다는 것을 알 수 있다.

2) 스아게(素揚げ)

스아게는 '스(素) + 아게(揚げ)'의 합성어로, 스는 '전혀 아무것도 섞지 않고 있는 그대로'라는 의미로 쓰이는 말이고, 아게는 '튀김'이라는 뜻이다.

따라서 스아게는 식재료를 손질해 물기를 뺀 후 밑간도 하지 않고 튀김옷이나 밀가루 등도 전혀 묻히지 않은 그대로 기름에 튀기는 것을 말한다. 스아게 재료로는 은행, 밤, 가지, 고추, 다시마, 새우 등이 적합하며, 주로 식재료의 색감과 모양을 살리기 위해 사용하는 튀김 방법이다.

3) 고로모아게(衣揚げ)

고로모아게는 '고로모(衣) + 아게(揚げ)'의 합성어이며, 고로모(衣)는 '옷'을 나타내는 말로 여기에서는 튀김옷을 뜻한다.

고로모아게는 생선이나 채소 등의 식재료에 밀가루를 묻힌 뒤 물과 밀가루, 달걀을 개어 만든 반죽으로 튀김옷을 입혀 기름에 튀긴 요리나 조리법의 총칭이다. 튀김옷을 입혀 튀기기 때문에 원재료의 영양분과 고유의 맛과 향의 손실을 최소화할 수 있으며,

튀김반죽을 만들 때 찬물이나 얼음물을 사용하므로 식재료가 더욱 바삭하게 튀겨진다. 덴푸라가 바로 고로모아게 방법으로 조리한 음식이다.

4) 가키아게(かき揚げ)

가키아게의 가키는 '비슷한 여러 재료를 긁어모으다'라는 의미로, 가키아게는 잘게 썬 해산물이나 채 썬 여러 가지 채소 등을 한데 (긁어)모아 찬물, 밀가루, 달걀물을 풀어 만든 반죽에 넣고 잘 버무려 기름에 튀긴 덴푸라의 일종이다. 가키아게는 덴푸라보다 튀김옷을 얇게 입히기 때문에 식재료 본연의 맛을 살려주는 조리법이라고 할 수 있다.

가키아게에는 대표적으로 새우나 가리비, 오징어 등의 해산물을 재료로 하는 해산물 튀김(海鮮かき揚げ)과 우엉, 감자, 양파, 쑥갓, 당근, 미나리, 파드득나물(三つ葉: 미츠바) 등의 제철 채소를 재료로 하는 채소 튀김(野菜のかき揚げ)이 있다. 또한 해산물과 채소를 섞거나 해산물에 바나나나 감 등의 과일을 섞어 튀기는 등 식재료 조합이 다양하다.

덮밥 위에 가키아게를 올리면 가키아게 돈부리(가키아게동) 또는 덴푸라 돈부리(텐동)가 되고, 따끈한 우동에 올리면 가키아게 우동, 국물이 따끈한 소바에 올리면 가키아게 소바가 되며, 국물이 차가우면 각각 가키아게 냉우동, 가키아게 냉소바가 된다.

5) 사츠마아게(さつま揚げ)

사츠마아게는 원래 중국에서 유래한 튀김 요리가 오키나와를 거쳐 지금의 가고시마에 해당하는 사츠마를 경유해 일본 전역으로 전해졌다고 하여 이런 명칭이 붙었다는 설이 있다.

さつま揚げ

사츠마아게는 기름에 튀긴 어묵의 일종인 가마보코(かまぼこ)로, 으깬 생선(드물게는 조류)살을 소금이나 설탕, 미림, 두부, 녹말가루 등을 섞어 반죽해 맛을 낸 후, 원하는 모양으로 만들어 기름(채종유)에 튀긴 요리나 조리법을 말한다. 튀김 재료인 생선으로는 갯장어, 전갱이, 날치, 고등어, 조기, 상어 등이 많이 사용되며, 우엉과 당근을 넣는다. 관동 지방에서는 사츠마아게라고 부르는 음식을 교토, 오사카 등의 관서 지방에서는 덴푸라라 부르기도 하며, 도쿄에서는 사츠마아게에 덴푸라라는 이름을 붙여 식품 매장에서 파는 등 유통의 발달로 상품 이름도 지방색을 반영하지 않고 사용되기도 한다.

6) 타츠타아게(竜田揚げ)

타츠타아게의 타츠타는 나라현 지역에서 단풍으로 유명한 타츠타(竜田)라는 강에 떨어져 흘러가는 단풍의 모습과 갓 튀겨낸 적갈색 튀김의 색감이 비슷해 타츠타에 비유해 이름을 붙였다는 설이 있다.

이 외에 해군 함선 타츠타에서 선원들의 식사에 밀가루 대신 전분을 사용해 가라아게를 만들었는데, 그 요리에 대한 반응이 좋아 함선 이름인 타츠타에서 튀긴 요리라고 하여 타츠타아게라고 부르게 되었다는 설이 있는데, 후자의 설이 좀더 유력하다.

타츠타아게는 생선 혹은 (닭)고기 등의 식재료를 간장, 청주, 미림 등을 넣어 만든

타츠타아게

리큐아게

소스에 간이 배이도록 담갔다가 전분을 묻혀 튀겨내는 요리이다. 색이 짙은 소스로 밑
간을 하며 전분만 묻혀 기름에 튀기기 때문에 튀긴 후 색감이 가라아게보다 짙은 것이
특징이다. 타츠타아게는 밑간이 강한 특징 때문에 밥반찬으로 먹을 때가 많다.

7) 리큐아게(利久揚げ)

리큐아게는 1500년대 일본 다도를 완성시켰다고 알려진 센노리큐라는 사람이 참
깨를 사용한 음식을 좋아하여 그의 이름을 따서 만들어졌다고 한다. 리큐아게는 노래
미, 볼락, 갈치 등의 흰살생선이나 새우 또는 표고버섯, 단호박 등 담백한 채소의 표
면에 참깨를 골고루 묻혀 식용유나 참기름에 튀기는 요리를 말한다.

아게모노, 그 다양한 종류를 알아보자!

독특하거나 맛있거나

🍚 치킨난반 チキン南蛮

미야자키현(宮崎県)의 명물요리인 치킨난반은 가라아게 중에서도 특히 닭고기를 밀가루에 묻힌 다음 달걀물에 살짝 넣어 가볍게 튀김옷을 입혀 기름에 튀긴 후 달달한 난반 식초소스에 넣어 버무린 뒤 타르타르소스를 뿌린 요리이다. 치킨 가라아게는 닭고기에 밀가루나 튀김가루를 얇게 묻히는 정도로 해서 튀겨낸 요리를 말하는 반면 치킨난반은 닭고기에 밀가루를 살짝 묻히는 것으로 끝나지 않고 달걀물에 넣어 튀김옷을 가볍게 입혀 튀기는 요리로, 튀기기 전 식재료를 준비하는 과정이 각기 다르다. 특히 별도의 조미과정, 즉 난반 식초소스에 넣어 버무린 후 타르타르소스를 뿌려 맛을 내는 점이 가장 큰 차이라고 할 수 있다.

🍚 우사의 가라아게 宇佐のからあげ

오이타현(大分県)은 일본에서 닭 소비량이 가장 많은 지역으로 오이타 치킨 가라아게는 지역 명물 요리로 유명하다. 그중에서도 우사시(宇佐市)는 가라아게 전문점의 발상지로 알려져 있을 정도로 오이타 가라아게의 원조라고 할 수 있는 곳이다. 우사시는 편의점보다 가라아게 전문점이 많다고 할 만큼 가라아게의 인기가 높은 성지이다. 치킨은 간장, 소금, 마늘, 생강을 베이스로 한 소스로 밑간을 한다.

🍚 치킨반마리 가라아게 半身空揚げ

니가타현(新潟県)에서 가라아게라 하면 한입 크기가 아닌 닭 반 마리를 통째로 바삭하게 튀겨 육즙이 가득한 명품 가라아게를 말한다. 치킨의 밑간은 카레가루를 묻혀 버무려 카레맛이 주를 이루며, 가게에 따라서는 갈릭맛, 소금맛 등 다양한 맛의 치킨 가라아게를 맛볼 수 있다. 영계를 사용한다는 점이 맛을 한층 끌어올리는 원천이라고 한다.

🍚 구루쿤 가라아게 グルクンの唐揚げ

구루쿤은 오키나와의 대표 생선으로 지정되어 있는 농어목의 흰살생선이다. 구루쿤 가라아게는 구루쿤의 내장을 제거하고 머리부터 꼬리까지 통째로 바싹 튀겨서 먹는 요리이다. 구루쿤은 가라아게 외에 스시로도 먹는 등 여러 방법으로 조리한다.

🍴 메히카리(파란눈매통이) **가라아게** めひかりの唐揚げ

메히카리는 규슈의 미야자키현 노베오카라는 곳에서 잡히는 멸치과에 속하는 심해어로, 담백하면서도 기름기가 살짝 올라 있으며 뼈가 부드러운 흰살생선이다. 이곳에서는 예부터 어부들이 흔히 먹는 생선으로 알려져 있다. 메히카리는 신선한 상태에서는 회로 먹거나 소금구이 프라이 등으로도 먹지만, 가라아게로 먹는 것이 특히 맛있었다고 한다.

✿　✿　✿

🍴 **아소의 가라아게** 阿蘇のからあげ

구마모토현(熊本県) 아소 지방에는 맛있는 치킨 가라아게를 맛볼 수 있는 가게가 많은데, 가게마다 판매 방식이 조금씩 다르다. 밥과 미소 된장국, 샐러드가 세트로 제공되는 가라아게 정식으로 먹을 수 있는 곳도 있고, 패스트푸드점처럼 갓 튀겨낸 치킨을 하나씩 사서 먹을 수 있는 곳도 있으며, 빵가루까지 묻혀서 튀겨내는 곳도 있을 정도로 다양한 형태와 맛의 치킨 가라아게를 즐길 수 있다.

✿　✿　✿

🍴 **소막창 가라아게** 近江牛ホルモン唐揚げ

소막창 가라아게는 겉은 바삭하고 속은 쫄깃쫄깃한 식감으로 입에서 살살 녹는 맛이 일품인 가라아게이다. 한입 먹으면 약간 매운 튀김옷이 바삭바삭하게 느껴지며, 안에서는 탱글탱글한 막창의 식감, 그리고 씹을수록 입안 가득 퍼지는 고소함이 매력적이다. 식감과 미각을 모두 만족시키는 요리로, 산초소금이나 마요네즈 폰즈 등에 찍어 먹으면 맛이 배가된다.

✿　✿　✿

벚꽃새우 가키아게 桜えびのかき揚げ

생벚꽃새우와 다양한 채소를 함께 버무려 튀김옷을 얇게 입힌 뒤 바삭하게 튀긴 가라아게로, 바삭바삭한 식감에 벚꽃새우의 단맛과 고소함을 맛볼 수 있는 튀김 요리이다.

✿　✿　✿

🍴 **고래고기 타츠타아게** 鯨の竜田揚げ

한입 크기로 자른 참고래 고기에 생강소스와 간장으로 밑간을 한 후 녹말가루를 묻혀 기름에 튀겨낸 요리로, 태평양전쟁에서 패한 이후 귀중한 단백질 보충원으로 일본의 식탁을 지켜온 대표적인 고래고기 요리이다. 일본이 본격적으로 고래를 잡기 시작한 것은 에도시대부터라고 하지만 나라시대 문헌에도 고래고기에 대한 기술이 있는 것으로 보아, 고래고기를 먹는 풍습은 아주 오래전부터 있었을 것으로 추정된다. 지금도 고래고기 가라아게는 구마모토의 인기 음식 중 하나인데, 고래고기는 예전에는 급식 메뉴로 인기가 있었다고 한다.

2_ 덴푸라

덴푸라는 앞서 살펴보았듯이 밀가루와 달걀물, 물을 섞어 만든 반죽에 식재료(어패류, 채소 등)를 담가 튀김옷을 입힌 후 기름에 튀겨 조리하는 요리를 말한다. 대표적인 덴푸라 요리 재료로는 어패류(붕장어, 보리멸, 망둥어, 조개류, 새우류 등)나 각종 채소 등이 있다. 덴푸라는 우동, 소바, 돈부리의 토핑(고명)으로도 많이 사용된다. 경우에 따라서는 어패류에 튀김옷을 입혀 튀기는 것만 덴푸라라고 하고, 채소류에 튀김옷을 입혀 튀기는 것은 쇼진아게라고 하기도 한다.

보통의 덴푸라와는 또 다른 맛을 즐길 수 있다

독특하거나 맛있거나

🥣 간스 덴푸라 がんす天

간스 덴푸라는 세토나이카이(瀬戸内海: 혼슈와 규슈 사이의 좁은 해협)에서 잡힌 작은 물고기를 갈아 양파나 시치미(七味: 일곱 가지 고춧가루)를 넣고 빵가루를 묻혀서 기름에 튀긴 것이다. 간스(がんす)는 히로시마 방언으로 '~입니다'에 해당하는 말이지만, 이것이 왜 덴푸라의 명칭이 됐는지는 확실하지 않다. 간스 덴푸라는 반찬, 안주, 간식 등으로 인기가 좋으며 우동이나 햄버거의 재료로 쓰이기도 한다.

🥣 나가사키 덴푸라 長崎てんぷら

보통의 덴푸라와 다른 나가사키의 명물 덴푸라를 나가사키 덴푸라라고 한다. 설탕이나 달걀로 미리 맛을 들인 반죽으로 튀김옷을 입혀 기름에 튀긴 뒤 간장 등을 찍지 않고 그대로 먹는 것이 특징이다. 튀김옷은 바삭하고 씹는 맛이 있으면서도 부드럽고 쫄깃쫄깃하고, 설탕의 단맛까지 느낄 수 있어 보통의 덴푸라와는 또 다른 맛을 즐길 수 있다.

🥣 엉겅퀴 덴푸라 浜アザミの天ぷら

고치현 해변에 자연 서식하는 엉겅퀴를 재료로 하는 덴푸라로, 이 지역에서는 예전부터 즐겨 먹어왔다. 향이 좋은 이 지역 엉겅퀴의 맛이 널리 알려져 시내의 고급 음식점에서도 엉겅퀴 덴푸라를 팔기 시작하면서 전국적으로 인기를 얻게 되었다.

🍲 교토 채소 덴푸라 京野菜の天ぷら

영양가가 높고 깊은 맛을 내는 교토의 채소에 튀김옷을 얇게 입힌 덴푸라이다. 교토는 바다에서 멀어서 신선한 해산물을 접하기 어려운 곳이다 보니 이를 보충하기 위하여 농가에서 품질 좋은 채소를 생산해왔다. 교토 채소는 양질의 물과 비옥한 토양 그리고 분지 특유의 온도차가 심한 기후에서 자라서 영양가가 높고 감칠맛이 풍부한 것이 특징이다. 이런 교토의 채소를 사용한 덴푸라는 튀김옷이 얇아 투박하지 않고 정교하게 만들기 때문에 다른 덴푸라에 비해 완성된 모습이 고급스러워 보이며 맛 또한 고급스럽다.

🍲 오비 덴푸라 おび天

오비 덴푸라(오비텐)는 미야자키현(宮崎県)의 니치난시(日南市) 오비(飫肥)라는 지방에 에도시대부터 전해 내려오는 향토 요리이다. 니치난 근해에서 잡히는 신선한 정어리나 날치 등의 새끼를 통째로 잘게 갈아 두부와 섞어 미소된장, 간장, 흑설탕으로 맛을 들인 후 기름에 튀긴 요리이다. 겉보기에는 덴푸라라기보다는 사츠마아게에 가깝지만, 부드럽고 흑설탕으로 맛을 내 약간 단맛이 나면서 맛이 순하다.

🍲 단풍잎 덴푸라 もみじの天ぷら

일본에서는 우리에게는 다소 생소한 재료인 단풍잎을 튀겨 먹기도 하는데, 오래전부터 오사카(大阪) 미노시(箕面市)에 전해 내려오는 튀김이다. 단풍잎 덴푸라는 단풍잎을 바로 따서 튀기는 것이 아니라 소금에 1년 동안 절인 후 소금기를 제거하고, 튀김 반죽을 입혀 유채 기름에 튀겨서 설탕을 뿌려 먹는 사찰 음식이다. 미노시는 원숭이로도 유명한 곳인데, 원숭이가 훔쳐 먹을 정도로 맛이 뛰어나다고 한다.

🍲 만쥬 덴푸라 まんじゅうの天ぷら

만쥬 덴푸라는 후쿠시마현(福島県)의 아이즈(会津)라는 지역에서 손님을 대접하거나 제사를 지낼 때 항상 나오는 가정 요리이다. 만쥬를 기름에 튀긴 것이 만쥬 덴푸라인데, 만쥬는 밀가루 등을 반죽해 만든 피에 밤, 고구마 앙금 등을 넣어 찌거나 구워서 만든 일본 전통 화과자이다. 만쥬 덴푸라는 불당에서 부처님께 올린 만쥬가 시간이 지나 말라버려 먹을 수 없게 되자 이를 튀겨 먹기 시작하면서 탄생한 음식이라고 한다. 현재는 도쿄 아사구사 센소지 입구 싱집가에 위치한 아사쿠사 고코노에라는 가게가 아게만쥬(튀김 만쥬)로 유명하다.

🍲 초절임생강 덴푸라 紅しょうがの天ぷら

오사카 명물의 하나로 알려진 초절임생강 덴푸라는 슬라이스한 주홍색 초절임생강을 자르지 않고 그대로 튀김옷을 입혀 튀긴 덴푸라로, 그냥 먹거나 우스터소스를 뿌려 먹는다.

3_그 외의 튀김 방법

1) 카츠(カツ)

카츠는 '카츠레츠(カツレツ)'의 준말로 카츠레츠란 커틀릿(cutlet)의 일본어식 표현이다. 커틀릿은 소, 돼지, 닭 따위의 고기를 납작하게 썰거나 다진 후 밀가루, 달걀물, 빵가루를 순서대로 묻혀 기름에 튀기는 음식을 말한다.

카츠는 고로모아게와 거의 비슷한 방법으로 튀기지만, 튀기기 전 식재료를 준비하는 과정에 약간 차이가 있다. 고로모아게는 식재료에 튀김옷을 입힌 후 바로 기름에 튀기지만, 카츠는 과정이 하나 추가되어 튀김옷 위에 빵가루까지 묻혀 기름에 튀긴다. 즉 카츠는 밀가루를 묻힌 식재료를 달걀물에 살짝 넣었다가 빼서 마지막으로 빵가루를 묻힌 후 기름에 튀긴다. 카츠는 보통 고기를 많이 튀기지만, 다양한 생선을 갈아

돈카츠와 카츠동

만든 생선살에 카레가루 등의 향신료를 넣고 버무린 뒤 빵가루를 묻혀 튀기는 도쿠시마현(德島県)의 향토 요리 생선카츠(フィッシュカツ: 피시카츠), 잡어의 머리를 떼고 뼈째로 갈아 만든 생선살과 채소에 빵가루를 묻혀 튀기는 아이치현(愛媛県)의 향토 요리 잡어카츠, 새우살을 으깬 후 뭉쳐서 모양을 만들어 밀가루와 빵가루를 입혀 튀기는 에비(새우)카츠 등처럼 해산물을 튀길 때도 있다.

2) 프라이(フライ)

프라이는 주로 식재료(어패류, 채소 등)에 밀가루, 달걀흰자와 빵가루를 묻혀 기름에 지지거나 튀긴 요리 또는 조리법을 말한다. 동일한 조리법이라 하더라도 보통 식재료가 고기일 경우에는 카츠(돼지고기: 돈카츠, 소고기: 규카츠, 닭고기: 치킨카츠)라고 하며, 어패류나 채소, 달걀일 경우에는 프라이(새우: 에비 프라이, 굴: 가키 프라이, 오징어: 이카 프라이, 양파: 어니언 프라이, 달걀: 에그 프라이)로 구별하여 부르지만, 예외도 있어 에비카츠나 생선카츠처럼 생선류를 튀겨도 카츠라는 말을 쓰기도 한다. 일본에서 자주 사용되는 조리 방법 중 하나인 프라이는 크게 영국식과 프랑스식으로 나뉜다. 식재료에 밀가루, 달걀, 빵가루를 차례로 묻혀 기름에 튀기는 방식은 영국식, 식재료를 우유에 담갔다가 밀가루를 묻혀 기름에 튀기는 방식은 프랑스식이다.

또한 프라이는 조리할 때 사용하는 기름의 양에 따라 두 가지 방법으로 나뉘는데, 기름을 조금 넣고 지지듯 조리하는 방법을 팬 프라잉(pan frying)이라 하고, 기름을 많이 넣고 튀기듯 조리하는 방법을 딥 팬 프라잉(deep-pan frying)이라 한다. 즉 팬 프라잉은 우리의 전(부침개)을 조리하는 방식이라 할 수 있으며, 딥 팬 프라잉은 식재료를 기름 속에 푹 잠기도록 튀기는 튀김 조리 방식이라고 할 수 있다. 따라서 카츠는 프라이 중에서도 딥 팬 프라잉으로 조리하는 음식이다.

에비 프라이 vs 에비 덴푸라 vs 에비카츠

우리가 튀김 형식으로 즐겨 먹는 대표적인 식재료로 새우가 있다. 새우는 일본어로 에비(海老)라고 하며 이를 기름으로 튀긴 요리로 에비 프라이, 에비 덴푸라, 에비카츠가 있는데, 이들 모두 우리말로는 새우튀김으로 번역하는 경우가 많다. 그러나 세 가지 모두 기름에 튀기기 전까지 과정이 각각 다르다.

- 🐟 **에비 프라이**(양식): 큰 새우를 손질해 밑간을 해서 밀가루를 묻힌 후 달걀물에 넣었다가 마지막으로 빵가루를 묻혀서 기름에 튀긴 것을 말한다.
- 🐟 **에비 덴푸라**(일식): 큰 새우를 손질해 밑간을 하지 않고 밀가루와 물, 달걀을 섞어 묽게 반죽한 튀김옷을 입혀 빵가루를 묻히지 않은 상태로 기름에 튀긴 것을 말한다.
- 🐟 **에비카츠**(일식): 작은 새우와 흰살생선을 갈아 산마나 한펜 등을 넣어 원하는 모양으로 만든 다음 밀가루와 달걀을 섞어 반죽한 튀김옷을 입힌 후 빵가루를 묻혀서 기름에 튀긴 것을 말한다.

결국 새우를 민스(mince) 상태로 다져서 튀긴 것이 에비카츠, 새우를 원래 그대로 튀기는 것을 에비 프라이 또는 에비 덴푸라라고 구별하면 된다. 이때 원래 상태의 큰 새우에 빵가루를 묻히면 에비 프라이, 묻히지 않으면 에비 덴푸라로 구별할 수 있다.

에비 프라이

에비 덴푸라

에비카츠

기름에 튀기면 다 맛있다! 여러 가지 프라이

🥢 **점보 에비**(새우) **프라이** ジャンボエビフライ

아이치현의 명물 점보새우튀김이다. 마루하 식당여관 미나미치타 본점에서 판매하는 새우 프라이는 길이가 무려 25㎝ 이상의 새우에 특제 튀김옷을 입혀 충분히 튀겨 내놓는데, 크기도 크지만 튀김의 맛도 정말 일품이다. 튀김옷을 입혀 냉장, 냉동한 것을 선물 세트로 팔기도 한다.

✿　✿　✿

🥢 **젤리 프라이** ゼリーフライ

사이타마현 교다시(行田市)의 명물 프라이인 젤리 프라이는 이 지역 향토 음식으로, 주재료인 콩비지에 으깬 감자를 잘 섞어서 빵가루 등의 튀김옷을 사용하지 않고 만든 크로켓의 일종이다. 보통은 소스를 뿌려 먹는데, 콩비지의 단맛을 느낄 수 있으며, 교다 시내에는 전문점이 꽤 많다. 젤리 프라이는 러일전쟁에 참전했던 병사들이 현지에서 먹던 채소 만쥬에서 아이디어를 얻어 만들기 시작했다고 한다.

✿　✿　✿

🥢 **감자 프라이** いもフライ

도치기현 사노시의 명물인 감자 프라이는 찐 감자를 한입 크기로 잘라 꼬치에 끼워 튀긴 후 특제 소스를 뿌리면 완성된다. 이 지역에서는 상당히 익숙한 음식으로, 옛날에는 행상인이 리어커에 싣고 다니며 팔았다고 한다. 지금은 채소가게, 정육점, 슈퍼 등에서 판매하며, 축제가 열리는 곳의 포장마차에서도 볼 수 있다. 감자 자체에 단맛이 있기 때문에 소스는 그다지 달지 않은 게 특징이다.

✿　✿　✿

🥢 **간 프라이** レバーフライ

몬자야키로 유명한 도쿄 츠키시마(月島)의 또 하나 유명 먹거리인 간 프라이는 주로 반찬이나 간식으로 서민들에게 인기가 있는 음식이다. 츠키시마에서는 몬자야키에 버금가는 명물로 알려져 전문점이 등장했을 정도이다. 신선한 돼지 간을 얇게 썰어서 튀김옷을 입혀 채종유로 바삭하게 튀긴 간 프라이는 가게마다 비장의 우스터소스를 뿌려서 내온다. 간의 비릿함은 거의 느낄 수 없으며 오히려 단맛이 나는 튀김 요리로 갓 튀겼을 때는 물론 식어도 맛있다.

✿ ✿ ✿

🥣 **야이즈의 검은 한펜 프라이** 焼津 黒はんぺんフライ

시즈오카 근해에서 잡은 신선한 고등어와 정어리의 감칠맛을 그대로 담은 검은 한펜은 시즈오카현 야이즈 지역의 특산품으로 약 300년 전부터 만들어져온 전통 향토 음식이다. 생선살에 달걀흰자를 섞어 만드는 하얀 한펜과 달리, 생선을 통으로 갈아서 만드는 검은 한펜은 생선의 풍미가 가득한 깊은 맛을 느낄 수 있다. 검은 한펜 프라이는 영양가도 높아 반찬으로도 술안주로도 인기가 많다.

4 _ 튀김에 사용되는 식재료

일본에서 튀김(아게모노, 덴푸라) 재료로는 크게 어패류, 채소·버섯류, 육류 등을 사용하며, 그 외에 독특한 소재로 튀김을 만드는 경우가 있다.

어패류로는 우리가 흔히 접할 수 있는 (보리)새우, 오징어부터 붕장어, 도미, 전갱이, 간재미, 보리멸, 은어, 가리비, 관자, 성게알 등 정말 많은 종류를 사용한다.

채소류로는 감자, 고구마, 양파, 단호박, 가지, 고추, 연근, 죽순, 피망, 쑥갓, 깻잎, 차조기잎, 아스파라거스, 까치콩, 두릅 등을 들 수 있으며 채소라면 거의 다 튀겨 먹을 수 있다.

버섯류로는 표고버섯, 느타리버섯, 새송이버섯, 양송이버섯, 팽이버섯 등 다양한 버섯을 재료로 사용한다.

육류 튀김의 대표적 식재료로는 닭고기, 돼지고기, 소고기가 있다. 닭고기를 튀기는 치킨 가라아게, 돼지고기를 튀기는 돈카츠(豚かつ), 소고기를 튀기는 규카츠(牛かつ)가 대표적인 육류 튀김이다.

이들 육류의 튀김 방식을 비교해보면, 같은 육고기라 해도 소고기와 돼지고기는 닭고기에 비해 수분이 적기 때문에 보통 카츠 방식으로 조리한다. 소고기와 돼지고기를 가라아게 방식으로 튀기면 육질이 딱딱하고 퍽퍽해진다.

이밖에 온센 다마고 튀김, 김 튀김 등 어패류, 채소 · 버섯류, 육류 외의 식재료를 사용하는 튀김도 있다. 온센 다마고는 노른자 부분은 반숙, 흰자 부분은 반 응고 상태의 삶은 달걀로, 이를 튀긴 것을 온센 다마고 튀김이라 하는데 흔히 튀김덮밥인 덴푸라 돈부리(텐동)에 올린다.

김 튀김 역시 덴푸라 돈부리의 재료로 밥 위에 자주 올리는 튀김으로 김의 한 면에만 반죽을 입혀 기름에 튀겨내는데, 스낵으로 나올 만큼 인기가 많고 간식이나 술안주로도 즐겨 먹는다.

고로모아게

바삭바삭한 식감과 부드러운 속살을 함께 즐기는 덴푸라! 121

돈카츠로 대표되는
다양한 카츠요리!

 **돈카츠**

1_돈카츠의 유래

우리가 흔히 알고 있는 돈카츠는 고로케, 카레라이스와 함께 일본 3대 양식에 해당
한다. 일본에서는 서양의 음식 맛 그대로 조리해 먹는 요리는 일반적으로 서양 요리라
고 한다. 이에 반해 서양 요리의 영향을 받기는 했지만 일본식으로 재해석하여 조리법
이나 먹는 방법까지 일본식으로 변화시키고 개발한 서양식 일본 요리는 양식이라고
한다. 가장 대표적 양식인 돈카츠는 서양 요리인 포크커틀릿(pork cutlet)을 변형하여
만들었다.

돈카츠를 탄생시킨 포크커틀릿의 원조는 오스트리아에서 탄생한 슈니첼(schnitzel)

인데, 이는 독일어로 잘라낸 조각, 얇게 저민 살코기를 뜻한다. 슈니첼은 망치 등으로 두들겨 연하고 얇게 만든 송아지고기(또는 돼지고기, 닭고기)에 빵가루를 입혀 튀긴 음식이다. 그 이전으로 거슬러 올라가면 슈니첼의 원조는 송아지고기를 뼈째 빵가루에 묻혀 전을 지지듯이 적은 양의 기름에 튀긴 프랑스 요리인 코틀레트(cotelette)라고 한다.(코틀레트와 유사한 요리로는 이탈리아 밀라노의 코톨레타(cotoletta)가 있는데, 이 요리가 슈니첼의 원조라는 설도 있다.) 결국 프랑스의 코틀레트로 시작해 슈니첼을 거쳐 커틀릿 또는 포크커틀릿이 탄생했다고 할 수 있다.

이러한 역사를 지닌 서양 요리인 커틀릿의 레시피는 육식 금지령이 풀린 직후인 메이지시대 초기(1875) 영국의 선교사에 의해 일본에 전해졌다고 한다. 일본의 초기 커틀릿은 소고기나 닭고기를 이용해서 만들었지만 나가사키에서 돼지가 사육되면서부터 돼지고기가 재료로 사용되었고, 이후 돼지고기가 주류를 이루게 되었다. 그러나 이 시기 커틀릿은 현재의 돈카츠와는 전혀 다른 음식이었다. 당시 간행된 서양 요리 관련 문헌에는 커틀릿이 나베에 버터를 녹여 돼지 갈비살과 잘게 다진 파를 넣고 구운 후 소금, 후추, 식초를 넣어 푹 끓여내는 음식이라고 소개되어 있다.

일본에서 처음으로 서양의 커틀릿을 팔기 시작한 곳은 1895년 도쿄 긴자에서 문을 열어 지금도 성업 중인 렌가테이(煉瓦亭)라는 양식 레스토랑이다. 레스토랑이 문을 열 당시에는 커틀릿 재료로 얇게 썬 송아지고기를 사용했으나 시간이 지나면서 돼지고기로 바뀌었다. 이때부터 포크(豚-돼지 돈)의 커틀릿이기 때문에 일본어로 포크카츠레츠(ポークカツレツ)로 불리게 되었다. 돈카츠의 전신인 포크카츠레츠도 처음에는 서양 요리인 포크커틀릿과 거의 비슷하게 얇게 썬 돼지고기를 소량의 기름에 지지듯 구워서 데미글라스소스를 듬뿍 끼얹어 나이프와 포크로 먹었다.(현재 렌가테이의 포크카츠레츠는 돈카츠와 비슷하게 두꺼운 고기를 많은 양의 기름에 튀기는 조리법(deep fat frying)으로 바뀌었으나, 튀긴 고기를 자르지 않는다는 점과 나이프와 포크를 사용한다는 점은 예전과 동일하다.)

돈카츠 정식

　렌가테이 영업 초기에는 돈카츠에 가니시(garnish)로 버터에 볶은 따뜻한 채소를 곁들여 내놓았으나 그다지 인기를 얻지 못했다. 그러던 중 러일전쟁(1904~1905)이 일어나 젊은 셰프들이 징집되어 일손이 부족하자 좀더 간단하게 곁들일 것을 궁리하다가 가늘게 채친 양배추를 내게 되었다. 양배추는 돈카츠의 느끼함을 없애 입안을 개운하게 해주는 효과가 있어 손님들에게 호평을 받았다. 또 섬유질이 풍부한 양배추는 건강에도 좋아 더욱 인기를 얻게 되었다. 그 결과 돈카츠와 양배추는 지금까지도 가장 일반적인 조합이 되고 있다.

이렇게 시작된 포크카츠레츠는 이후 수십 년에 걸쳐 재료 준비와 조리 과정 및 방법에 변화가 생기면서 지금의 돈카츠 조리법이 완성되었다.

1,200년이라는 기나긴 시간 계속된 육식 금지령으로 국민들에게는 육식에 거부감이 있었다. 하지만 나라를 개방하면서 당시에는 힘의 근원이라 생각한 육고기를 국민들이 좀더 많이 먹게 하기 위해 얇은 고기를 사용하던 기존의 포크카츠레츠의 형태도 점차 변화되어갔다. 포크카츠레츠를 오늘날과 같이 두꺼운 돼지고기를 재료로 하는 일식 돈카츠로 변형시켜 처음 팔기 시작한 곳은 1929년 도쿄 우에노(上野)에 문을 연 폰치켄이라는 양식당이다. 폰치켄에서는 두껍게 썬 돼지고기를 많은 양의 기름에 튀겨(deep pan frying) 그 열기로 속까지 익힌 다음 양식의 식사 예법에 익숙하지 않은 일본인을 위해 손님 테이블에 내기 전에 몇 등분으로 잘라서 평소처럼 젓가락으로 쉽게 먹을 수 있도록 하였다. 여기에 흰쌀밥에 미소 된장국까지 곁들여지면서 오늘날 일식 돈카츠에 가까운 형태가 완성되었다.

양식(서양식 일본 요리)인 돈카츠와 서양 요리인 포크커틀릿은 닮은 듯 다른 음식이라 할 수 있다. 먼저 포크커틀릿은 얇게 썬 돼지고기에 가볍게 밀가루를 입혀 전을 지지듯 적은 양의 기름에 구워(pan frying) 데미글라스소스를 뿌려 완성하고, 나이프와 포크로 먹는다. 반면 돈카츠는 두툼하게 썬 돼지고기에 소금과 후추로 밑간을 한 후 밀가루, 달걀물, 입자가 굵은 빵가루를 순서대로 입혀 대량의 기름에 튀겨 완성한 다음 먹기 좋게 몇 등분으로 잘라서 우스터소스를 뿌리거나 찍어서 젓가락으로 먹는다. 이처럼 두 음식은 재료 준비와 요리 과정, 먹는 방법에서 모두 차이를 보인다.

2 _ 돈카츠의 종류

1) 히레(filet) 돈카츠

히레는 영어로는 텐더로인(tenderloin), 프랑스어로는 필레(filet)라고 하는데, 이는 돼지의 등 안쪽 부위의 고기, 즉 안심을 뜻한다. 즉 일본어 히레는 프랑스어 필레에서 온 말이다.

2) 로스 돈카츠

로스는 영어의 로스트(roast)에서 온 말이고, 로스트는 불에 직접 굽기에 적합한 부위라는 의미이다. 일본어에서 로스는 돼지(소의 경우도 동일)의 어깨에서 허리까지의 부위를 나타내는데, 일반적으로 등 부위의 고기, 즉 등심을 뜻하는 영어의 서로인(sirloin)과 부위가 반드시 일치하는 것은 아니다.

3) 치즈 돈카츠

프랑스어로 코르동 블루(Cordon bleu: 솜씨 좋은 요리사)라고 하는 요리로, 닭가슴살과 햄, 치즈를 넣어서 튀긴다. 이 코르동 블루가 일본으로 건너와 얇은 돼지고기를 사용하게 되면서 돈카츠 형태로 발전했다. 일본식 발음으로 코돈부르라고 하며 우리나라에서도 이러한 치즈 돈카츠를 볼 수 있다.

4) 밀푀유(돈)카츠

가사네카츠(重ねかつ), 기무카츠(キムカツ) 등으로 불리는 밀푀유카츠(ミルフィーユカツ)는 얇게 썬 돼지고기를 겹친 후 밀가루, 달걀물, 빵가루를 입혀서 튀긴 돈카츠이다.

이러한 돈카츠를 처음 만든 가게는 요코하마시 세야구에 위치한 기무카츠이다. 기무카츠의 사장은 식당이 도심 외곽에 있어 손님이 별로 없자 새로운 메뉴를 고민하다가 25겹으로 된 돈카츠를 만들었다.

돈카츠의 두께, 사용하는 돼지고기 부위, 돈카츠 안에 넣는 치즈, 파, 햄 등의 재료는 가게마다 다르며, 기무카츠 체인점 외에 전국의 여러 돈카츠 전문점에서 판매된다.

5) 미소카츠

나고야 명물인 미소카츠는 핫쵸(八丁) 미소와 가다랑어 육수, 설탕 등을 베이스로 한 소스를 뿌리는 돈카츠이다. 핫쵸 미소는 다른 미소와 달리 대두와 소금으로만 만든다. 도카이 지방의 돈카츠 가게라면 미소카츠를 팔지 않는 곳이 없을 정도로 널리 알려진 돈카츠이다. 일설에 따르면 태평양전쟁 직후 술집 카운터에서 어떤 손님이 손에 들고 있던 구시카츠(꼬치튀김)를 일본식 굴된장 전골인 도테나베의 미소에 담갔다가 먹었는데 너무 맛있었다고 한 뒤부터 돈카츠를 미소에 찍어 먹는 방법이 확산되었다고 한다. 나고야의 일부 돈카츠 식당에서는 손님이 돈카츠를 주문하면 소스를 미소된장으로 할지 돈카츠소스로 할지 물어본다.

나고야 명물 미소카츠

일본식 함박스테이크

돈카츠를 파는 가게라면 메뉴에 꼭 있는 또 하나의 요리로 일본식 함박스테이크가 있다. 함박스테이크는 잘게 다진 고기와 다진 채소, 달걀, 빵가루 등을 섞어 만든 패티를 구운 요리이다.

함박스테이크는 솔즈베리 스테이크라고도 하는데, 19세기 영국의 외과의사였던 솔즈베리 박사가 위가 약한 사람에게는 잘게 다진 고기가 좋다고 하여 고안한 스테이크로, 그의 이름을 따서 붙이게 된 명칭이라는 설이 가장 유력하다.

이 외에 몽골제국의 부흥기였던 13세기에 타타르족이 육질이 질긴 양고기를 잘게 다져 스파이스를 첨가해 마치 육회처럼 생고기로 먹었는데, 이것이 유목 민족이던 그들을 통해 독일로 전해졌고, 독일에서 양고기가 소고기로 바뀌어 '타르타르 스테이크'로 정착되었으며, 이후 영국과 미국으로도 전파되었다고 한다. 처음에는 생고기로만 먹다가 점차 잘게 다진 양파, 달걀, 치즈 등을 넣어 조미한 스테이크 모양으로 철판에 구워 먹게 되었는데, 이 타르타르 스테이크가 함박스테이크의 원조라는 설도 있다.

또 18세기 독일 함부르크에서 선원과 노동자들에게 인기가 있었던 타르타르 스테이크가 미국으로 건너가 함부르크식 스테이크라고 불리게 되었는데 함부르크가 일본에서 발음상 약간 변형되어 함바그가 되었고 우리말로는 함박으로 부르게 되었다는 설도 있다.

함박스테이크가 일반적인 스테이크에 비해 가성비가 좋고 효용성이 높다고 하는데, 이는 힘줄이 있어 먹기 힘든 고기도 잘게 다지면 맛이 좋아지고, 소량의 고기로도 양파나 빵가루를 더해 양을 불릴 수 있을 뿐만 아니라, 잘게 다진 고기로 만들었으므로 어린아이나 노인들도 먹기가 쉽기 때문이다.

3 _ 돈카츠와 융합된 요리

1) 카츠동

카츠동은 그릇에 담은 밥 위에 조리된 돈카츠를 올리고, 양파를 넣어 만든 간장맛 덮밥 소스에 달걀물을 풀어 끓인 다음 돈카츠 위에 덮는 일본의 덮밥 요리이다. 덮밥 소스로는 우스터소스, 데미글라스소스, 간장 등 다양한 소스를 사용할 수 있다.

특히 카츠동 또는 돈카츠는 큰 시험을 앞둔 학생이나 중요한 시합을 치르는 운동선수들이 곧잘 먹는 음식인데, 그 이유는 돈카츠의 카츠와 동음이의어인 일본어 勝つ (카츠)가 '이기다, 승리하다'라는 뜻으로 '시합에서 이겨라', 즉 '시험에 합격하라'는 의미이기 때문이다. 이는 우리나라에서 시험에 '붙으라'는 의미로 엿이나 찹쌀떡을 먹는 것과 같은 맥락에서 이해하면 된다.

2) 카츠카레

카츠카레는 쉽게 말하면 돈카츠 카레인데, 말 그대로 카레에 돈카츠를 얹거나 돈카츠에 카레를 얹어서 먹는 요리이다.

카츠카레의 기원과 관련된 설은 두세 가지가 있으나 가장 유력한 것은 1947년에 개업한 도쿄 긴자에 있는 그릴 스위스라는 양식 레스토랑에서 탄생했다는 설이다. 이 식당이 개업한 지 1년이 지난 어느 날 프로야구 요미우리 자이언츠의 치바 시게루라는 선수가 카레와 돈카츠를 따로따로 먹는 것이 귀찮으니 카레에 돈카츠를 얹어달라고 한 것이 그 시작이라고 한다. 이후 '치바 씨의 커틀렛(카츠) 카레'라는 이름으로 시작하여 카츠카레라는 명칭으로 오늘날에 이르렀다고 한다.

3) 카츠샌드(카츠산도)

돈카츠 샌드위치를 일본식으로 줄여서 표현한 카츠샌드는 도쿄 우에노에 있는 이센(井泉) 본점이 원조이다. 카츠샌드는 적당히 촉촉한 식빵 사이에 돈카츠를 넣고 빵 안쪽에 겨자맛이 나는 소스를 발라서 만든 샌드위치로, 1930년 돈카츠 전문점으로 창업한 이센 본점에서 당시 도쿄의 유흥가였던 우에노 지역에서 일하는 게이샤들을 위해 패스트푸드로 개발했다고 한다.

유흥가에서 일하는 게이샤들은 항상 두꺼운 화장을 하고 입술에는 빨간 립스틱을 발랐는데, 이센 본점 여사장이 이런 게이샤들의 립스틱이 지워지지 않고 손쉽고 빠르게 배를 채울 수 있는 음식으로 고안해낸 것이 카츠샌드이다.

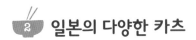 **일본의 다양한 카츠**

1_치킨카츠

치킨카츠는 밑간을 한 닭고기에 밀가루를 묻힌 후 달걀물에 살짝 넣었다가 빵가루로 튀김옷을 입혀 많은 양의 기름에 튀기는 요리로, 돈카츠나 규카츠와 만드는 과정이 거의 같다. 즉 치킨카츠는 돈카츠의 닭고기 버전으로, 닭고기 살을 지며서 빵가루를 발라 튀겨낸 음식을 말한다.

치킨카츠는 메이지시대에 일본인이 육식을 다시 하게 되었을 때 먹을 수 있는 고기 종류가 소고기에서 돼지고기, 돼지고기에서 닭고기로 확대되는 과정에서 닭고기를 기름에 튀겨 먹으면서 탄생했다. 치킨카츠라는 이름은 제2차 세계대전이 끝난 뒤 널리 알려졌다.

치킨카츠를 밥 위에 올리고 소스를 뿌리면 돈부리인 치킨카츠동이 된다.

2_멘치카츠

멘치카츠는 곱게 다진 돼지고기 또는 소고기에 잘게 썬 양파, 소금, 후추 등을 넣고 반죽하듯 잘 섞어 엽전형 또는 큰 구슬 형태로 패티를 만들어 밀가루, 달걀물을 묻힌 다음 빵가루를 입혀 튀긴 대표적인 일본식 양식요리이다. 멘치카츠는 고기 등을 잘게 다지거나 으깨다 또는 고기 등을 기

계에 넣고 곱게 갈다라는 의미의 민스(mince)에 커틀릿에 해당하는 카츠를 합성한 일본식 외래어인데, 민스카츠가 변형되어 멘치카츠라는 이름으로 정착되었다.

멘치카츠는 메이지 30년(1897)경에 도쿄 긴자에 있는 렌가테이라는 양식 레스토랑에서 민스 미트 카츠레츠(minced meat cutlet)라는 이름으로 판매한 것이 기원이라는 설이 가장 유력하다. 멘치카츠에는 우스터소스 등을 뿌려 먹는 경우가 가장 많고 정식(定食)으로 밥, 국과 함께 먹는 경우도 있다. 멘치카츠 재료는 샌드위치나 햄버거 패티 재료로 사용되기도 한다.

3 _ 에비카츠

작은 새우와 흰살생선(또는 한펜 등)을 갈거나 잘게 다져 잘 섞고 달걀과 전분, 소금, 후추를 넣어 반죽하듯 치대 패티를 만든 다음 밀가루를 묻히고 달걀물에 살짝 넣었다가 마지막으로 빵가루를 입혀 기름에 튀긴 커틀릿 요리이다. 일반적으로 돈카츠소스나 타르타르소스, 간장 등을 뿌려 먹는다.

4 _ 규카츠

슬라이스한 소고기에 빵가루를 입혀 기름에 튀긴 일본식 양식으로, 비프카츠 또는 비프 커틀릿이라고도 한다.

규카츠의 원조는 1972년 도쿄의 니시신바시에 개업한 비후카츠 미소노라는 가게인데 지금은 폐업했다.

규카츠는 관서 지방과 관동 지방에서 만드는 방식과 먹는 법이 조금 다르다. 관서 지방에서는 튀김옷이 얇고 데미글라스소스를 뿌려서 먹는 반면, 관동 지방에서는 튀김옷이 두껍고 소스를 뿌리지 않고 먹는다.

육식 금지령이 해제된 1870년대에 일본에 소개된 카츠의 원형은 얇게 썬 소고기에 빵가루를 묻혀 기름을 적게 넣은 프라이팬에 굽듯이 지져낸 요리였다. 그러다 다이쇼시대인 1920년대 들어 도쿄 지역의 주요 커틀릿 재료가 소고기에서 돼지고기로 바뀌었다. 양식이 대중화되는 과정에서 사람들이 더 저렴하고 구하기 쉬운 식재료인 돼지고기를 택하게 되었고, 일본인, 특히 도쿄 등의 관동사람들이 돼지고기를 선호했다는 것이 식재료가 바뀐 이유라고 할 수 있다. 그러나 소고기를 선호하는 고베나 오사카, 교토 등 관서 지방에서는 소고기를 재료로 하는 커틀릿이 주류를 이루어 규카츠로 유명한 가게는 관서 지방에 많다.

5 _ 게이카츠

게이카츠의 '게이(鯨)'는 고래를 뜻하는 일본어로, 게이카츠는 고래고기로 만든 카츠요리이다. 게이카츠는 고래 고기를 한입 크기로 얇게 썰어 잘게 다진 양파와 섞은 후 미림, 간장, 생강으로 밑간을 하고 밀가루, 달걀물, 빵가루 순으로 튀김옷을 입혀 튀겨내는 요리이다.

6 _ 이카카츠

'이카'는 오징어를 뜻하는 일본어로, 이카카츠는 달걀에 생강, 소금, 후추를 넣고 잘 풀어준 후 오징어와 연근을 넣고 잘게 갈아 공모양으로 둥글게 만든 다음 빵가루를 입혀 기름을 두른 프라이팬에 겉면이 노릇해질 때까지 구워 만드는 요리이다.

3 구시카츠

'구시'는 꼬챙이 또는 꼬치를 의미하는 말로, 구시카츠(串カツ)는 꼬챙이에 고기, 어패류, 채소 등을 꽂아 빵가루를 입혀 기름에 튀겨 만드는 서양식 꼬치 튀김 요리이다. 오사카 사람들의 소울푸드로, 관동 지방에서는 일반적으로 구시아게(串揚げ)라고 부른다. 구시카츠는 대부분 한입에 쏙 들어가는 크기로 나오며, 입에 넣고 살짝 씹으면 바삭한 튀김옷이 부서지면서 부드럽게 익은 내용물이 씹힌다. 튀김 재료 본연의 맛을 즐기기 위해 소금에 찍어 먹기도 하지만 대부분 소스에 찍어 먹는다.

구시카츠는 오사카의 옛 모습과 서민들의 일상을 만날 수 있는 신세카이(新世界) 거리에서 1929년 실내 포장마차 형식으로 개업한 다루마(だるま)라는 간이식당 주인이 육체노동자들을 위해 영양가 있는 요리를 제공하고자 소고기를 작게 잘라 꼬치에 꿰어

串カツ

튀긴 것이 시초이다. 예전에 우
리나라 포장마차에서 어묵(오
뎅)을 공동으로 간장에 찍어 먹
었던 것처럼, 당시에는 식당에
들어가면 묽게 만든 우스터소
스가 담긴 큰 스테인리스 용기
가 놓여 있고, 손님들은 구시카
츠를 이 우스터소스에 찍어 먹

었다. 이때 위생을 위해 '두 번 찍어 먹기 금지(二度漬け禁止)'라는 암묵의 규칙까지 생겼
다고 한다. 지금은 구시카츠 전문점에 가면 개인 접시가 나오지만, 아직도 오사카의 구
시카츠라고 하면 '두 번 찍어 먹기 금지'라는 표현이 유명하다. 구시카츠에는 양배추가
곁들여지는데, 식당에 따라서는 테이블마다 미리 양배추를 놓아두는 곳도 있다. 양배
추는 네모난 모양으로 넓적하게 써는데 이는 양배추를 먹음으로써 튀김 섭취에 따른
소화불량을 막는 역할도 하지만, 공용으로 사용하는 소스를 한 번 더 찍고 싶을 때 널
찍한 양배추로 스테인리스 용기에 들어 있는 소스를 떠서 이미 한 번 베어 먹은 구시카
츠 위에 바르는 역할도 한다.

흔히 구시아게라 불리는 관동풍 구시카츠는 식당에 따라 다르긴 하지만, 보통 관서
풍에 비해 한 꼬치의 크기가 크고 가격도 비싼 경우가 많다. 따라서 관서풍의 한입 크
기 구시카츠를 생각하고 도쿄에서 주문하면 양도 많고 비용도 많이 나오므로 주의해야
한다.

구시카츠는 크기가 작은 여러 가지 재료를 꼬치에 끼워 튀기므로 다양한 맛을 즐길
수 있으며, 취향에 따라 자신에게 맞는 소스에 찍어 먹는 것이 특징이다.

에도 중기의 덴푸라를 파는 포장마차에서 서민들에게 팔았던 구시야키(串焼き: 꼬치

구이)와 메이지시대에 등장한 카츠요리 두 가지가 결합되어 탄생한 것이 구시카츠라 할 수 있다.

경우에 따라서 구시카츠와 구시아게를 구별하기도 하는데, 구시카츠는 원칙적으로 단품으로 주문하며, 양배추가 무료로 딸려 나온다. 재료는 되도록 가공하지 않으며, 찍어 먹는 소스는 우스터소스만 사용한다. 또한 서민들이 부담을 느끼지 않을 정도의 가격이 나온다.

반면 구시아게는 식당에서 알아서 코스로 제공되는 일이 많고, 다양하게 조미를 하거나 여러 가지 재료를 섞는 등 소재 가공도 많이 하며 구시카츠에 비해 고급스러운 만큼 가격도 비싼 편이다.

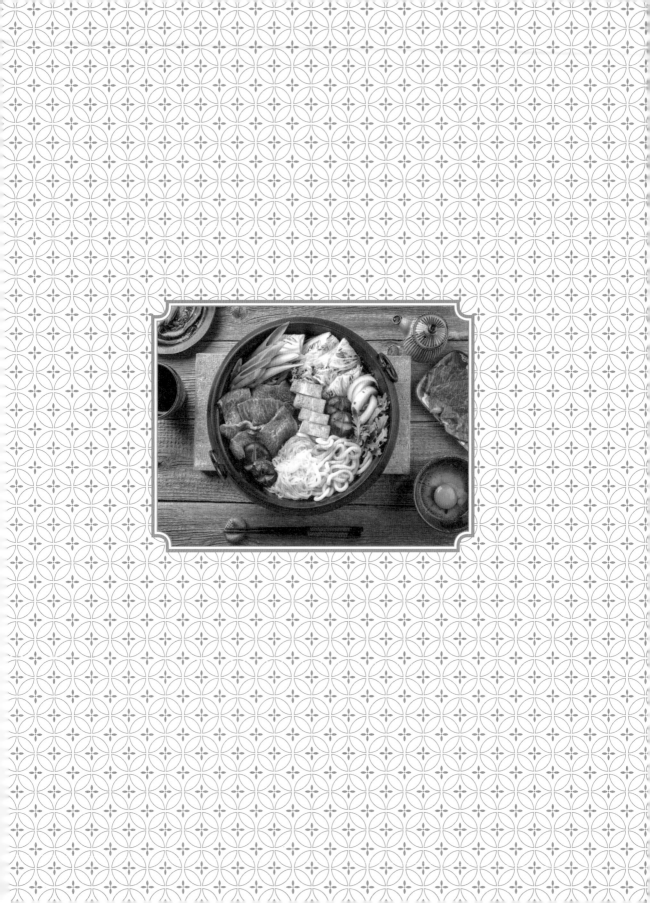

보글보글 소리부터 따끈한
나베 요리!

일본어로 나베(鍋: なべ)는 냄비를 뜻하지만 좀더 정확히 설명하면, 식재료를 조리고 삶고 튀기고 데치고 찌는 등의 가열 조리를 하는 조리기구(식기)라는 사전적 의미가 있다. 요리 이름에 붙어 사용될 때는 식재료인 채소, 고기, 어패류 등을 나베를 사용해 만든 요리를 뜻한다.

먼저 조리기구(식기)로서 나베는 종류가 다양하지만, 그중에서도 도자기나 타일의 원료로 쓰이는 진흙으로 만든 우리의 뚝배기와 비슷한 도나베(土鍋)가 가장 대표적이며, 고기를 재료로 할 때는 철제 나베가 쓰이기도 한다. 도나베는 상당히 오래전부터 사용되어왔지만 철제 나베는 헤이안시대에 처음 등장해 무로마치시대에 널리 보급되었다. 일본에서는 일반적으로 흙으로 만든 냄비는 도나베, 철제로 만든 냄비는 나베라고 부른다.

요리로서 나베는 일본식 냄비인 나베에 식재료를 넣고 끓여 만드는 요리로, 요리 이름 끝에 나베가 붙어 ○○나베라고 불리는데, 이때의 나베는 전골이나 탕 종류의 음식을 뜻한다. 다시 말하면 나베 요리는 3~4인 기준의 일본풍 전골 요리, 즉 고기류, 어패류 등의 주재료와 계절 채소나 두부 등의 부재료를 냄비에 넣고 열을 가하여 만드는 우리의 냄비전골이나 찌개에 해당한다.

나베 요리의 역사를 살펴보면, 일본은 고대(야요이시대 이전)부터 용기에 음식을 넣고 불로 가열하여 익혀 먹는 습속이 있기는 했지만, 그때의 용기는 나베가 아닌 커다란 조개껍질이었다. 그 당시에는 제대로 된 나베 형태의 조리기구가 아니었기 때문에 만들 수 있는 요리도 국물을 끓이거나 간간하게 졸이는 정도의 요리로 현재의 나베 요리와는 달랐다고 한다.

일본에서 나베 요리가 탄생한 계기는 헤이안시대 후기에서 무로마치시대에 걸친 시기에 철제 나베와 이로리(囲炉裏)가 서민들에게 보급되면서부터이다. 이로리는 취사뿐만 아니라 난방·조명의 복합 기능을 하는 것으로, 가정의 방이나 마루 한가운데를 사각형으로 도려내고 그 자리에 불을 피우는 이른바 붙박이 형식의 화로이다. 당

붙박이 형식의 일본 전통 화로 '이로리'

시에는 이로리에 올려놓은 큰 나베에 요리를 만든 뒤 개인 접시에 덜어 각자 자리로 가서 개인 소반에 올려놓고 먹었다.

당시까지 일본에는 큰 그릇을 중심으로 둘러앉아 음식을 먹는 식사 방식은 없었다. 그러나 에도시대에 중국

요리와 서구 요리가 일본에 전해져 일본화된 연회요리의 일종인 싯포쿠요리(卓袱料理)가 도입되면서부터 원형 식탁에 큰 그릇 또는 큰 나베를 놓고 식탁을 중심으로 둘러앉아 함께 먹는 식사 방식이 등장했다.

이 시대에 들어서면서 일본의 식문화가 발전했으며 나베 요리도 많은 발전을 이루었다. 두부를 따뜻하게 해서 먹는 온(溫)두부 요리인 유도후, 아귀를 사용한 일본식 아귀탕인 앙코나베, 오뎅의 원형이기도 한 덴가쿠(田楽: 두부된장꼬치구이)를 주재료로 만드는 미소덴가쿠나베 등 다양한 나베를 파는 나베 전문점이 등장한 것도 이 시기였다.

그리고 에도시대 말기부터 메이지시대에 걸쳐 소고기전골인 규나베(牛鍋)와 스키야키(すき焼き)가 등장하면서 나베 요리의 인기가 급상승했다. 규나베가 일반 서민에게 유행하게 된 것은 메이지시대에 들어와서 국가가 직접 문명개화, 부국강병을 이유로 국민들에게 육식을 권장했기 때문이다.

이때부터 상 위에 올려놓은 나베 요리를 중심으로 둘러앉아 함께 먹는 현재 나베 요리 스타일이 보편화되었다. 이러한 식사 스타일이 정착된 배경에는 흙으로 만든 이동식 화로인 시치린(七輪)이 보급되었다는 점도 관련이 깊다. 시치린이 보급되면서 1인용 나베라고 할 수 있는 지름 20㎝ 정도의 작은 나베를 사용하는 나베 요리(小鍋立て: 고나베타테)도 유행하게 되었다.

이러한 변천과정을 거쳐 현재는 100종류 이상의 다양한 나베 요리를 맛볼 수 있게 되었다. 나베 요리 중 가장 잘 알려진 것으로 스키야키(すき焼き)와 샤부샤부(しゃぶしゃぶ)가 있다. 그러나 주재료가 무엇인지에 따라 또는 지역에 따라 다양한 나베 요리가 있다. 스키야키, 샤부샤부 외에 대표적 나베 요리로는 요세나베(寄せ鍋: 모둠 전골), 미즈타키(水炊き: 닭고기 전골), 치리나베(ちり鍋: 맑은 탕), 창코나베(ちゃんこ鍋), 모츠나베(モツ鍋: 내장 전골), 이시카리나베(いしかり鍋: 연어 전골), 가키나베(かき鍋: 굴 전골), 가니나베(かに鍋: 대게 전골), 앙코나베(あんこう鍋: 아귀 전골), 가모나베(鴨鍋: 오리 전골) 등이 있다. 또한 두부를 사용하는 유도후(湯豆腐: 두부 전골)나 오뎅(おでん: 어묵탕)을 나베 요리에 포함시키기도 한다. 한국에서 전래된 치게나베(チゲ鍋: 냄비찌개)도 꾸준한 인기를 끌고 있는데, 대표적인 요리로는 김치찌개(キムチ鍋), 순두부찌개(おぼろ豆腐鍋) 등이 있다.

나베 요리는 바탕이 되는 국물 상태의 차이를 기준으로 크게 세 가지 타입으로 나눌 수 있다.

먼저 육수를 양념장 등으로 간을 하지 않고 물이나 맛국물인 다시로 끓이는 타입으로 샤부샤부, 미즈타키, 치리나베, 유도후, 미루휘유나베 등이 있다. 이들 나베 요리는 끓인 후 각자 개인 접시에 덜어 먹을 때 간장, 소금, 폰즈 등 다양한 소스를 활용해 취향대로 맛을 낸다.

다음으로는 처음부터 육수에 양념장 등을 넣어 약하게 간을 해서 국물을 순한 맛으로 끓이는 타입으로 스키야키(관동풍), 오뎅, 요세나베, 창코나베, 뎃치리, 앙코나베, 모츠나베, 이시카리나베, 기리탄포나베 등이 있다. 이들 나베 요리는 대부분 나베의 주재료를 먹을 때 끓인 국물도 함께 먹는다.

마지막으로 국물이 거의 없이 자작하게 진한 맛으로 끓이는 타입으로 스키야키(관서풍)가 있다.

스키야키

스키야키(すき焼き)는 메이지시대부터 먹기 시작한 일본의 대표적 나베 요리이다. 스키는 땅을 경작할 때 사용하는 농기구인 '가래'를 뜻하며, 야키는 '굽다'라는 의미이다. 다시 말하면 스키야키는 농기구인 가래(스키)에 구워(야키) 먹는 것을 뜻하는 말에서 유래된 표현이다.

7세기 후반 육식이 금지된 이후 에도시대에 들어와서도 일반적으로 소나 말고기를 먹지는 않았지만, 농한기 때 식재료가 궁핍하던 농민들이 농기구인 가래나 삽의 철판 부위에 썬 방어를 올려놓고 먹거나 생선이나 채소 또는 간장 베이스의 오리고기나 꿩 등의 새를 구워 먹기도 했다. 지금으로 말하면 철판구이와 비슷한 방법이라 할 수 있다. 시간이 지나면서 가래나 삽에 올리는 식재료가 바뀌어 소고기와 채소를 굽고 간장을 뿌려 자작하게 만들어 먹은 것이 현재 스키야키의 시초이다. 에도시대 말기에는 교토에 스키야키 전문점이 생길 정도로 인기가 높았다. 그 외에 동물고기를 주재료로 하는 나베 요리로 말고기 전골인 사쿠라(桜)나베, 멧돼지 전골인 보탄(牡丹)나베, 사슴고기 전골인 모미지(紅葉)나베 등을 몰래 즐겨 먹었다.

메이지시대에 들어와서 공식적으로 육식 금지령이 풀리면서 도쿄를 중심으로 하는 관동 지방에서는 나베 요리인 소고기 전골(牛鍋: 규나베)이 급속도로 유행했다. 소고기 전골은 소고기, 두부, 곤약, 대파 등을 육수에 넣어 끓이는 방식으로 조리했으며 육수의 베이스는 미소된장이었다. 처음에는 소고기를 깍둑썰기로 했으나 힘줄 등이 질겨 식감이 좋지 않았고 육식에 익숙하지 않았던 사람들에게 생선회를 먹는 것처럼 느끼게 하려는 하나의 방편으로 고기를 얇게 써는 방식으로 진화했다.

한편 오사카 등의 관서 지방에서는 현재와 같이 소고기를 불판에 굽다가 간장소스를 넣고 익으면 다시 국물을 약간 넣어 자작하게 조려서 날달걀에 찍어 먹었다. 고기를 날달걀에 찍어 먹게 된 이유는 아주 단순하다. 스키야키는 다시 국물을 넣은 나베에 고기를 익히므로 뜨거운 고기를 날달걀에 한번 찍어 식히려고 한 것이다.

스키야키라는 말은 주로 오사카를 중심으로 하는 관서 지방에서는 오래전부터 쓰였으나, 도쿄에서 일반적인 명칭이었던 규나베(소고기 전골)가 스키야키라고 불리기 시작한 것은 고도 성장기, 즉 1950년대 중후반에 들어서면서부터이다.

관동의 끓이는 방식, 관서의 굽는 방식으로 조리 방법이 다른 두 지방의 스키야키에 대해 좀더 자세히 알아본다.

1 _ 관동풍 스키야키(牛鍋)

나베에 다시마를 사용한 다시 국물과 간장, 설탕, 미림, 맛술 등의 조미료를 넣고 푹 끓여 만든 양념 국물(割り下: 와리시타)을 붓고 고기와 채소를 한꺼번에 넣어 끓이는 조리법이 특징이다. 나베에 소고기를 넣어 끓여 먹는다고 하여 소고기 전골이라 불렸다. 1923년 관동대지진으로 관동 지방의 음식 사업은 침체기에 들어섰고, 그 영향으로 소고기 전골은 한동안 자취를 감추었다. 그 틈을 타 관서 지방의 스키야키 음식점이 관동 지방으로 진출하였고, 고도 성장기인 1950년대에 들어서면서 규나베를 관동 지방에서도 스키야키라고 부르게 되면서 이 요리의 명칭이 전국적으로 스키야키로 통일되었다.

2 _ 관서풍 스키야키(すき焼き)

뜨겁게 달군 나베에 식용 소기름을 골고루 바르고 먼저 소고기를 살짝 굽는다. 여기에 간장과 설탕 등으로 간을 한 다음 수분이 많은 채소부터 차례로 넣어 익혀 먹는 요

채소와 함께 끓이는 관동풍 스키야키

고기를 먼저 굽는 관서풍 스키야키

리이다. 관동풍과 달리 다시 국물이나 조미료를 넣어 만든 양념국물을 사용하지 않기 때문에 관동풍에 비해 맛이 진하다. 채소로 수분을 조절하므로 여러 가지 채소가 사용된다. 관서풍은 고기를 구워 먹기 때문에 굽는 조리법, 즉 농기구인 가래(스키)에 구워 먹던 원래의 조리 양식인 소고기 구이 형식으로 먹는다는 것이 특징이라 할 수 있다.

 **샤부샤부**

샤부샤부(しゃぶしゃぶ)의 유래로 가장 잘 알려진 것은 13세기 몽골군이 대륙을 정복할 당시 이동 중에 간편하게 먹기 위해 투구에 물을 끓여 양고기를 살짝 데쳐 먹었다고 하는 설로, 이 방식에서 샤부샤부가 고안되었다고 전해진다. 그러나 실제로는 중국 베이징에서 탄생한 요리로, 중국 유목민인 위구르족(이슬람교도)의 슈안양로우(얇게 편을 썬 양고기를 양 또는 닭고기 육수에 데쳐 먹는 요리)가 원조이다. 이 지역은 겨울에 너무 추워 양고기를 밖에 내놓으면 얼어버렸다. 이 언 양고기를 얇게 포를 뜨듯 잘라서 뜨거운 물에 녹였는데 그 맛이 일품이었다고 한다. 샤부샤부의 육수와 건새우를 무쇠냄비에 넣고 펄펄 끓인 다음 얇게 자른 양고기와 채소 등을 씻듯이 담갔다가 살짝 익었을 때 꺼내 특유의 소스에 찍어 먹었다.

이 요리가 일본으로 건너가면서 양고기가 소고기로 바뀌었고, 고기를 찍어 먹는

しゃぶしゃぶ

참깨소스(胡麻だれ: 고마다레)를 사용하여 일본식으로 새롭게 만든 요리를 1947년 교토의 한 음식점 주니단야(十二段家)에서 메인 요리로 팔기 시작한 것이 일본 샤부샤부의 원조이다. 그 후 10여 년이 지난 1958년 오사카에 있던 스테이크하우스 스에히로(スエヒロ)에서 이 요리를 '고기 샤부샤부(肉のしゃぶしゃぶ)'라는 명칭으로 상표등록을 하면서 현재의 샤부샤부라는 나베 요리가 탄생했다. 샤부샤부의 소스는 보통 두 가지가 나온다. 참깨를 갈아 넣어 고소한 맛이 강한 참깨소스는 고기를 찍어 먹고, 다시마 국물에 가츠오부시, 스다치(すだち: 탱자열매), 간장, 식초를 넣어 상큼한 맛이 나는 과즙 혼합초인 폰즈는 채소를 찍어 먹는다.

'샤부샤부'라는 요리 용어는 오사카의 어린이들이 쓰던 말이 기원인데, 빨랫감을 물에 넣었다 빼면서 헹굴 때의 의성어 '쟈브쟈브'를 '샤부샤부'라고 바꾸어 부르면서 탄생했다고 한다. 즉, 고기를 뜨거운 육수에 흔들흔들 헹구듯이 살짝 데치는 행위를 빨래를 헹굴 때 나는 소리에 비유하여 샤부샤부라는 이름이 붙었다고 할 수 있다.

현재는 소고기뿐만 아니라 돼지고기, 오리고기, 도미, 방어, 갯장어(하모), 게, 문어, 붕장어, 곰치 등을 사용하기도 한다. 심지어 도쿄에는 초밥 위에 올라가는 신선한 생선을 샤부샤부처럼 만들어 소금에 살짝 찍어 먹는 스시 샤부샤부라는 유니크한 음식점도 성황 중이다.

> **tip 샤부샤부의 태국 버전 수끼(suki)**
> 태국풍 스키야키 혹은 태국풍 샤부샤부라고 불리기도 하는 수끼는 닭을 우려낸 육수나 해산물과 각종 채소를 우려낸 담백한 육수에 여러 가지 채소와 버섯, 육류와 다양한 해산물을 넣어 익힌 후 잘게 다진 마늘을 넣은 소스나 라임즙을 넣어 만든 소스, 매콤한 소스 등을 찍어 먹는 태국의 전골 요리이다.

3 그 외의 나베

1 _ 요세나베(寄せ鍋: 모둠 전골)

요세(寄せ)는 '끌어 모음'이라는 의미의 단어인데, 말 그대로 여러 가지 재료를 모아서 끓이는 나베 요리이다.

보통은 간장으로 간을 맞춘 다시 국물을 넣은 나베에 어패류, 새우, 제철 채소 등을 넣고 끓인다. 이때 생선의 머리나 뼈가 붙어 있는 쪽을 먼저 넣어 다시 국물과 생선의 맛이 잘 어우러지도록 한다. 재료는 계절이나 지역에 따라 달라진다.

2 _ 미즈타키(水たき: 닭고기 전골)

미즈타키의 미즈(水)는 '물', 타키(たき)는 '데우다, 끓이다'라는 의미이다.

후쿠오카 하카타(博多) 지역의 향토 요리인 미즈타키는 국물에 간을 하지 않고 단지 물만을 끓인 나베에 뼈째로 토막을 낸 영계와 계절 채소, 떡을 넣고 다시 한번 푹 끓여 만드는 나베 요리이다. 우리의 영계 백숙과 비슷한 느낌이다. 닭고기 대신에 생선, 새우, 조개류 등을 재료로 사용하기도 한다.

미즈타키를 제대로 먹으려면 먼저 국물에 소금을 약간 쳐서 맛을 보고, 다음으로 푹

익힌 영계를 먹은 후에 채소, 떡, 두부 등을 끓여가면서 먹는데, 이들은 보통 무즙을 곁들인 폰즈소스에 찍어 먹는다. 남은 국물로 일본식 죽인 조스이(雑炊)를 만들어 먹으면 마무리된다. 국수 사리를 넣어 먹고 마무리하기도 한다.

닭이 주재료인 미즈타키가 하카타 지역의 향토 요리가 된 것은 메이지시대에 규슈 횡단철도의 개통으로 근교에서 키우던 토종닭들이 하카타로 모이게 되었는데 이 토종닭 재료에 중국풍 조리기술이 접목되면서 닭고기 전골인 미즈타키가 탄생한 것이다.

3 _ 치리나베 (ちり鍋: 맑은 탕)

복어, 도미, 대구 등을 주재료로 하여 신선하고 담백한 흰살생선과 채소, 두부 등을 뜨거운 물에 함께 끓여 먹는 맑은 탕요리로, 국물에 양념을 하지 않은 담백한 맛이 특징이다. 너무 익기 전에 먹어야 생선의 부드러운 맛을 느낄 수 있다. 이러한 맑은 탕 형식의 요리는 아주 오래전에는 주고쿠, 시코쿠 지방에서 흔히 먹었으며, 맑은 탕요리가 나베 요리로 도쿄에서 유행하기 시작한 것은 에도 말기이다. 치리(맑은 탕) 타입의 나베 요리는 각자 앞접시에 덜어놓고 자유롭게 맛을 조절하거나 간을 맞출 수 있다는 것이 매력적이다.

치리라는 이름이 붙는 나베 요리는 관서 지방에서는 미즈타키 계열이 기본 형태이다. 다시마로 맛을 낸 국물로 재료를 끓여 폰즈에 찍어 먹는다. 관동 지방은 요세나베 계열이 주류로 다시 국물은 주로 간장을 넣어 만든다.

> **tip 복지리(복 맑은탕)에서 지리란 무슨 뜻일까?**
> 지리는 일본어 치리(ちり)에서 온 말이며, 치리는 의태어 '치리치리(ちりちり)'에서 유래했다. 일본어로 치리치리는 잘라 넣은 생선살이 펄펄 끓는 냄비 안에서 익으면서 오그라드는 모양을 나타내는 의태어이다. 치리가 붙는 일본 나베 요리로는 복지리(ふぐちり: 후구치리/てっちり: 텟치리-복 맑은탕, 복어냄비요리), 대구지리(たらちり: 다라치리-맑은 대구탕), 대게지리(かにちり: 가니치리-맑은 대게탕), 그리고 도미 머리가 들어가는 도미지리(たいちり: 타이치리-맑은 도미탕) 등이 있다.

4 _ 뎃치리(てっちり)

뎃치리는 복어 냄비 요리로 후구치리(河豚ちり)라고도 하며, 뎃(てっ)은 뎃포우(鉄砲: てっぽう)의 줄임말이다. 뎃포우는 '총'을 의미하는데, 복어를 잘못 먹고 독성분 때문에 죽으나 총을 맞아 죽으나 마찬가지라는 의미에서 복어를 뎃포우라고도 한다. 즉, 뎃은 복어의 속칭이다. 뎃치리는 우리가 흔히 먹는 복지리(붉 맑은탕)와 유사하다.

> **tip** 복(복어)은 위협을 받거나 놀라면 자신의 몸집이 크다는 것을 보여주기 위해 배를 부풀리는 습성이 있다. 이와 같은 습성으로 배 복(腹)자와 관련 있는 복 또는 복어라는 이름으로 불리며, 생김새와 울음소리가 돼지와 유사하여 강의 돼지라는 뜻으로 하돈(河豚)이라고도 한다.

5 _ 창코나베(ちゃんこ鍋)

창코는 원래 '스모 연습 도장에서 스모선수들이 먹는 식사'를 뜻하는 말로, 창코나베는 스모선수들이 몸집을 불리기 위하여 사시사철 즐겨 먹는 독특한 나베 요리의 총칭이다.

간을 하지 않은 다시마 육수에 흰살생선, 채소, 두부 등을 넣고 끓여 만드는 치리나베(ちり鍋: 맑은 탕)가 창코나베의 기본으로, 애초에는 네 손발로 기는 듯한 모양이 되면 시합에서 지는 스모의 특성상 소나 돼지는 식재료로 사용하지 않았다. 그러나 최근에는 영양적인 면을 더 중요시하여 창코라는 나베에 어패류, 돼지고기, 소고기, 닭고기, 배추를 비롯해 온갖 채소 등을 큼직하게 썰어 넣고 끓이면서 먹는 요세나베풍 요리가 더 인기가 많다.

ちゃんこ鍋

창코가 에도시대 초기에 중국에서 나가사키로 전해진 중국 금속 냄비를 가리킨다는 설이 있는데, 창은 중국어로 중국을, 코는 나베(냄비)에 해당하는 말의 발음이 약간 변형되면서 창코라는 명칭이 시작되었다고 한다. 당시 나가사키에 연수를 갔던 스모선수들이 이 냄비를 이용해 만든 여러 가지 요리를 먹었는데 한 스모선수가 도장으로 돌아와서 중국냄비를 이용해 동료 스모선수들에게 만들어주기 시작한 나베 요리가 창코나베의 시초라는 설이 가장 유력하다.

6 _ 모츠나베(モツ鍋: 곱창 전골)

마늘과 고추를 넣어 푹 끓여 맛을 낸 육수에 소, 돼지의 내장을 넣고, 양배추와 부추를 넣어 푹 끓이는 후쿠오카 하카타 지방의 향토 나베 요리이다. 나베 위에 부추를 한 줄로 가지런히 놓는 것이 모츠나베의 특징이다. 우리의 곱

창전골을 연상케 하지만, 모츠나베는 국물이 맑고 담백하다. 요리를 다 먹은 후 남은 소량의 국물에 밥을 끓여 만드는 죽 또한 별미이다.

하카타의 모츠나베가 도쿄에서 갑자기 인기를 끌게 된 것은 일본 경제가 급격히 나빠지기 시작한 버블붕괴 직후인 1990년대 초기이다. 이때 경기가 나빠 외식이 줄면서 흙으로 만든 가정용 나베인 도나베가 급격히 많이 팔리기도 했다.

육식 금지령으로 고기를 잘 먹지 않던 일본인이 소나 돼지의 내장을 잘 먹지 않았

을 것이라는 사실은 미루어 짐작할 수 있다. 그러나 경기 침체의 영향으로 고기뿐만 아니라 내장도 먹기 시작하면서 일본식 곱창 전골인 모츠나베가 인기를 끌게 되었다.

> **tip** 모츠(臟: 장)는 소, 돼지 등의 내장을 뜻하는 말로, 호르몬(ホルモン)이라고도 한다. 따라서 내장 구이인 모츠야키는 호르몬 야키라고도 한다. 여기서 호르몬은 오사카 사투리로 버리는 것이라는 의미의 '호오루(버리다) + 모노(것)'에서 유래되어 요리 명칭으로 정착되었다고 하는데 그다지 믿을 만한 설은 아니다. 이보다는 갑상선 호르몬 등과 같은 내분비 물질을 칭하는 호르몬이라는 말에서 유래했다는 설이 좀더 신빙성이 있다.

7 _ 이시카리나베(いしかり鍋: 연어 전골)

홋카이도에서 가장 긴 강인 이시카리강에서 잡히는 연어 수컷을 주재료로 나베를 만든다 하여 이시카리나베라는 명칭이 붙었다.

홋카이도 향토 요리인 이시카리나베는 미소 장국에 연어, 무, 양파, 당근, 감자, 두부, 대파 등을 넣어 끓이는 나베 요리이다.

8 _ 가키노도테나베(かきの土手鍋: 굴 전골)

바다의 우유라 불리는 굴(かき: 가키)을 이용한 히로시마의 가키노도테나베(かきの土手鍋)는 나베의 안쪽 표면에 미소된장을 바르고 굴과 두부, 채소 등을 넣어 끓인 나베 요리이다. 원래는 생굴을 사용하며 마치 둑(土手: 도테)에 페인트를 칠하는 것처럼 나베의 안쪽 표면에 단맛이 나는 히로시마산 흰 미소된장을 바르는 굴 전골 요리이다.

9 _ 앙코나베(あんこう鍋: 아귀 전골)

앙코나베라고 불리는 아귀 전골은 이바라키현(茨城県)의 겨울을 대표하는 나베 요리이다. 아귀는 못생겼지만 이빨이 붙어 있는 입술과 뼈를 제외하고 모든 부분을 먹을 수 있는 버릴 데가 없는 생선이다. 에도시대부터 사랑받았던 생선으로, 살이 부드러워 도마 위에서 손질하기 어렵다. 그 당시에는 아귀를 천장에 매달아놓고 생선살, 껍질, 간, 턱고기살, 지느러미, 난소, 위장 일곱 부위로 해체해서 먹었다고 한다. 지금도 가게에 따라서는 아귀를 통나무로 만든 삼각대 중앙에 매달아놓고 일곱 부위로 해체하는 아귀 해체쇼를 볼 수 있다. 다시마 육수에 미소된장을 풀어 끓이는 '앙코나베'는 깊고 묵직한 맛이 난다. 불포화지방산이 많이 들어 있으며 오동통하게 살이 오른 제철 아귀가 주재료인 앙코나베는 건강과 식감을 동시에 제공해주는 나베 요리이다.

10 _ 기리탄포나베(きりたんぽ鍋: 구운 쌀밥 전골)

되게 지은 따뜻한 쌀밥을 반쯤 으깨어 삼나무로 만든 나무 막대에 돌돌 말듯이 원통형으로 붙여 불에 구운 후 나무 막대에서 빼낸 것을 기리탄포라고 한다. 기리탄포나베는 먹기 편한 크기로 자른 기리탄포를 토종닭 뼈를 우려내 간장으로 맛을 낸 육수에 닭고기와 실 곤약, 우엉, 미나리, 파 등의 채소와 함께 끓인 아키타현의 명물 나베 요리이다.

きりたんぽ鍋

11 _ 미루휘유나베(ミルフィーユ鍋: 밀푀유 전골)

밀푀유 나베는 처음부터 식재료를 빼곡하게 층층이 겹쳐넣고 끓이는 점에서 샤부샤부와 다르다.

밀푀유(mille-feuille)는 프랑스어로 '천 개의 잎'이라는 뜻인데 여기에 일본어 나베가 합성되어 탄생한 나베 요리 명칭이 밀푀유 나베이다.

밀푀유 나베는 먼저 다시마와 멸치 등으로 육수를 만들어 나베에 넣고, 각종 채소와 고기를 겹겹이 쌓아서 끓여 먹는 퓨전 일식 나베 요리이다.

샤부샤부는 고기와 채소를 일일이 넣었다가 건져 먹어야 하지만, 밀푀유 나베는 샌드위치처럼 고기와 채소가 함께 있어 한입에 쉽게 건져 먹을 수 있다.

12 _ 유도후 (湯豆腐: 두부 전골)

교토의 명물 전통 요리 중 하나인 유도후는 도자기 냄비에 다시마를 깔고 간장, 맛술로 맛을 낸 국물을 끓인 다음 부드러운 두부를 주사위 모양으로 썰어 넣고 살짝 데쳐 파와 무즙, 잘게 부순 김을 곁들여 가다랑어포 육수 양념장에 찍어 먹는 나베 요리이다. 유도후는 순수하게 두부 자체의 맛을 충분히 느끼기 위한 요리이므로 차분한 분위기에서 조용히 즐길 때가 많다.

교토의 멋과 맛, 유도후

13 _ **오뎅**(おでん: 어묵탕)

헤이안시대 중기, 모내기 전에 풍년을 기원하기 위해 밭(田)에서 행하던 농악(農樂)과 유사한 놀이가 축제로 발전하였는데 이를 덴가쿠(田樂)라고 했다. 이 축제 때 두부, 곤약, 가지, 토란 등을 꼬치에 끼워 미소된장을 발라 구워 나눠 먹었는데 이 음식 또한 덴가쿠라고 했다. 이 덴가쿠의 덴(田) 앞에 미화어인 오(お)를 붙여 오뎅(おでん)이라고 부르게 되었다. 오뎅은 에도시대에 이미 대부분 형태가 만들어졌고, 그 후 몇몇 재료가 추가되거나 지역별로 다시 국물 내는 방법이 약간 다를 뿐 예전 오뎅의 형태가 현재까지 유지되고 있다. 오뎅은 원래 완성된 나베 요리를 가리키는 말로 나베 요리인 오뎅에 사용되는 재료 중 하나가 어묵이다. 따라서 오뎅과 어묵은 의미 영역이 달라 어묵보다 오뎅이 상위개념이라고 할 수 있다.

나베 요리의 일종인 탕으로서 오뎅 재료에 대해 알아본다.

1) **가마보코**(かまぼこ)

대구, 명태, 노래미, 붕장어, 도미 등 흰살생선의 물기를 제거한 후 으깨고 조미해서 굽거나 찌거나 튀겨 만든 어묵을 말한다.

2) **치쿠와**(ちくわ)

속이 비어 있고 길쭉하게 생긴 것이 마치 대나무(竹: 치쿠) 마디 모양으로 생겼다고 해서 붙여진 이름이다.

3) 마루텐(丸天)

하카타를 중심으로 한 지역에서는 으깬 생선을 튀긴 것도 덴푸라라고 하는데, 마루텐이 생선살을 으깨어 반죽해 동그란 형태(丸: 마루)로 만들어 튀긴 덴푸라이기 때문에 붙여진 이름이다.

4) 한펜(はんぺん)

명태 등의 생선을 다져 부재료인 참마 등을 갈아 섞고 조미해 얇은 삼각형 또는 사각형이나 반달 모양으로 만든 어묵 제품이다.

はんぺん

5) 자코텐(じゃこ天)

에히메현(愛媛県)의 특산물로, 민물 농어를 뼈째 으깨 반죽한 뒤 납작하게 만들어 튀긴 어묵 제품이다.

6) 사츠마아게(さつま揚げ)

가고시마현 특산물로, 가고시마 인근 바다에서 잡은 다양한 생선에 가고시마 명물인 고구마 소주와 설탕을 반죽해 튀긴 어묵이다.

이 외에 무, 문어, 롤캐비지, 유부 주머니, 스지, 곤약, 달걀, 토란, 은행, 버섯 등도 오뎅에 들어가는 부재료이다.

---

tip 일본의 독특한 나베 요리

우리의 추어탕과 같이 미꾸라지를 사용하는 일본의 독특한 나베 요리로 야나가와나베(柳川鍋: 추어탕)가 있다. 등 쪽을 갈라 뼈를 발라낸 미꾸라지와 가늘게 썬 우엉을 나베에 넣고 맛국물로 끓인 다음 달걀을 넣어 먹는다. 에도시대에 야나가와(柳川)라는 음식점에서 처음 시작한 나베 요리라고 해서 이런 명칭이 붙었다.

오뎅(어묵탕)

○○야키, ○○야키, 맛있는 구이 요리!

구이 요리는 일본어로 야키모노(燒き物)라고 하는데, 야키(燒き)는 '굽는 것' 또는 '구이'라는 의미이고, 모노(物)는 '물건'을 나타내는 말이다. 일본에서 구이 요리, 즉 야키모노는 기본적으로는 냄비나 솥, 프라이팬, 그리고 기름 없이 불에 직접 식재료를 가열하는 직화구이(직접구이)로 만든 조리법 또는 그렇게 만든 요리를 말한다. 하지만 경우에 따라서는 구운 생선이나 고기를 채소 등과 같이 밥상에 반찬으로 올리는 일품 메뉴를 말하기도 한다. 지금은 그 범위가 확장되어 특수한 도구나 조리기구를 사용해 가열하는 간접구이도 구이의 한 종류로 취급한다. 결국 구이 방법은 크게 직화구이와 간접구이로 나눌 수 있다.

직화구이는 열원(불)에서 직접 방사된 열로 식재료를 익히는 방식을 말한다. 대표

적인 예로 소, 돼지 등의 고기에 소스를 발라 숯불에 직화로 구워 먹는 야키니쿠(焼き
肉: 고기구이), 닭고기나 닭 내장 등을 한입 크기로 잘라 꼬치에 꿰어 소금을 뿌리거나
소스를 바른 후 직화로 굽거나 불 위에 그릴(석쇠)을 올리고 굽는 야키토리(焼き鳥: 닭꼬
치 구이) 등이 있다.

　간접구이는 열원 위에 철판 또는 프라이팬을 올려 불기운이 식재료에 직접 닿지 않
도록 굽는 방법으로, 철판 등에 전도된 열로 재료를 가열하거나 굽는 방식을 말한다.
대표적인 예로는 다양한 식재료의 철판구이(텟판야키)가 있다.

　먼저 직화구이 방법을 사용하는 대표적인 구이에는 어떠한 것들이 있는지 알아본다.

1 직화구이 방법

1 _ **시오야키**(塩焼き: 소금구이)

　시오야키는 굽는 방법 중 가장 많이 알려져 있으며 기본이 되는 방법으로, 생선을
비롯해 식재료에 소금을 뿌려 굽는 조리법 또는 그렇게 만든 요리를 말한다. 소금을
뿌림으로써 생선 내부의 수분을 밖으로 끌어내 비린내 등의 잡내를 잡아내며, 생선살

塩焼き

이 적당히 수축되어 굽기 좋은 형태가 된다. 또한 소금으로 간을 하면 식재료 등의 단백질이 녹아나오는데, 이 상태로 가열하면 그 단백질이 굳어 식재료 자체의 감칠맛이 밖으로 흘러나오는 것을 막아 맛있게 구울 수 있다. 시오야키에 적합한 식재료는 생선, 조개, 새우 등과 같은 어패류나 소고기, 돼지고기 등의 육류, 그리고 채소류 등으로 광범위하다.

2 _ 시라야키(白焼き)·스야키(素焼き)

시라야키 또는 스야키는 식재료에 조미료나 소스, 기름 등을 바르거나 간을 하지 않고 단순히 손질만 해서 직접 불에 굽는 조리법 또는 그렇게 만든 요리를 말한다. 시라야키의 시라(白)는 '간을 하지 않고 본바탕의'라는 뜻이며, 스야키의 스(素)는 '아무 것도 섞지 않은 있는 그대로의'라는 뜻이다.

시라야키(스야키)에 적합한 식재료로는 장어, 붕장어, 갯장어, 민물고기 등이 있는데, 이들 생선을 꼬치에 꿰어 소금이나 간장 등으로 간을 하지 않고 그대로 굽는다. 이렇게 초벌구이를 한 후 소스를 바르거나 소스에 담갔다가 다시 한번 굽는 경우가 많다.

3 _ 데리야키(照り焼き: 양념장구이)

데리야키는 대표적인 겨울철 구이 방법으로, 생선에 간장 베이스의 달콤한 양념장(다레)을 여러 번 발라가면서 굽거나, 그 양념장에 하룻밤 재웠다가 굽는 조리법 또는 그렇게 만든 요리를 말한다. 구이의 마무리로 맛술을 식용붓 등으로 발라서 윤기가

나도록 굽는다. 데리야키라는 명칭은 일본어로 데리(照り)가 '윤기, 광택'의 의미로 쓰여서 붙여진 이름이다. 데리야키는 삼치, 방어, 연어 등의 생선을 구울 때 좋은 조리법이다.

4 _ **기미야키**(黃身焼き: 달걀노른자 구이)

일본어로 기미(黃身)는 달걀노른자를 말한다. 기미야키는 손질한 식재료, 특히 생선을 간을 하지 않고 그대로 굽는 시라야키나 소금 구이인 시오야키 방식으로 초벌구이를 한 후 소량의 소금, 일본술, 미림, 간장 등을 섞은 달걀노른자를 구이를 마무리할 즈음에 반복해서 발라가며 굽는 조리법 또는 그렇게 만든 요리이다. 노른자의 색을 살리면서 골고루 구워내는 게 중요하다. 노른자의 색깔 때문에 다른 말로는 황금구이(黃金焼き: 오곤야키)라고도 한다. 기미야키는 오징어나 흰살생선, 새우, 조개류 등을 구울 때 좋은 조리법이다.

5 _ **가바야키**(蒲焼き: 부들 모양 구이)

가바야키는 길이가 긴 생선을 배를 갈라 내장 등을 빼내고 꼬치에 꿰어 시라야키 방식으로 초벌구이를 한 후 진간장, 미림, 일본술, 설탕 등을 넣어 만든 진한 양념장(다레)을 발라 다시 한번 굽는 조리법, 또는 그렇게 만든 요리로, 데리야키의 일종이다.

가바야키로 만드는 가장 대표적인 생선으로 장어가 있다. 예전에는 장어의 배를 가르지 않고 내장만 뺀 뒤 원래 형태대로 꼬챙이에 꿰어 구웠는데, 그 모양이 마치 연못 가장자리 습지에서 볼 수 있는 부들과 비슷하다 하여 이런 이름이 붙었다. 부들은 일본어로 가바(蒲)라고 한다.

지금은 예전과 달리 생선의 배를 갈라 내장과 뼈를 제거한 후 뗏목 모양으로 평평하게 펴서 꼬챙이를 꿰어 달콤한 양념장을 발라 구우므로 모양은 변했지만 예전 명칭

시라야키   가바야키

인 가바야키를 그대로 쓰고 있다.

구이 요리는 계절에 따라 재료뿐만 아니라 굽는 방법도 바뀐다. 예를 들어 3월에서 10월경까지는 은어, 가자미, 농어, 노래미 등에 소금을 뿌려 굽는 시오야키가 제격이며, 12월부터 2월경까지는 방어, 황새치, 삼치 등에 달콤한 양념장을 발라 굽는 데리야키가 제격이다.

지금까지는 직화구이 전반에 대해 알아봤는데, 구이 요리의 주역은 일반적으로 육고기류, 어패류 등이라고 할 수 있다.

다음으로 간접구이 특히 밀가루를 주재료로 만드는 구이 요리에 대해 알아보자.

밀가루 재료의 간접구이

구이는 일본어로 야키(焼き)라고 하는데, 밀가루를 사용하는 일본의 대표적인 간접구이 요리에는 대부분 야키라는 이름이 들어간다.

야키라는 명칭을 사용하는 일본 요리로는 우리나라의 도톰한 녹두전 등의 부침개(전)와 비슷한 오코노미야키와 몬자야키 등이 있으며, 면요리로는 야키소바, 밀가루 반죽 안에 잘게 자른 문어가 들어가는 다코야키, 우리의 붕어빵과 같이 밀가루 반죽 안에 팥소가 들어가는 다이야키, 오방야키 등이 있다.

일본인이 좋아하는 요리 랭킹 20위에 자주 들어가는 구이 음식, 즉 야키가 들어가는 음식을 살펴보면 야키니쿠(燒き肉: 고기구이), 야키토리(燒き鳥: 닭꼬치 구이), 야키교자(燒き餃子: 군만두), 야키자카나(燒き魚: 생선구이) 등이 대표적이다. 이 외에도 일본에는 모두 열거할 수 없을 정도로 야키가 들어가는 구이 요리 종류가 상당히 많다. 따라서 지금부터는 야키가 들어가는 구이 요리 중 밀가루가 주재료이며 일본에서 시작해 인기를 끌고 있는 음식을 알아본다.

1 _ 오코노미야키

오코노미야키(お好み焼き)는 오코노미(お好み: 취향, 좋아함, 기호)라는 말과 야키(焼き: 구이, 부침 요리)의 합성어로 '본인의 취향대로 다양한 재료를 넣어 구워(부처) 먹는 음식'을 말한다. 오코노미야키의 유래는 다음과 같다.

1970년 일본 만국박람회가 열릴 무렵 오사카 상공회는 밀가루를 이용한 명물 음식의 보급에 힘을 쏟고 있었다. 그 당시 밀가루를 이용한 요리 중 가장 잘 알려진 것이 오사카풍 오코노미야키였는데, 이때는 오코노미야키의 명칭이 음식점마다 달랐다. 그런데 텔레비전 드라마에서 스키야키라는 요리가 자주 등장해 전국적으로 유명해지자 여기서 힌트를 얻어 취향대로 여러 가지 재료를 섞어 '굽는' 스타일의 음식(부침개)을 오코노미야키라고 명명했으며, 이때부터 이 명칭으로 보편화되었다.

가장 대표적인 오코노미야키로는 오사카풍과 히로시마풍, 도쿄풍(もんじゃ焼: 몬자

오코노미야키

야키) 세 종류가 있다. 오사카풍, 도쿄풍은 묽은 밀가루 반죽에 다른 재료들을 함께 섞어서 부치는 마제 야키(섞어 부침) 스타일이고, 히로시마풍은 묽은 밀가루 반죽을 얇게 펴서 먼저 구운 후 그 위에 다른 재료를 따로따로 겹쳐 올려 부치는 가사네야키(겹쳐 부침) 스타일이다.

　오코노미야키와 자주 비교되는 것이 한국의 전(부침개)이다. 전은 일본에서는 치지미(ちぢみ)라고 하는데, 이는 전을 뜻하는 부산 사투리 찌짐에서 유래한 말이다. 일본에서는 일반적으로 치지미를 한국풍 오코노미야키라고 설명한다.

1) 오사카풍 오코노미야키

일본에서 오코노미야키라고 하면 마제 야키(섞어 부침) 스타일인 오사카풍 오코노미야키를 말하는 경우가 많을 정도로 오사카풍 오코노미야키가 일본 오코노미야키의 대표 주자이다.

오사카풍 오코노미야키의 기원은 에도 말기 아이들이 먹던 자츠가시(雜菓子), 관동지방에서는 다가시(駄菓子)라고 부르는 싸구려 과자(菓子: 가시)에서 유래했다는 설과 1500년대 중후반에 만들어진 과자의 일종인 후노야키(麩の焼き)에서 유래했다는 설이 있다. 이러한 과자 형태의 오코노미야키는 메이지시대까지 포장마차에서 어린이들의 간식용으로 팔리다가, 양배추를 넣고 우스터소스를 사용하게 되면서 음식점에서 만드는 본격적인 요리로 점차 발전했다. 오사카에서 오코노미야키 음식점이 늘어난 것은 이유가 있다. 1945년 패전 이후 히로시마와 마찬가지로 전쟁 전부터 이어져온 식량난으로 쌀의 보급이 원활하지 않아 오사카 지역 서민들은 식생활에 큰 곤란을 겪었다. 그런 와중에 등장하기 시작한 것이 오코노미야키 식당이었다. 철판 하나로 간단하게 요리를 할 수 있으며, 귀한 쌀 대신에 밀가루를, 그리고 고가에 팔리던 고기 대신에 오징어 등 다양한 해산물 등을 이용하면서 오사카 서민들에게 많은 인기를 끌었다.

2) 히로시마풍 오코노미야키

히로시마풍 오코노미야키의 기원은 다음과 같다.

1945년 8월 히로시마에 원폭이 투하되어 이 지역 전체가 폐허가 되었고 이로써 극심한 식량난을 겪게 되었다. 그러자 식량난을 해소하기 위해 히로시마 주둔 미군이 밀가루를 배급하기 시작했다. 이때부터 묽은 밀가루 반죽을 얇게 펴고 그 위에 파나 튀김 부스러기, 분말 가츠오부시를 올려 구운 후 절반으로 잘라 소스를 뿌려 먹던 아이들 간식에서 유래했다는 설이 있다. 그 후 음식 양을 늘리기 위해 파나 튀김 부스러기 대신에 야키소바를 넣게 되면서 여러 번 변화를 거쳐 지금의 형태로 진화되었다.

당시만 해도 밀가루는 일본산인 고무기코(小麦粉)밖에 없었으나 히로시마에 주둔하는 미군에게 배급받은 미국산 밀가루를 사용해 생선을 넣기도 하고 채소를 넣기도 하며 오코노미야키를 만들었다. 미군에게서 배급받은 밀가루는 '메리켄코(メリケン粉)'라는 다른 호칭으로 불렸다. 메리켄은 '아메리칸', 코는 '가루'를 뜻하는 말이다. 당시 일본산 밀가루는 색이 검고 글루텐 양이 적어 우동 등 면류의 원료로 적당해 우동코(うどん粉: 우동가루)라고도 했다. 반면 미국에서 들어온 메리켄코는 색이 하얗고 글루텐 양이 많아서 빵의 원료로 적당해, 1980년대 후반에 이르러 빵 수요가 늘자 수입이 급증하면서 일본산 밀가루에 비해 3배 이상 고가로 팔렸다.

현재의 히로시마풍 오코노미야키의 원조는 히로시마 중심부에 있는 한 광장에 모여든 오코노미야키 포장마차에서 시작되었다. 한 포장마차에서 우연히 오코노미야키에 야키소바를 겹쳐 판매했는데 호응이 좋자 다른 포장마차에서도 팔게 되면서 지금의 히로시마풍 형태에 가까워졌다. 그후 포장마차들이 1963년 '오코노미 마을(お好み村)'이라는 건물을 세워 입주했으며 1992년 이 오코노미 마을은 고층 빌딩으로 이전해 지금도 많은 여행객이 찾아오는 히로시마 명소로 알려졌다.

오사카풍 오코노미야키 vs 히로시마풍 오코노미야키

오사카풍 오코노미야키와 히로시마풍 오코노미야키는 크게 **굽는 방식, 반죽 제조 방법, 양배추 길이** 세 가지 면에서 차이가 있다.

 굽는 방식을 비교해보면, 오사카풍 오코노미야키는 재료를 섞어서 만드는 마제야키 방식인 데비해 히로시마풍 오코노미야키는 겹겹이 쌓아서 만드는 카사네야키 방식이다.

 밀가루 반죽을 비교해보면, 오사카풍의 경우 반죽이 너무 묽으면 양배추 등의 재료가 퍼지기때문에 히로시마풍 오코노미야키에 비해 진하게, 즉 밀가루 비율을 높게 해서 만든다. 또한 밀가루 비율이 높고 섞어서 같이 굽기 때문에 겉은 바삭하고 안쪽은 부드러운 식감을 느낄 수 있는 게 오사카풍 오코노미야키의 특징인데 식감을 더하기 위해 마를 갈아서 넣는 가게도 있다. 반면 히로시마풍 오코노미야키의 경우 물의 비율이 상대적으로 높으며 철판 위에 반죽을 얇게편 후 그 위에 소바, 채소, 고기 등을 올리기 때문에 재료의 식감을 충분히 느낄 수 있는 것이 특징이다.

 식재료로 사용하는 양배추의 모양새도 다르다. 오사카풍은 양배추를 두껍고 짧게 썰어서 사용하고, 히로시마풍은 얇고 길게 잘라서 사용한다. 이러한 차이는 만드는 방법의 차이에 기인한다. 오사카풍은 재료를 섞어서 만드는 마제야키 방식이므로 짧은 것이 섞기 편해서 생긴 결과이며, 히로시마풍은 재료를 각각 겹쳐 올려서 만드는 카사네야키 방식이므로 양배추 조각이 이곳저곳으로 흩어지지 않도록 얇고 길게 자르는 것이다.

오사카풍 오코노미야키

히로시마풍 오코노미야키

3) 도쿄풍 오코노미야키 몬자야키(もんじゃ焼き)

몬자야키는 에도시대 도쿄의 서민들이 많이 사는 동네의 구멍가게에서 예열된 철판에 기름을 뿌리고 간장이나 꿀로 간을 한 밀가루 반죽을 부어 국자로 글씨를 써보는 놀이를 하며 먹던 아이들 간식에서 유래했다고 한다. 이때 글씨에 해당하는 일본어 한자 文字(문자)는 일본어로 읽으면 모지(もじ) 또는 몬지(もんじ)라고도 하는데, 이들 중 몬지라고 읽던 것이 몬자(もんじゃ)로 변형되어 현재의 몬자야키로 쓰이게 되었다는 설이 가장 신빙성이 높다. 이러한 몬자야키는 도쿄 스미다강 하구의 매립지에서 생겨난 서민 마을인 츠키시마에서 아이들에게 인기

もんじゃ焼き

있었다고 하며, 지금도 츠키시마에는 몬자야키 가게가 줄지어 있다. 지금과 같은 형태의 몬자야키는 메이지시대 말 도쿄의 아사쿠사 부근에서 처음 만들어졌다고 한다.

재료와 만드는 방법을 알아보면, 먼저 큰 볼에 밀가루를 넣고 물을 부어 잘 섞은 후 우스터소스 또는 오코노미야키소스, 조미료를 넣고 다시 섞어 소스국물을 만든다. 밀가루 비율이 적다보니 완성된 후에도 고체화되지 않는다. 다음으로 양배추, 파, 부추, 떡, 오징어, 돼지고기 등 다양한 재료를 잘게 썰어 넣고 추가로 작은 벚꽃새우, 튀김가루를 넣어 식재료를 준비해놓는다. 식재료를 잘 섞어서 소스국물만 남기고 나머지는 가열된 철판에 올려 양배추가 숨이 죽을 때까지 철제 주걱으로 잘게잘게 잘라간다. 도너츠처럼 가운데를 비워놓고 바깥으로 성곽을 만들 듯 익힌 재료를 동그랗게 쌓아간다. 가운데 빈 공간에 소스국물을 부어 소스가 걸쭉하게 끓기 시작하면 전체적으로 섞어 익히다가 얇게 펼친다. 몬자야키는 수분이 많으므로 수분이 증발할 때까지 뒤집개로 누르면서 고소한 누룽지 냄새가 날 때까지 익힌다. 다 익은 후 그 위에 파래

가루를 뿌리면 완성이다. 요리가 완성되면, '테코토'라고 불리는 손가락 길이 정도의 작은 몬자야키 전용 도구로 한입 크기만큼 잘라 먹는데, 테코토를 이용하는 이유는 콕 찔러보면 딱 한입 크기로 알맞게 떨어지기 때문이다. 몬자야키는 수분기가 많아 관서풍 오코노미야키에 비하면 약간 질척한 느낌을 준다. 완성된 비주얼이 마치 토해놓은 것처럼 보인다 해서 관서 지방에서는 게로야키, 일명 구토 구이라고도 한다.

몬자야키를 제대로 즐기기 위해서는 위에서 말한 도쿄 스미다강 하구 츠키시마 마을의 몬자 거리를 방문하면 좋다. 그곳은 오랜 역사를 자랑하는 몬자야키 전문점을 비롯해 꽤 많은 몬자야키 가게가 줄지어 있어 평소에도 관광객들로 붐빈다. 물론 대부분 가게에서 오코노미야키도 맛볼 수 있다.

4) 기타

① 후노야키(麩の焼き)

밀가루를 주재료로 만든 구이 요리의 기원이라고 할 수 있는 후노야키는 아즈치모모야마시대에 일본의 다도를 완성한 센노리큐가 다도회에서 차와 함께 즐기기 위해 만들었다. 물과 밀가루를 섞은 반죽을 철판에 얇게 펴서 구운 뒤 된장이나 설탕 등을 발라 둥글게 말아서 먹는 일종의 과자류가 원조로 생김새는 전병과 비슷하다. 이후 만들어지는 오코노미야키나 몬자야키의 원형이라고 할 수 있는 간식에 가까운 음식으로, 신사나 절에서 제사용 음식의 하나로 많이 쓰였다.

② 돈돈야키(どんどん焼き)

훗날 오코노미야키의 원형 중 하나가 되는 돈돈야키는 포장마차 리어커에 음식을 싣고 큰 북을 둥둥(どんどん: 돈돈) 치면서 팔았다고 해서 붙여진 명칭이다. 메이지시대에서 쇼와시대 초기에 걸쳐 도쿄 상가지역의 포장마차에서 인기를 끈 음식이다. 재료로는 소고기, 돼지고기, 달걀, 건새우, 튀김 부스러기, 진미채, 양배추, 양파, 팥소, 식빵 등을 사용한다. 돈돈야키는 오코노미야키처럼 적당량의 물을 넣어 갠 밀가루 반죽을 베이스로 한 철판구이 요리로, 지역에 따라 음식의 용어도, 만드는 방법도 다양하다.

③ 모단야키(モダン焼き)

モダン焼き

보통은 야키소바나 삶은 중화면을 관서풍 오코노미야키 위에 올려 부친 음식이다. 중화면을 그대로 올리는지, 철판에 익히거나 물에 삶아 올리는지, 익힌 면에 밑간을 하는지는 가게마다 레시피가 다르다. 모단야키는 오코노미야키에 면까지 들어가 부피가 크기 때문에 젊은이들 사이에서 인기가 높다.

모단야키는 오코노미야키만으로는 뭔가 부족하고, 그렇다고 해서 야키소바를 따로 시키면 양이 너무 많아 이 둘을 절충해서 오코노미야키 위에 야키소바(또는 중화면)를 올려 크게 만든 것이 계기가 되었다고 한다. 이렇게 만드는 것이 이전 방법에 비해 합리적이고 모던(modern: 일본어로는 모단)하다 하여 모단야키라고 불리게 되었다고 한다.

④ 돈페야키(とん平焼き)

오사카를 비롯한 관서 지방의 이자카야나 오코노미야키 전문점에서 파는 철판요리 중 하나이다. 돈페야키는 현재 오사카에 있는 혼돈페(本とん平)라는 철판구이 식당의 창업주가 러일전쟁 당시 러시아에 포로로 억류되어 있을 때 러시아 군들이 먹은 음식에서 힌트를 얻어 만들면서 시작되었다고 한다. 돈페라는 명칭은 돼지(とん: 돈)를 평평하게(平: 헤이, 페이) 구워서 만들었기 때문에 붙여졌다.

만드는 방법은 아주 간단하다. 돼지고기, 오징어, 잘게 썬 양배추 등 주재료를 볶아서 접시에 꺼내놓는다. 잘 풀어놓은 달걀물을 철판 위에 붓고 얇게 펼친 다음 그 위에 준비해놓은 주재료를 올리고 반으로 접어 약간 익힌다. 마지막으로 소스나 마요네즈를 뿌리면 된다. 지금은 돈페야키의 종류와 재료, 만드는 방법도 다양해졌다.

⑤ 네기야키(ねぎ焼き)

밀가루 반죽을 예열된 철판 위에 두르고 잘게 썬 파(ねぎ: 네기)를 많이 넣어 만든다. 네기야키의 발상지는 오사카 요도가와의 작은 가게 야마모토(やまもと)라는 곳이다. 이 가게 주인이 학교에서 돌아온 자식에게 먹이려고 만든 음식을 단골손님이 눈여겨보고 똑같이 만들어달라고 주문했는데, 이 네기야키가 호평을 받자 가게 메인메뉴로 자리 잡았다고 한다. 지금은 오사카 향토 요리로 많은 사랑을 받고 있다.

⑥ 캬베츠야키(キャベツ焼き)

밀가루 반죽을 철판 위에 얇고 동그랗게 부치고, 그 위에 다진 양배추(キャベツ: 캬베츠)와 다른 채소, 튀김 부스러기, 초생강 그리고 달걀을 올려 구운 요리이다. 다이쇼시대에서 쇼와시대 초기에 유행했던 잇센요쇼쿠(一銭洋食)를 모티브로 한 양배추를 듬뿍 넣어 만든 복고풍 구이 요리이다.

> **tip 잇센요쇼쿠(一銭洋食)**
> 오코노미야키와 비슷하게 묽은 밀가루 반죽을 철판에 얇게 펴서 구워서 먹는 음식이다. 잇센요쇼쿠는 밀가루를 먹는 것이 상당히 고급 음식이라고 생각하던 시절, 양식임에도 아주 적은 돈인 일전(一銭)으로 살 수 있는 양식(洋食)이라는 의미로 붙여진 이름이다. 돼지고기, 오징어, 새우, 양배추, 파, 생강, 튀김 부스러기, 달걀 등 좋아하는 식재료를 같이 섞어 철판에 구워 소스를 바르고 아오노리(파래가루)를 뿌린 후 둘로 나누어 신문지로 돌돌 말아서 팔았다. 다이쇼시대 말기에서 쇼와시대 초기에 걸쳐 아이들의 적은 용돈 일전으로 포장마차에서 살 수 있는 양식으로 유행했다.

⑦ 엔슈야키(遠州焼き)

엔슈야키는 시즈오카현 엔슈 지역에서 유래한 오코노미야키와 유사한 요리로, 태평양전쟁에서 패배한 직후 먹을 것이 부족할 때 비교적 구하기 쉬웠던 무로 만든 단무지를 이용하여 만든 음식이다.

엔슈야키라는 이름은 외부 사람들이 오코노미야키와 구분하기 위하여 사용하는 이름이고, 엔슈 지역 사람들은 오코노미야키라고 한다.

엔슈야키의 특징은 단무지의 노란색, 생강초절임의 빨간색, 파의 초록색이 모두 보여 색감이 예쁘고 둥근 형태나 직사각형으로 만드는 오코노미야키와 달리 장방형으로 구워서 먹는다는 것이다.

2 _ 야키소바

야키소바(焼きそば)는 일본이 태평양전쟁에서 패배한 직후, 전란으로 식자재가 턱없이 부족하던 시절에 메밀로 제분한 소바를 대신하여 비교적 구하기 쉬운 중화면으로 만든 면요리이다. 면의 양을 많아 보이게 하려고 양배추를 넣었는데, 양배추는 수분이 많아서 맛이 연해지므로 맛을 보강하기 위해 진한 우스터소스로 간을 맞추었다. 이러한 면을 포장마차에서 팔기 시작하면서 야키소바가 탄생했다.

볶음면의 원조라 하면 역시 중국이다. 누들로드의 시발점이기도 한 중국의 볶음면인 차오면(炒面: 차오미엔)이 아시아를 중심으로 여러 나라에 퍼져나가 태국의 대표적 볶음면인 팟타이(patai), 인도네시아나 말레이시아의 볶음면인 미고랭(mi goreng) 등 지역색이 짙은 면요리로 탄생했다. 야키소바 또한 중국의 영향으로 탄생한 일본식 볶

야키소바

음면이다. 야키소바의 면은 중국 기원의 중화면, 소스는 영국 기원의 우스터소스이지만 요리법 측면에서 중국의 볶음면을 만들 때 사용하는 간장류나 소금을 거의 넣지 않고 독특하게 우스터소스를 사용했다는 점을 들어 일본 오리지널 요리로 취급한다.

야키소바면은 중화면을 쪄서 면이 풀어지기 쉽게 식용유로 버무려 마무리한 면이 많다. 따라서 중화면과 야키소바면의 원재료는 동일하다. 또한 중화면을 사용해 만든 중화요리를 차오면이라고 하는데, 일본에서는 이를 야키소바라 부르기도 한다. 하지만 차오면은 중국 면요리의 일종으로, 기름에 면을 볶거나 튀기고, 따로 볶은 고기나 채소를 넣어 만든 걸쭉한 소스를 면 위에 듬뿍 부어 먹는 요리를 말하므로, 두 면요리의 조리법은 차이가 있다.

야키소바는 돼지고기 등의 육류와 양배추·당근·양파·숙주나물 등의 채소류, 오징어 등의 어패류를 함께 볶아 우스터소스 등으로 조미해 만드는 면요리이다. 야키소바를 접시에 담고 그 위에 아오노리(青のり: 파래가루)나 가다랑어포를 뿌리거나 잘게 썬 초생강을 올리며, 마요네즈를 사용하는 경우도 있다.

지금은 전체적인 맛을 낼 때 우스터소스뿐만 아니라 간장, 소금, 후추, 굴소스, 케첩 등을 넣기도 하며, 특히 야키소바용으로 맛이나 농도를 조절해 만든 야키소바소스도 많이 사용한다.

야키소바와 비슷한 면요리로 가타야키소바(堅焼きそば: 딱딱한 야키소바)가 있다. 기름에 바삭하게 튀긴 면 위에 걸쭉한 소스를 부어먹는 면요리인데 면을 기름에 튀겼다 하여 아게소바(あげそば: 튀김소바) 또는 면이 바삭바삭하다 하여 바리소바(バリそば: 바삭소바)라고도 한다. 이 면요리를 응용하여 나가사키시의 접시우동(皿うどん: 사라우동)이 탄생했다.

중국의 차오면과 비슷한 방법으로 만드는 고모쿠 야키소바(五目焼きそば)도 있다. 볶은 면 위에 조리를 한 고기, 새우, 당근, 죽순, 표고버섯 등의 식재료에 전분 등으로 걸쭉하게 만든 소스인 앙카케(あんかけ: 팔보채에 뿌려지는 소스와 비슷)를 뿌려 먹는다 하여 앙카케 야키소바(あんかけ焼きそば)라고도 부른다. 길게 세로로 자른 핫도그 빵에 소시지 대신 야키소바를 넣어 만든 야키소바 빵, 오므라이스처럼 만든 오므소바도 있으며, 오사카 지역에는 야키소바를 반찬으로 먹는 야키소바정식도 있다.

3 _ 다코야키

밀가루 반죽 안에 잘게 자른 문어(다코)를 넣고 호두과자 크기의 공 모양으로 잘 구워 전용 소스와 마요네즈를 바르고, 그 위에 가츠오부시를 올려놓으면 완성되는 다코야키(たこ焼き)는 일본인의 국민 간식이자 오사카의 소울푸드이다.

간식뿐 아니라 가벼운 식사 대용으로도 인기가 높은 다코야키는 그 원조라고 하는 라디오야키(ラジオ焼き)와 아카시야키(明石焼き)가 결합하여 탄생한 음식이라 할 수 있다.

라디오야키는 밀가루를 주재료로 하는 반죽 안에 삶은 소고기(힘줄 부위 고기)와 잘

たこ焼き

　　　　　　　　　　　　　　　　　　　　　　　2부_일본의 대표 요리

게 썬 미소된장맛 곤약 등을 넣고 간을 해서 소스 없이 먹는다. 당시(메이지~다이쇼시대) 지식인층의 상징이자 선진 아이템의 상징이었던 고가의 라디오에서 이름을 가져왔다.

다코야키의 또 하나 원조라 할 수 있는 아카시야키는 효고현(兵庫県) 아카시시(明石市)의 향토 음식으로 달걀노른자에 글루텐(단백질) 성분을 제거한 밀가루와 잘게 저민 문어를 넣어 구운 음식을 말한다.

그 외의 유사 음식으로는 아이들용 간식으로 만들어 포장마차에서 판매하던 쵸보야키(チョボ焼き)가 있다. 쵸보야키는 작은 구멍이 얕게 파인 철판이나 동판에 물에 푼 밀가루를 붓고 잘게 썬 곤약이나 초생강, 파, 튀김가루 등을 올려 구운 요리이다. 관서 지방에서는 라디오 볼륨 조절 버튼을 쵸보라고 부르는데, 철판의 파인 구멍이 이 쵸보와 생김새가 비슷하다 하여 쵸보야키라고 불렸다고 한다.

다코야키는 1935년 오사카에 있는 아이즈야(会津屋)라는 가게에서 처음 만들어졌다. 그때 다코야키는 지금과는 상당히 달랐다고 한다. 아이즈야의 사장은 기존의 라디오야키를 약간 변형해서 팔다가 어느 날 한 손님에게서 아카시시의 향토 음식 이야기를 듣고 라디오야키 반죽에 소고기 대신에 잘게 자른 문어와 달걀을 넣어 다코야키라는 이름을 붙여 판매했는데, 이것이 현재의 다코야키가 되었다.

4 _ 팥소가 들어간 ○○야키

1) 이마가와야키(今川焼き)

이마가와야키는 밀가루, 달걀, 설탕을 물에 섞어 만든 반죽을 철이나 구리로 된 원형 틀에 붓고 팥앙금을 넣어 구운 음식으로 우리의 왕풀빵과 비슷하다. 신사의 제사

또는 절의 의식에도 사용되고, 축제 때 노점상에서도 판매될 정도로 일본인에게 친숙한 과자이다. 이마가와야키는 오방야키(大判焼き: 오방떡)라고도 하는데, 그 생김새가 큰(大) 코방(小判: 일본의 옛 주화) 모양이라 하여 붙여진 명칭이다. 이 외에도 효고현 히메지 부근에서는 이 음식을 판매하는 회사(가게) 이름을 따서 고자소로라고도 하는데, 이처럼 지방마다 부르는 이름이 조금씩 다르다.

2) 다이야키(たい焼き)

다이야키는 밀가루, 설탕, 탄산수소나트륨 등으로 만든 반죽을 다이(도미)를 본뜬 틀에 올리고 팥소를 넣어 굽는, 붕어빵과 매우 닮은 음식이다.

다이야키의 기원으로는 한 상인이 자신이 만든 이마가와야키가 팔리지 않자 도미를 본떠 만든 것이 기원이라는 설, 창업 100년이 넘은 도쿄 아자부주반(麻布十番)의 나니와야라(浪花家)는 다이야키 맛집 창업주가 고안한 주물을 사용하여 만든 것이 기원이라는 설이 있다.

1930년경 한국에 다이야키가 유입되었는데, 도미 대신 붕어를 본떠 만든 틀에서 구워 붕어빵이라고 부르게 되었다.

3) 스케소야키(すけそう焼き)

스케소야키는 에도시대 말기 포장마차 등에서 만들어 팔던 과자로, 후에 만들어진 도라야키의 원형이다. 스케소야키는 밀가루를 물에 풀어 얇게 펴서 구운 다음 팥을 싸서 만들었다.

4) 도라야키(どら焼き)

도라야키는 밀가루, 달걀, 설탕을 섞어 만든 반죽에 벌꿀을 넣어 둥글납작한 원반형으로 두 장을 구워 그사이에 팥소를 넣어 겹쳐 구운 카스테라풍 일본 과자이다.

정확히 언제, 누구에 의해 만들어졌다는 기록은 없고, 몇몇 설만 있을 뿐이다. 그중 하나로, 헤이안시대 말기에 한 승려가 전쟁에서 도망치던 중 민가에서 부상을 치료받고 감사의 표시로 징(どら: 도라)을 달군 뒤 그 위에 밀가루와 물을 섞은 반죽을 얇게 펴서 구운 다음 팥 앙금을 넣어 말아서 선물한 것에서 유래했다는 설이 있다. 도라야키의 도라는 음식의 모양새가 타악기인 징을 닮아서 붙여졌다는 설이 가장 유력하다. 일본 애니메이션 도라에몽에 나온 것으로도 유명하다.

> **tip** 팥빵(あんぱん: 앙팡)은 기무라 야스베(木村安兵衛)라는 사람이 처음 만들었다고 한다. 1869년 도쿄 신바시역 근처에 아내와 아들 이름에 있는 한자를 하나씩 따와 분에도(文英堂)라는 빵집을 차린 후 일본인에게 맞는 빵을 만들기 위해 고민하던 중 만쥬(앙금빵)에 팥이 들어있던 것에서 힌트를 얻어 1874년 팥빵을 만들었다고 한다.

후루룩 짭짭, 후루룩 뚝딱
맛있는 면요리 우동! 소바! 라멘!

　일본을 대표하는 요리 중 하나로 면요리를 들 수 있다. 일본의 면요리 하면 가장 먼저 떠오르는 것은 우동일 것이다. 우동 이외에 소바, 라멘도 잘 알려져 있으며, 하나 더 덧붙이면 소면(소멘)을 들 수 있다. 우동도 스시나 덴푸라처럼 일본이 원조가 아니며 소바, 라멘, 소면 역시 중국에서 유래된 외래 음식이다. 그러나 일본의 면요리는 원조인 중국의 면요리와는 전혀 다른 일본화된 음식으로 변화 발전해 지금은 일본의 대표 요리의 하나로 자리 잡았다.

　일본의 면 역사는 소면이 가장 오래되었으며 이후 우동, 소바, 라멘 순서로 시작되었다.

아래에서는 일본의 대표적 면요리인 우동, 소바, 라멘에 대해 알아본다.

우동

1 우동의 기원

우동의 기원에는 몇 가지 설이 있으나 다음 두 가지가 유력하다.

첫 번째는 일본 최초의 면이라 할 소면이 발전하여 우동이 탄생했다는 설이다. 일본에서 가장 오래된 면은 우리에게는 매우 생소한 당나라의 면 사쿠베이(索餠: 索은 새끼줄, 餠은 떡이라는 의미)이다.

사쿠베이는 밀가루와 쌀가루에 물을 넣고 함께 반죽한 후 소금을 첨가해 새끼줄처럼 꼬아 가늘고 길게 늘인 면으로 생김새는 우리나라 꽈배기를 축소한 모양이라고 생각하면 된다. 면을 가늘고 길게 늘인 것은 장대 등에 걸어서 건조하기 편하게 하기 위해서이다. 이러한 건조 과정을 거쳐 지금의 건소면처럼 항상 먹을 수 있는 보존성 높은 식품으로 만들었다. 사쿠베이는 무기나와(麦縄: 새끼줄 모양으로 꼬아놓은 밀가루 음식)라고 불리기도 했다.

이러한 사쿠베이는 나라시대 당나라에 파견되었던 일본사절단이 들여왔다. 이후 무로마치시대에 맷돌 등의 제분 도구와 기술이 발달하면서 사쿠베이는 소면(素麺: 素는 '희다'라는 뜻, 麺: 면 면)으로 발전했는데, 이것이 일본 면 역사의 출발점이었다. 그 후 소면은 먹는 방법에 따라 냉소면, 온소면 등으로 분류되었고, 그중 온소면이 우동으로 발전했다.

에도시대에는 우동집이 생겨서 서민들도 우동을 먹을 수 있었다. 에도시대 전반기에는 면을 파는 가게라 하면 우동집이 주류여서 소바도 우동집에서 팔았다. 그 당시

소바는 지금의 야마나시현이나 나가노현 등지가 주류였는데 이 지역의 목수 등 많은 일꾼이 주택이 밀집해 화재가 잦아 이로 인한 공사가 많았던 에도로 몰려들면서 빠르게 먹을 수 있는 소바 수요가 급증했다. 그리하여 에도 중기에는 그 이전까지 면류의 대표 주자였던 우동이 소바에 그 자리를 내주었고, 에도(도쿄) 하면 소바라는 말이 나오게 되었다.

또 하나 우동의 기원은 헤이안시대 가가와현(香川県) 사누키에서 태어난 승려 홍법대사가 804년 조공 사절로 중국(당나라)에 파견되어 갔을 때 사찰에서 먹은 온돈(飩飩)의 요리법을 배워 고향 사누키로 돌아온 후 면요리를 만들어 먹었는데, 이것이 일본 우동의 시초라는 설이다. 즉, 사누키가 일본 우동의 발상지라는 설이다. 당시 온돈은

사누키우동

지금과 같은 면이 아니고, 밀가루에 적당량의 물과 약간의 소금을 넣어 치댄 반죽을 경단 모양으로 만든 다음 손으로 얇게 펴고 늘려 삶은 것으로, 모양은 만두피와 비슷했다고 한다. 이것이 시간이 지나면서 현재의 우동면으로 발전했다는 것이다.

사누키 지역은 예부터 우동 생산량(밀가루 사용량)이 일본에서 많은 곳 중 하나였다. 이곳은 강수량이 적어 건조한 기후에 강한 밀의 생산량이 주변 지역(고치현, 에히메현)에 비해 압도적으로 많았다. 또 밀을 가루로 만들려면 맷돌로 갈아야 하는데, 당시에는 소나 말을 이용해 맷돌을 돌리거나, 수차(물레방아) 등으로 제분하는 기술이 발전되지 않았다. 따라서 사람이 맷돌을 돌려야 하는데 노동력이 없다보니 밀가루를 사용한 분식(粉食)보다는 대부분 밀을 그대로 삶거나 쪄서 먹었다. 그러나 사누키 지역에서는 헤이안시대에 이미 맷돌을 돌리는 데 수차를 사용했다. 즉, 이 지역은 이미 제분 기술이 비교적 발달되었다고 할 수 있다. 게다가 바다에 면해 밀가루 반죽에 들어가는 질 좋은 소금도 구하기 쉬웠다. 이런 모든 환경을 종합해보면 사누키(가가와현) 지역이 예전부터 우동 소비가 많을 수밖에 없는 여러 가지 조건을 갖추었다고 할 수 있다.

2 우동의 종류

1 _ 조리 방법 차이에 따른 우동의 종류

1) 가케우동(かけうどん) · **스우동**(素うどん)

가케우동은 가장 기본적인 우동이라고 할 수 있는데, 가케는 '끼얹다, 붓다' 정도의 의미로, 면 위에 육수인 다시를 '끼얹은(가케)' 우동이라 하여 가케우동이라고 했다. 즉 가케우동은 면을 삶아 찬물에 헹궈 그릇에 담은 다음 다시마나 가다랑어포 등을 끓여 우려낸 육수인 다시를 면이 잠길 정도로 붓고 잘게 썬 파와 취향대로 고명을 얹어 만

드는 우동으로 국물까지 마실 수 있다. 가케우동은 국물이 따뜻한 온우동이 기본이나, 차가운 우동국물을 면 위에 끼얹는 냉우동도 있다.

가케우동과 비슷한 우동으로 스우동이 있는데, 이는 삶은 우동에 단순히 다시를 끼얹은 우동이다. 이때 '스'는 다른 어떠한 것도 첨가하지 않음을 나타내는 말이다. 단, 파나 어묵인 가마보코 등 최소한의 재료가 들어가는 게 일반적으로 이러한 점은 가케우동과 같다. 스우동은 보통 맛이 옅은 다시마 간장을 사용하므로 가케우동에 비해 국물의 색깔도 맛도 연하지만 두 우동은 거의 흡사하다고 할 수 있다.

이 두 우동의 명칭은 지역에 따라 다른데 가케우동은 주로 도쿄 등 관동 지방에서 사용되는 반면, 스우동은 오사카 등 관서 지방에서 많이 사용된다.

2) 붓카케우동 (ぶっかけうどん)

가가와현의 명물 우동인 붓카케우동은 면을 삶아 찬물에 헹군 후 그릇에 담는 것까지는 가케우동과 같다. 그러나 붓카케우동은 가마아게우동에 사용하는 맛이 진한 츠유를 면이 살짝 젖을 정도(100cc 정도)만 면에 직접 끼얹어 먹으며, 이 또한 온우동과 냉우동이 있다.

붓카케우동이라는 말은 츠유를 면에 직접 끼얹어 먹은 데서 유래했는데, 붓카케는 '세차게 뿌리다(끼얹다)'라는 의미이다.

가케우동과 붓카케우동은 우동면

자체는 같지만 붓거나 끼얹는 재료의 차이에 따라 구별된다. 가케우동은 육수인 다시를 면이 잠길 정도로 붓는 반면, 붓카케우동은 진한 조미 소스인 츠유를 소량 끼얹기 때문에 맛도 달고 짭짤하다. 또한 다시 국물은 투명하지만, 츠유는 짙은 색을 띤다. 붓카케우동과 비슷한 우동으로는 면 위에 간장을 끼얹어 먹는 간장(쇼유)우동이 있다.

> **tip 츠유(つゆ)**
> 다시마, 가다랑어포, 멸치 등을 우려낸 뒷맛이 깔끔한 육수에 간장, 맛술, 소금, 설탕을 넣어 맛을 낸 조미 소스를 말한다.

3) 가마아게우동(釜揚げうどん)

가마아게우동은 면을 삶은 후 찬물에 헹구지 않고 솥(가마)에서 바로 그릇으로 옮겨 담아 뜨거운 면 위에 맛이 진한 츠유를 끼얹거나 츠유에 찍어서 먹는 우동이다. 이때 가마는 '솥', 아게는 기름에 튀긴다는 뜻이 아닌 '건져올린다'는 뜻이다. 따라서 가마아게우동은 솥에서 면을 건져 올려 그대로 먹는 우동이라는 말이다.

가마아게우동은 여러 종류의 사누키우동 중 하나이다. 보통 사누키우동은 삶은 면을 찬물에 헹구기 때문에 면이 쫄깃하지만, 찬물에 헹구지 않는 가마아게우동은 뜨거

운 물속에서 점점 부드러운 식감을 느낄 수 있어 면의 맛을 제대로 즐길 수 있다. 그러나 좀더 시간이 지나면 면이 불기 때문에 빨리 먹어야 한다. 꼬들꼬들한 면을 싫어하는 사람들에게 적당한 우동이다. 가마아게우동은 온우동밖에 없다.

4) 가마타마우동(釜玉うどん)

가마타마우동은 갓 삶은 우동면에 날달걀을 넣고 잘 섞어
서 간장이나 츠유 등으로 조미해 먹는 우동으로, 사
누키우동의 한 종류이다. 가마타마는 가마아게
우동에 날달걀을 추가한 우동으로 타마는 달
걀을 뜻한다.

釜玉うどん

홍법대사의 조카이자 제자인 치센(知泉)이 우
동 발상지인 가가와현 아야가와라는 곳에서 일본에
처음으로 우동을 들여왔다는 홍법대사에게서 우동 만드는
법을 배워 널리 보급시켰다는 이야기가 전해진다. 현재 아야가와 지역에
는 우동의 발상지라는 말에 걸맞게 가마타마우동의 진수를 맛볼 수 있는 우동전문점
이나 제면소가 많다.

> **tip** 삶은 면을 처리하는 방법은 우동 종류에 따라 다르다. 가케우동이나 붓카케우동 등은 삶은
> 면을 건져서 찬물에 헹군 후 물기를 빼는 미즈시메(水締め: 물기 짜내기) 방식으로, 가마아게우동
> 이나 가마타마우동 등은 삶은 면을 솥(釜: 가마)에서 건져서 바로 그릇으로 옮기는 가마아게(釜
> 揚げ: 솥에서 건져 올리기) 방식으로 삶은 면을 처리한다.

5) 자루우동(ざるうどん)

자루우동은 삶아서 찬물에 헹군 후 물기를 빼서 메밀판에 올려놓은 우동면을 별도
로 제공되는 가다랑어포를 베이스로 한 육수(다시)로 만든 츠유에 잘게 썬 파와 와사
비 적당량을 넣어서 찍어 먹는 우동이다.

6) 히야시우동(冷やしうどん)

히야시우동은 우동면을 삶아 찬물에 헹군 후 얼음이나 얼음물이 담긴 그릇에 담아 잘게 썬 파와 와사비를 곁들인 츠유에 찍어 먹는 찍먹우동(츠케멘)이다. 히야시(冷やし)는 차갑게 한다는 뜻으로 이렇게 하면 마지막까지 시원하게 먹을 수 있어 더운 여름에 특히 인기가 높다.

冷やしうどん

그러면 자루우동과 히야시우동의 차이는 무엇일까?

면의 처리법이나 츠유 만드는 법 그리고 먹는 방법도 거의 같지만, 삶은 면을 담는 방법이 다르다. 자루우동은 명칭 그대로 물기를 뺀 면을 자루(메밀판)에 올려놓기 때문에 먹는 동안에도 물기가 빠져 면이 약간 마른다. 따라서 찍어 먹는 츠유가 묽어지지 않고 진한 맛이 계속 유지된다. 반면에 히야시우동은 얼음물에 면을 넣었기 때문에 먹는 동안 츠유는 점점 연해지지만, 끝까지 시원하게 먹을 수 있다.

7) 츠케지루우동(つけ汁うどん)

츠케지루우동은 우동면을 삶는 방법이나 먹는 법이 자루우동과 비슷하다. 삶은 우동면을 메밀판(자루)이나 편백나무 틀(세이로)에 담아놓는다. 그리고 가다랑어포를 베이스로 한 육수에 돼지고기, 파, 표고버섯 등을 넣고 푹 끓여 만든 츠유에 우동면을 찍어 먹는다. 이때 츠케는 '찍는다', 지루(시루)는 '국물'을 뜻한다.

자루우동과 다른 점은 찍어 먹는 츠유에 있다. 자루우동은 내용물이 들어있지 않은 차가운 츠유에 찍어 먹지만 츠케지루우동은 국물에 건더기가 있고 뜨거운 츠유에 찍어 먹거나 식혀서 나오는 츠유에 찍어 먹는다.

8) 미소니코미우동(味噌煮込みうどん)

나고야의 명물 면요리인 미소니코미우동은 특이하게 적갈색 된장인 핫초미소를 푼 육수에 면과 여러 가지 재료를 넣고 푹 끓인 나베우동이다. 니코미(煮込み)는 '푹 끓인다'는 뜻이다. 미소니코미우동에 사용하는 면은 소금을 넣지 않고 담수를 사용하며 찰기를 높이기 위해 발로 밟아 반죽한다는 것이 특징이다.

味噌煮込みうどん

미소니코미우동은 전국 각지에서 접할 수 있지만, 특히 아이치현의 향토 요리로 유명하다. 작은 1인용 나베(뚝배기)에 우동을 끓여 그대로 식탁으로 내오는 경우가 많다.

9) 야키우동(焼きうどん)

야키우동은 삶은 우동면에 채소와 고기를 넣고 소스에 볶은 볶음 우동으로 기타규슈의 고쿠라에 있는 한 식당에서 개발되었다.

야키소바에서 면만 우동면으로 바꾸면 야키우동이 된다.

야키소바 면은 중화면을 쪄서 식용유로 버무려 만드는데, 이렇게 하면 볶았을 때 면과 면이 엉켜붙지 않고 잘 풀어진다. 야키소바는 뜨거운 철판 위에 기름으로 지져 먹는다는 느낌으로 볶아 만드는 반면, 야키우동은 미리 삶은 우동면으로 부드럽게 만든다는 점이 다르다.

2 _ 면 위에 올리는 토핑(고명) 등의 차이에 따른 우동의 종류

1) 기츠네우동(きつねうどん)

기츠네우동은 다시마를 우려 간장으로 맛을 낸 맑은 국물에 간장, 설탕, 미림으로 조미한 유부를 고명으로 얹은 우동이다.

기츠네는 여우를 뜻하는데, 여우가 유부를 좋아한다고 해서 기츠네우동이라고 한다. 오사카 특산품으로 특히 유명 관광지이자 번화가인 도톤보리가 기츠네우동으로 유명하다.

きつねうどん

2) 다누키우동 (たぬきうどん)

다누키우동의 가장 큰 특징은 가늘게 썬 파와 텐카스(天かす)라는 튀김 부스러기를 고명으로 얹는다는 점으로, 고명은 지역에 따라 조금씩 다르다. 우동의 명칭에 다누키가 붙은 것은 '알맹이(씨)'라는 의미의 타네와 '빼기'라는 의미의 누키를 합성해 알맹이를 뺀 튀김, 즉 튀김 알맹이를 빼고 부스러기만 넣는다고 하여 타네누키가 되었고, 이를 줄여 다누키가 되었다는 설과 튀김 부스러기가 마치 배를 부풀린 너구리(たぬき: 다누키) 모습을 연상시킨다는 데서 유래했다는 설이 있다.

たぬきうどん

3) 덴푸라우동(天ぷらうどん)

덴푸라우동은 덴푸라를 고명으로 올린 튀김우동이다. 튀김 재료로는 오징어나 새우, 채소류 등이 주류를 이루며, 닭이나 어묵 등을 튀겨 면 위에 얹기도 한다.

① **도리텐우동**(とり天うどん)
도리텐은 도리(鶏·닭)와 덴푸라의 합성어를 줄인 말이며 도리텐우동은 바삭한 닭튀김을 얹은 우동을 말한다.

② **치쿠텐우동**(ちく天うどん)
치쿠텐은 어묵의 일종인 치쿠와와 덴푸라의 합성어를 줄인 말이며 치쿠텐우동은 식감이 부드러운 튀긴 어묵을 얹은 우동을 말한다.

4) 카레우동(カレーうどん)

카레우동은 다시 국물에 카레가루와 전분가루를 넣어 걸쭉하게 만든 우동인데, 지역에 따라 재료와 조리법이 다양하다. 카레우동은 1906년 도쿄 와세다대학 근처에 있던 소바 전문점에서 당시 인기였던 카레라이스 때문에 양식당에 빼앗긴 손님의 발길을 되돌리기 위해 만든 우동이다. 이렇게 시작된 카레우동은 제2차 세계대전 패전 이후 학생들의 급식으로 나오기 시작하면서 전국적으로 확산되었다.

カレーうどん

5) 츠키미우동(月見うどん)

츠키미우동은 우동 위에 동그랗게 날달걀을 깨 올린 우동이다. 우동 위에 얹은 달갈노른자 모양이 마치 보름달을 보는 듯하다 하여 '달구경'이라는 의미의 츠키미(月見)가 붙게 되었다.

6) 야마카케우동(山かけうどん)

산마 우동이라 할 수 있는 야마카케우동은 우동 위에 산마를 갈아 얹고, 그 위에 달걀노른자를 올리는데 산마의 흰색이 함께 어우러져 마치 달걀프라이를 올린 듯 보인다. 여기서 야마카케는 산마를 갈아서 곁들인 요리를 말한다. 와사비, 김가루, 파 등을 같이 올리기도 한다.

山かけうどん

7) 다마고토지우동(たまごとじうどん)

달걀 우동이라고 할 수 있는 다마고토지우동은 끓인 우동 면수에 물에 풀어둔 전분을 넣고 걸쭉하게 만들어 다시 끓인 후 우동 위에 잘 풀어놓은 달걀물을 골고루 천천히 둘러 뭉글뭉글해지면 완성된다. 달걀물을 미리 끓인 재료에 천천히 둘러 얹어 요리의 마지막 과정을 '달걀로 닫는다(마무리한다)'고 하여 다마고토지(たまご: 다마고-달걀 + とじ: 토지-닫기)라고 한다.

肉うどん

8) 니쿠우동(肉うどん)

니쿠는 고기를 뜻하는 말로, 니쿠우동은 한마디로 고기우동이라 할 수 있다. 나베에 참기름을 두르고 잘게 자른 파와 잘게 썬 소고기(혹은 닭/돼지고기)를 볶다가 미림, 간장, 설탕 등을 넣고 다시 볶아 만든 고명을 면 위에 올린다.

9) 기자미우동(きざみうどん: 잘게 썬 유부우동)

기자미(きざみ)는 (재료를) '잘게 썬다'는 의미로, 기자미우동은 유부를 잘게 썰어 고명으로 올린다. 기츠네우동의 고명으로 쓰이는 유부와 달리 맛을 거의 들이지 않고 가볍게 기름기를 뺀 유부를 잘게(가늘고 길게) 잘라서 그대로 고명으로 올리는 게 특징이다.

ちからうどん

10) 치카라우동(ちからうどん)

치카라우동은 떡 토핑 우동이라고 할 수 있는데, 고명으로 큰 떡을 얹는다. 일본에는 경사스러운 날에 떡(모찌)을 먹는 풍습이 있는데 신으로부터 힘(力: 치카라)을 얻기를 기원하기 위해 우동에 떡을 넣는다.

11) 카모난반우동(鴨南蛮うどん)

카모난반우동은 오리고기(가모)와 난반요리의 대표 양념류인 파를 재료로 만든 면요리로, 간장과 가다랑어포를 베이스로 한 뜨거운 다시 국물에 면을 넣고 오리고기와 파를 얹어 완성한다.

난반은 원래 '남쪽의 오랑캐'를 뜻하지만, 무로마치시대에서 에도시대에 이르기까지 베트남, 태국, 필리

鴨南蛮うどん

핀, 인도네시아 지역을 일컫는 말로 사용되었다. 에도시대에는 일본에 들어온 유럽 사람들을 난반인(南蛮人)이라고 부르기도 했다. '난반'이라는 말이 요리와 관련해 사용될 때는 '파'를 가리키는 경우가 많다. 이는 난반인이었던 포르투갈 사람들이 요리할 때 살균 작용이 있는 파를 많이 사용한 데서 유래했다고 한다.

12) 고모쿠우동(五目うどん)

五目うどん

고모쿠는 '다섯 가지 종류'라는 의미이지만, 요리에서는 그 의미가 확대되어 '다양한 식재료가 사용된다'는 뜻으로 쓰인다. 따라서 고모쿠우동은 우동의 기본이 되는 가케우동에 닭고기, 어묵, 채소 등 다양한 재료를 넣은 우동을 말한다. 고모쿠는 우동뿐만 아니라 고모쿠고항, 고모쿠야키소바 등 밥이나 야키소바류도 있다.

13) 싯포쿠우동(しっぽくうどん)

싯포쿠우동은 조미한 표고버섯, 유바, 죽순, 시금치, 파드득나물 등의 각종 채소와 어묵, 달걀말이 등을 고명으로 올린 우동이다. 에도시대 싯포쿠요리 중 내용물이 많이 들어간 면요리에서 힌트를 얻어 고안해낸 우동이라고 한다. 주로 교토나 오사카, 나라 등의 긴키지방에서 많이 먹으며 판매하는 가게나 지역에 따라 올라가는 고명 종류가 다르다.

14) 우동스키(うどんすき)

우동스키는 스키야키를 먹고 남은 국물에 우동을 넣어 먹은 데서 착안해 탄생한 우동전골이라 할 수 있다.

우동스키는 나베에 우동 육수를 듬뿍 넣고 닭고기, 새우, 구운 붕장어, 백합조개, 배추, 표고버섯, 당근, 파드득나물, 유바, 생밀기울, 어묵(가마보코), 토란 등 제철 식재료를 우동과 함께 끓이면서 먹는다. 우동이나 잘 익지 않는 식재료는 살짝 데쳐놓았다가 다른 재료와 함께 끓여 먹을 수 있도록 준비해두며 쪽파, 생강, 무즙 등을 곁들인다.

우동스키

일본의 유니크한 우동

히모가와우동(ひもかわうどん)

히모가와우동은 이탈리아의 파스타 재료 중 하나인 라자냐와 모양이 비슷한 일본 군마현(群馬県) 키류시를 대표하는 우동이다. 일반적인 우동과 달리 가게에 따라서는 폭이 10㎝가 넘는 면도 있을 정도로 면의 폭이 넓으면서도 얇다. 히모는 '끈', 가와는 '가죽'을 의미하는 말로, 면이 가죽끈(벨트) 모양으로 생겼다 하여 붙여진 이름이다.

미미우동(耳うどん)

미미우동은 수제비 비슷하게 생긴 면요리로, 도치기현 사노시의 향토 요리 중 하나이다. 면이 마치 귀처럼 생겨서 붙여진 이름이라고 한다. 미미우동의 미미(耳)는 '귀'를 뜻하며, 이때의 귀는 악마의 귀를 나타내는데, 악마의 귀를 먹어버리면 집안의 이야기를 악마가 듣지 못하므로 미미우동을 먹으면 1년 내내 나쁜 일이 일어나지 않는다는 이야기가 전해진다.

히야무기(ひやむぎ)

히야무기의 히야(冷や)는 '찬 것(냉)'을, 무기(麦)는 '밀(보리)'을 나타내는 말로, 히야무기를 직역하면 '찬 밀'이라는 뜻이다. 즉, 히야무기는 냉소면을 뜻하는 말이다. 히야무기는 주로 건면으로 유통되며, 대개 삶은 면을 찬물에 헹궈 차갑게 해서 츠유에 찍어 먹는다. 평범한 건면인데도 차다는 의미의 히야무기, 즉 냉밀이라는 이름이 붙은 것은 우동의 옛말인 아츠무기, 즉 뜨거운 밀과 구별하기 위함이었다. 이때 아츠는 뜨겁다는 의미이다.

기계로 뽑는 면의 경우, 히야무기는 굵기가 1.3mm 이상 1.7mm 미만, 소면은 1.3mm 미만, 우동면은 1.7mm 이상으로 규정되어 있다. 따라서 우동이 제일 굵고, 다음으로 히야무기, 소면 순으로 굵기가 가늘어진다.

3 _ 일본의 3대(5대) 우동

일본 우동은 기후, 토양 등 밀이 생산되는 지역적 조건과 지역별 식문화에 따라 종류가 달라지며, 지역 활성화 차원에서 명물로 선정된 우동 등 종류가 많다. 특히 각 지역에서 생산되는 우동은 제조 공정이나 면발, 모양, 식감, 국물맛 등이 지역마다 모두 다르며, 각각의 독특함을 지니고 있다. 그중에서도 가가와현의 사누키우동, 아키타현의 이나니와우동, 군마현의 미즈사와우동은 일본의 3대 우동으로 꼽힌다. 일본의 5대 우동이라 하면 조금씩 다른 경우도 있지만, 3대 우동에 아이치현의 기시멘, 나가사키현의 고토우동이 추가된다.

① 사누키우동(讃岐うどん) 생면

讃岐うどん

헤이안시대 초기 조공 사절로 당나라에 파견되었던 홍법대사가 당나라의 제면 기술을 익혀 일본으로 돌아와서 우동을 처음 전파한 곳이 지금의 가가와현인데, 가가와의 옛 이름이 사누키(讃岐)이다. 사누키 지역의 우동이 유명해진 것은 이곳이 강수량이 적고 일조시간이 길어서 건조한 기후에 강한 밀을 생산하는 데 유리하기 때문이다.

사누키우동은 밀가루의 중량 대비 물 40% 이상, 소금 3% 이상을 넣고 면발을 쫄깃하게 하기 위하여 발로 밟아 반죽한다. 반죽한 후 2시간 이상 숙성시켜 면을 뽑는데 면발이 다른 우동면보다 굵고 식감이 쫄깃쫄깃한 것이 특징이다. 사누키우동의 또 하나 특징은 주로 멸치를 우려내 국물 맛을 내며, 국물 없이 다른 방법으로 먹는 우동도 많다는 것이다.

현재 일본뿐만 아니라 해외에 알려진 일반적인 우동은 주로 사누키우동일 정도로 일본을 대표하는 우동이라 할 수 있다.

② 이나니와우동(稲庭うどん) 〔건면〕

이나니와우동은 아키타현 유자와시(湯沢市)에서 만들기 시작했으며, 일반적인 우동 제법과 달리 손으로 새끼를 꼬듯이 면을 빚는 테나이(手綯) 제법으로 만든다. 테나이 제법으로 만든 우동면은 식감이 쫄깃하고, 면의 모양은 일반 우동면보다는 가늘고 소면보다는 약간 굵고 납작하며 옅은 황색을 띤다. 반죽할 때는 덧가루(제면할 때 반죽이 손이나 작업대에 들러붙지 않도록 사용하는 가루)를 묻히며, 보통은 건(乾)면으로 유통되어 건면으로 삶는다는 점이 특징이다. 이나니와우동의 표준 제법은 1665년에 확립되어 지금까지 이어지고 있다.

③ 미즈사와우동(水沢うどん) 〔생면〕

미즈사와우동은 군마현 시부카와시(渋川市) 미즈사와(水沢) 부근에 있는 사찰인 미즈사와데라(水沢寺)에서 참배객들을 위해 군마현의 질 좋은 밀가루와 미즈사와산의 약수, 그리고 적당량의 소금으로 면을 만들어 대접한 데서 유래했다고 한다.

약수와 소금을 넣은 밀가루를 발로 밟아 반죽한 후 하루나 이틀 숙성시켜 자른 다음 햇볕에서 두 번 정도에 걸쳐 반건조시켜 면을 만든다.

덧가루를 사용하지 않는 것이 반죽의 특징이며 다른 우동 제조법보다 숙성 기간이 길어 면발이 쫄깃하고 탄력이 있다.

일본의 3대 우동 외에 5대 우동 하면 일반적으로 기시멘과 고토우동이 추가된다.

④ 기시멘(きしめん) 〔생면〕

きしめん

기시멘은 아이치현(愛知県) 나고야(名古屋)의 명물 우동의 하나이다. 기시멘이라는 명칭의 유래로는 나고야성 축성 시 만들어진 꿩(きじ: 기지)고기를 얹은 기지멘(꿩면)에서 유래했다는 설, 기슈(紀州) 지방의 식당 주인이 손님에게 급하게 얇고 넓적한 우동을 만들어 낸 것이 계기가 되어 기슈 지방 사람이 만든 면이라 하여 원래 기슈였던 이름이 기시로 변형되었다는 설 등이 있다.

면발은 다른 우동과 달리 두께 2㎜ 정도, 폭 1㎝에 가까울 정도로 얇고 넓적해 삶는 시간이 짧고, 표면이 매끄럽고 반들반들하여 잘 끊어지는 것이 특징이다.

삶은 면 위에 뜨거운 츠유를 붓고 유부나 닭고기 등을 넣은 다음 파, 가다랑어포를 얹어서 먹는 게 가장 일반적이다.

⑤ 고토우동(五島うどん) 〔건면〕

고토우동은 나가사키현을 대표하는 건면 우동으로, 유입 시기는 정확하지 않지만 당나라에서 들어온 것으로 알려져 있다.

면은 수작업으로 만드는데, 건면을 만들 때처럼 테노베면(手延べ麺) 제법으로 만든다. 즉, 밀가루에 소금과 물을 넣고 잘 반죽해 동백기름을 발라 숙성을 반복한 후 바람에 말려 건면을 만든다. 면의 두께는 지름 2㎜ 정도로 보통 우동보다는 소면에 가까운 가늘고 둥근 모양이다. 반죽에 동백기름을 바르기 때문에 손에 잘 붙지 않아 덧가루를 사용하지 않으며, 면발이 가는 편이지만 찰기가

五島うどん

강해 잘 끊어지지 않고 독특한 식감을 유지한다. 고토우동은 보통 건면으로 생산해 유통되지만, 고토시에서는 생면으로 유통 생산되기도 한다.

　고토우동의 육수인 다시는 고토 근해에서 잡히는 날치를 구워서 사용하는 경우가 많다.

상호명부터 맛있는 세숫대야(?) 우동 전문점

츠루톤탄(つるとんたん)은 1989년 오사카 닛폰바시(日本橋)에 1호점을 열었으며 미국에도 체인점이 있을 정도로 인기 있는 우동 전문 체인점이다. 흥미로운 것은 상호명을 우동과 관련된 의성어를 활용해 만들었다는 것이다.

　상호명인 츠루톤탄은 츠루(つる), 톤(とん), 탄(たん) 3개 의성어로 만들어졌는데, 먼저 츠루츠루(つるつる)는 면을 후루룩거리며 먹는 소리, 통통(とんとん)은 수타면을 만들 때 면을 가로, 세로, 아래로 치는 소리, 탕탕(たんたん)은 면을 같은 굵기로 뽑은 후 칼로 자르는 소리이다. 맛있는 면을 제공하기 위한 과정을 아주 간결하게 의성어로 표현해 우동을 먹고 싶게 상호명을 만들었다. 우동 장인이 만드는 우동의 맛도 놀랍지만, 우동을 담는 토기 그릇의 크기 또한 세숫대야처럼 큰 것으로 유명하다.

관서 지방 우동 vs 관동 지방 소바

관서 우동과 **관동 우동**의 차이점을 살펴보면 다음과 같다.

🐟 우동의 원조인 **관서 우동**은 다시마를 주재료로 해서 다시 국물을 만들고 적당량의 소금을 넣어 맛을 내기 때문에 국물의 색이 연하고 맑으며, 관동 우동에 비해 짜지 않다는 게 특징이다.

🐟 **관동 우동**은 가다랑어포를 주재료로 다시 국물을 만들고 간장을 넣어 진한 국물을 내기 때문에 국물의 색도 짙고 관서 우동에 비해 짜다는 것이 특징이다.

일본인은 대체로 관서 지방 사람들이 관동 지방 사람들보다 우동을 좋아하고, 우동에 대한 자부심이 있다고 하는데, 그 이유는 좋은 밀이 생산되는 관서 지방은 우동의 면발이 부드럽고 말랑말랑하며 끈기가 있어 식감이 좋고 맛이 좋기로 유명하기 때문이다.

반면 관동 지방 사람들은 대체로 우동보다는 소바를 선호한다.

에도 초기에는 도쿄를 중심으로 하는 관동 지방에서도 소바보다 우동을 더 선호했지만, 에도 중기이후 백만 인구의 대도시 에도에는 혼자 사는 남성들이 많다보니 외식에 대한 관심과 인기가 많아졌고, 바쁠 때도 빠르고 간편하게 먹을 수 있는 음식이 필요했던 에도 사람들에게 소바는 안성맞춤의 음식이었다. 또한 당시 식생활 문제로 각기병을 앓는 사람이 많았는데, 평소 소바를 자주 먹는 사람들은 쉽게 각기병에 걸리지 않는다는 말이 떠돌면서 소바의 인기가 상승했고, 그 후로 지금까지도 에도(도쿄)를 비롯한 관동 지방에서는 우동보다 소바를 선호한다고 한다.

소바

1 소바의 유래

메밀 열매를 원료로 하는 메밀가루를 가공해 만든 면이나 그 면을 이용한 요리를 소바(메밀)라고 한다. 면으로서 소바는 우동보다 훨씬 늦게 탄생했다.

식물로서 소바의 원산지에 대해서는 여러 가지 설이 있으나, 중국 원난성에서 히말라야 주변에 걸친 지역에서 처음 재배되었다는 설이 가장 유력하다. 이러한 소바는 중국에서 한반도를 거쳐 일본으로 전해졌다. 소바가 일본에서 재배되기 시작한 것은 헤이안시대 초기인 797년에 발간된 문헌『속일본기(續日本記)』에 국가에서 쌀이 잘 자라지 않으니 소바를 재배하도록 명한 내용이 있는 것으로 보아 적어도 이 시기에는 이미 소바를 재배했음을 알 수 있다. 메밀은 거친 땅에서도 잘 자라며, 생육 기간도 2~3개월로 짧아 구황작물로 이용가치가 높은 곡식이었다. 이러한 메밀을 이용한 음식은 예부터 서민들의 배고픔을 채워주었는데, 야마나시현이나 나가노현처럼 쌀과 밀을 재배하기 힘든 산간지역에서 흔히 먹었다.

요리로서 소바, 즉 메밀국수는 일본에서 시작된 면요리로 추정한다. 소바 재배가 시작된 시기부터 에도시대 이전까지는 주로 소바가키(そばがき)라 하여 메밀가루를 뜨거운 물로 반죽해 수제비처럼 만들어 먹거나, 메밀 반죽을 동그랑땡 모양으로 만들어 불에 약간 구워 떡처럼 먹었다. 소바가키에서 '가키'는 소바가루에 뜨거운 물을 넣고 잘 섞이도록 젓가락 따위로 재빠르게 휘저어서 차지게 한다는 뜻이다. 즉 소바가키는 소바를 휘저어서 차지게 만든다는 데서 생겨난 말이다.

에도시대에 들어서면서 메밀을 국수로 먹었는데 이때 우동처럼 메밀 반죽을 얇고 넓게 편 후 접어 말아서 가늘고 길게 자르는 형태의 소바기리(そばぎり)라 불리는 현재와 비슷한 면 제조 방법이 시작되었다. 여기에서 기리는 '자르다'는 뜻이다. '소바기리'라는 말은 에도시대 이전 기록에 처음 나오는데, 지금의 나가노현에 위치한 사찰(定勝寺)에

글루텐이 없는 곡물, 소바(메밀)

서 발견된 문서에 1574년 불전을 수리한 장인들에게 소바기리를 대접했다는 내용이 있다. 당시 소바기리는 현재 소바면과 달리 면 길이가 짧고 모양도 거칠고 볼품이 없었다. 소바는 밀과 달리 글루텐 성분이 없어 끈기가 없다. 즉 점성이 적어 반죽을 길게 늘이면 뚝뚝 끊어지므로 제대로 된 면을 뽑기가 어렵다.

　이 문제는 에도시대인 1688년경 조선의 원진스님이 해결한다. 1958년 출간(2012년 복간)된 『飮食事典(음식사전)』에 따르면, 당시 나라현 도다이지(東大寺)를 방문한 원진스님이 소바면의 점도를 높이기 위해 메밀가루에 밀가루를 섞어 반죽하는 방법을 전수하면서 현재 가장 대표적 소바면인 '니하치(二八, 2:8)소바'를 만들게 되었다고 한다. 니하치 소바는 메밀가루 80%에 밀가루 20% 비율로 섞어 반죽한 것이며, 지금은 참마나 달걀을 넣거나 밀가루나 고구마전분을 섞는 등 다양한 방법으로 반죽을 끈기 있게 만들기도 한다. 현재는 반죽에 사용되는 메밀가루의 비율에 따라 몇 가지 소바면으로 나뉘는데, 대표적으로 니하치소바와 주와리(十割: 10할)소바가 있다.

니하치소바는 면이 쫄깃쫄깃하고 매끈하여 소바의 풍미와 목넘김이 좋으며, 밀가루를 20% 섞어서 반죽하기 때문에 탄력있는 면을 만들기 쉽다는 것이 특징이다. 이처럼 반죽이 쉽다 보니 보통 니하치소바가 주와리소바에 비해 면이 얇으며, 대부분 식당에서는 반죽이 용이한 니하치소바를 사용한다.

주와리소바는 다른 재료는 사용하지 않고 메밀가루와 약간의 물만으로 만드는 소바이다. 밀가루를 사용하지 않으므로 반죽이 잘 뭉쳐지지 않아 면을 만드는데 고도의 기술이 필요하다. 주와리소바는 일반적으로 면이 두꺼워서 그윽하고 섬세한 메밀의 향이 있으며, 소바 본래의 맛을 느낄 수 있다는 것이 장점이다. 또한 한 해를 보내고 새해를 맞이하기 위해 한 해의 마지막 날 먹는 해넘이 메밀국수인 도시코시소바(年越しそば)로는 주로 주와리소바를 먹는다. 길이가 긴 면처럼 장수하라는 의미와 잘 끊어지는 면처럼 한 해의 액운을 쉽게 끊어버리라는 의미로 주와리소바를 사용하는 것이다.

소바라고 하면 찍어 먹든 부어 먹든 빠질 수 없는 게 맛국물인 다시에 간장 등으로 간을 한 츠유이다. 이때 츠유는 관동 지방과 관서 지방의 제조법이 다르다.

관동 지방에서는 가다랑어포(가츠오부시)나 고등어포(사바부시), 다시용 마른멸치(니보시) 등으로 육수(다시)를 낸 후 진한 간장(濃口醬油: 고이구치쇼유–한국의 진간장)으로 간을 맞추어 마무리한다. 고이구치 간장은 옅은 간장(淡口醬油: 우스구치쇼유–한국의 국간장)에 비해 향과 감칠맛이 좋고, 숙성도 더 오래해서 진한 맛을 낸다.

관서 지방에서는 다시마의 감칠맛을 기본으로 해서 향이 적은 소재로 육수(다시)를 내고 색이 옅은 간장으로 간을 맞추어 마무리한다.

이러한 제조법의 차이에 따라 먹는 방법도 달라지는데, 관동 소바는 츠유의 농도가 짙기 때문에 소바를 약간만 찍어서 후루룩 소리를 내며 입으로 흡입하듯 먹는 반면, 관서 소바는 츠유의 농도가 옅으므로 츠유에 푹 적셔 먹는다.

> **tip 메밀도 소바, 메밀국수도 소바**
>
> 일본 고유의 면요리라 할 수 있는 소바는 곡물인 메밀, 또는 음식인 메밀국수를 뜻하는 일본어로, 그 어원을 살펴보면 곡물인 소바는 삼각형 모양으로 끝이 뾰족하게 생긴 열매인데, 이러한 열매의 생김새에서 '뾰족한 것, 귀퉁이, 모서리'라는 의미의 일본어 소바를 그대로 열매 명칭으로 사용했다. 예전에는 밀인 고무기(こむぎ)와 구별해서 메밀열매를 소바무기(そばむぎ)라고 불렸으며(무기는 원래 보리를 뜻하는 말), 무로마치시대부터 소바로 줄여 부르기 시작했다. 메밀국수 또한 예전에는 소바키리(そば切り)라고 불렸으며, 에도시대 말기부터 소바로 줄여 부르기 시작했다.
>
> 이와 같은 과정을 걸쳐 현재에 와서는 곡물인 메밀도 메밀국수도 모두 소바로 불리게 되었다.

2 소바의 종류

1 _ 일본의 3대 소바

1) 토가쿠시(戸隱)소바

토가쿠시소바는 나가노현 나가노시 토가쿠시 지방의 명물 소바를 말한다.

토가쿠시 지방의 토가쿠시산(戸隱山)은 수도자들이 많이 모여드는 곳으로, 수도자들이 산으로 들어오면서 휴대음식으로 소바를 가져

온 게 유래가 되었다고 한다. 당시 소바는 소바가키라고 하여 지금의 소바면 형태가 아니라 수제비나 떡과 비슷했기 때문에 만들기도 휴대하기도 비교적 용이했다.

현재의 토가쿠시소바는 면을 삶아 찬물에 헹궈 물기를 거의 빼지 않은 채 원형의 큰 자루에 한입 크기로 다섯 개(경우에 따라서 여섯 개) 올려놓는데, 이는 토가쿠시지역에 신사가 다섯 개 있기 때문이라고 한다. 또한 김가루를 뿌리지 않으며 매운맛이 강한 무를 곁들이는 것이 특징이다.

2) 이즈모(出雲)소바

보통의 소바는 츠유에 소바면을 찍어 먹지만, 시마네현 이즈모 지역의 이즈모소바는 츠유를 소바면 위에 부어 섞어 먹는다. 이즈모소바의 가장 대표적인 것이 와리코(割子)소바이다.

와리코소바는 시마네현 이즈모 지방의 명물 향토 요리로, 와리코는 소바를 담는 둥근 찬합을 말한다. 와리코소바는 기본적으로 1인분에 둥근 찬합이 3단 나오는데, 경우에 따라서는 5단, 7단까지 먹기도 한다. 3단 이상 찬합에는 물기를 뺀 소바를 넣으며, 요즘에는 각 단의 소바 위에 달걀, 곱게 간 산마, 버섯 등을 올리기도 한다. 먼저 가장 위의 1단에 잘게 썬 파나 간 생강, 김가루, 가다랑어포 등을 개인 취향에 따라 올리고 진한 소바 츠유를 부어 잘 섞어서 어느 정도까지 먹다가 2단째 찬합에 1단에 남은 소바를 붓고 섞어서 먹는다. 이러한 식으로 반복해서 먹으면서 약간 싱거우면 츠유를 더 넣기도 하고 취향에 따라 파나 김가루 등을 더 올리기도 한다. 소비면을 삶은 물인 소바유를 마지막 찬합에 부어 남아 있는 츠유와 잘 섞어서 마시면 식사가 끝난다.

3) 완코(わんこ)소바

완코소바에서 완코는 목재로 만든 공기(그릇)를 뜻하는 이와테현의 방언이다. 완코소바는 이와테현의 명물 면요리로, 다른 소바와 달리 먹는 방법이 독특하다. 점원이 뜨거운 소바 츠유에 적셔 약간 간이 된 소바를 큰 그릇에 미리 담아두었다가 손님이 먹을 작은 공기에 한입(한 젓가락) 정도 양으로 넣어주고 손님이 공기를 비울 때마다 새로운 공기에 소바면을 똑같은 양으로 반복해서 넣어준다. 다 먹은 공기를 옆에 쌓아 올리는데 배불러서 더 먹지 못할 때 손님이 공기 뚜껑을 덮어 식사가 끝났음을 알린다. 이러한 식사법은 예전에 이 지역에 찾아온 손님 모두에게 골고루 따뜻한 소바를 대접하기 위해서 적은 양의 소바면을 많은 공기에 나누어 제공하면서 시작되었다고 한다. 따라서 빨리 먹기나 많이 먹기 시합을 위한 것이 아니므로, 처음부터 끝까지 천천히 맛을 즐기며 먹는 것이 완코소바를 맛있게 먹는 방법이다.

완코소바는 몇 그릇 먹을 수 있는지 먹기 시합을 하고 싶어지는 요리이기도 하다. 보통 여자는 평균 30~40공기, 남자는 50~60공기 정도 먹는다고 하는데, 100그릇 이상 또는 가게에서 정해놓은 일정 그릇 이상을 먹으면 기념품을 주거나, 기념으로 몇 공기를 먹었는지 목판 등에 새겨 주는 가게도 있다.

2 _ **찍먹소바**(츠케소바)

　평평한 접시에 담아 먹던 소바기리는 원래 츠유를 듬뿍 찍어서 먹었다. 그러나 에도시대 중기에 들어서면서 한 젓가락 한 젓가락 먹을 때마다 츠유에 찍는 것을 귀찮게 생각한 성질 급한 에도사람들이 고안해낸 소바에 한꺼번에 츠유를 뿌려(부어) 먹는 방법, 즉 붓카케소바가 유행하기 시작했다.

　그러자 소바를 팔던 가게에서는 기존에 츠유에 듬뿍 찍어 먹던 소바기리와 츠유를 면 위에 부어 먹는 붓카케소바 두 종류를 함께 팔았다. 그러면서 손님들이 주문할 때 두 종류의 소바를 헷갈리지 않도록 종래에 평평한 그릇에 담아 츠유에 찍어 먹던 소바를 '(그릇에) 담는다'는 의미의 모리(盛り)라는 말을 붙여 모리소바로 부르게 되었다. 결국 모리소바는 붓카케소바와 구별하기 위해 만든 명칭이라고 할 수 있다.

　모리소바라는 명칭이 탄생한 에도시대 중기 이후, 소바를 팔던 가게 중 다른 가게와 차별화를 꾀해 대나무로 엮은 발을 깐 자루에 소바를 담아 팔면서 자루소바라는 명칭도 생겨났다. 당시에는 그릇만 달랐던 것이 아니라 츠유도 달라 자루소바용 츠유에는 그때 고급 조미료였던 미림이 들어갔다. 그러나 지금은 두 소바 모두 츠유에는 차이가 없다.

1) **모리소바**(盛りそば)

　츠유에 소바(메밀국수)를 찍어 먹는 가장 기본적인 소바 요리이다. 소바를 먹을 때는 먼저 소바만 먹어 메밀의 향을 느끼고, 다음으로 츠유만 살짝 입에 넣어 츠유의 농

모리소바

자루소바

도를 가늠해본다. 그리고 본격적으로 먹는데, 더 맛있게 먹기 위해서는 면의 3분의 1 정도만 츠유에 찍어 후루룩 소리를 내면서 소바의 은은한 향을 즐기는 게 이상적이다. 또한 젓가락으로 한번 집은 면은 도중에 면을 잘라 먹지 않고 모두 먹는 것이 기본이다.

2) 자루소바(ざるそば)

자루소바(ざるそば)는 모리소바 위에 채를 썰 듯 잘게 썬 김을 올려놓은 면요리를 말한다. 현재 모리소바와 자루소바는 소바 위에 잘게 썬 김가루(揉みノリ)가 올려 있느냐에 따라 구별된다. 김가루가 있으면 자루소바, 없으면 모리소바이다. 보통은 잘게 썬 김이 올라가는 자루소바 쪽 가격이 약간 비싸다.

3) 세이로소바(せいろそば)

세이로는 대나무나 나무로 짜서 만든 나무찜기를 말한다. 에도시대 초기, 소바면

せいろそば

을 평평한 접시에 담아 내놓으면서 모리소바가 탄생하였고, 얼마 지나지 않아 나무찜기인 세이로에 소바면을 담는 것이 유행했다. 에도시대 초기에는 소바를 삶지 않고 세이로라는 나무찜기에 쪄서 먹었는데, 찐 소바를 그대로 세이로에 담아서 팔면서 찜기 이름을 따서 세이로소바라고 부르게 되었다. 모리소바와 세이로소바는 소바를 담는 그릇으로 구분하면 된다.

4) 덴세이로소바(天せいろそば)

덴자루소바, 덴모리소바라고도 하는 덴세이로소바는 세이로소바에 덴푸라가 한 세트로 나와서 덴세이로소바라는 명칭이 붙었다. 1950년대 도쿄에 있는 무로마치 스나바(室町 砂場)라는 소바 전문점에서 팔기 시작한 소바이다.

5) 오로시소바(おろしそば)

오로시(おろし)는 '무(또는 오이 등의 채소)를 강판에 간 것'을 뜻하는 말로, 기본 소바인 자루소바나 모리소바와 같은 차가운 소바 위에 간 무가 잔뜩 올라간다. 자루소바나 모리소바를 시켜도 츠유에 오로시를 곁들여 먹게 나오지만, 오로시소바를 시키면 훨씬 많은 양의 오로시가 나온다. 보통 오로시를 섞은 츠유에 찍어 먹지만, 오로시와 츠유를 소바 위에 부어 비벼서 먹기도 한다.

おろしそば

6) 도로로소바(とろろそば)

とろろそば

도로로는 참마를 갈아 걸쭉한 상태로 만들어놓
은 것을 말하는데, 자루소바나 모리소바와 같은
차가운 소바 위에 간 참마를 올린다는 것이 오
로시소바와 다른 점이다. 도로로소바는 보통 차
가운 소바 위에 간 참마(도로로)와 달걀노른자를 차
례로 올려 잘 섞은 후 잘게 썬 파, 김가루, 와사비를 곁들인
츠유에 찍어 먹지만 도로로와 달걀노른자를 넣어 섞은 혼합 츠유에 면을 찍어 먹는 경
우도 있다. 또 오로시소바와 마찬가지로 때에 따라서는 간 참마와 달걀노른자를 올린
소바면에 츠유를 끼얹어 먹기도 하는데, 두 쪽 모두 참마 특유의 점성으로 부드러우
면서도 입에 착 달라붙는 식감을 느낄 수 있다.

도로로소바는 일반적으로 냉소바로 먹지만 온소바일 경우에는 산마를 갈아 올린
우동인 야마카케우동과 만드는 방법이 같고 면만 소바로 바뀌므로 야마가케소바라고
도 한다.

7) 가모세이로(かもせいろ)

가모는 '오리'를 뜻하며, 가모세이로는 나
무찜기인 세이로 위에 담아 내놓은 차가운
메밀면을 오리고기 조림이 들어간 따뜻한
츠유에 찍어 먹는 소바로, 추운 날씨에 먹어
야 제격이다. 오리 기름에서 배어나오는 진
한 향과 감칠맛이 소바면과 잘 어울린다.

8) 가와라소바(瓦そば)

가와라(瓦)는 '기왓장'을 뜻하며, 가와
라소바는 뜨겁게 달궈진 기왓장 위에 소
바를 올려 바삭하게 구워 먹는 야마구치
현 시모노세키시의 향토 요리이다. 소바
위에 소고기, 달걀지단, 새우 등을 올려

瓦そば

바삭하게 구운 다음 김가루, 레몬과 모미지오로시(홍고추 무즙)를 넣은 새콤한 츠유에
살짝 찍어 먹는다.

> **tip 갓파소바**
>
> 가와라(기왓장)소바의 기왓장은 판이 넓다보니 일반적으로 여러 명이 둘러앉아 먹는다. 갓파
> (かっぱ)소바는 혼자서 먹을 수 있도록 뜨겁게 달군 작은 철판에 전설 속 동물인 갓파의 색과 비
> 슷한 녹차소바를 올리고, 달걀지단과 김가루, 가늘게 잘라서 맛을 들인 소고기, 파, 레몬, 모미지
> 오로시 등을 토핑한 소바를 말한다.
> 갓파소바라는 명칭은 야마구치현의 한 지역에 전해 내려오는 전설 속 동물인 갓파의 전설을
> 스토리화하여 만들었다.

3 _ 부먹소바

1) 가케소바(かけそば)

부먹소바의 기본이라 할 수 있는 가케소바는 소바면을 그릇에 담고 뜨거운 미소시루
(장국)를 부어 먹거나, 따뜻한 미소시루에 면을 말아 먹는다. 가케소바는 온소바가 일반
적이지만 냉소바로 먹기도 한다.

2) 덴푸라소바(てんぷらそば)

덴푸라소바는 소바에 미소시루를 부은 가케소바 위에 덴푸라를 올려놓은 소바이다. 보통은 소바면 위에 새우튀김을 많이 올린다.

3) 기츠네소바(きつねそば)

따뜻한 가케소바에 달달하게 조려 얇게 썬 유부(아부라아게)를 올린 소바이다. 기츠네우동과 마찬가지로 여우가 유부를 좋아한다는 이유 또는 유부의 색이 여우와 비슷하다고 해서 붙여진 이름이다.

4) 다누키소바(たぬきそば)

다누키는 '너구리'를 나타내며, 다누키소바에는 다누키우동과 마찬가지로 속이 비어 있는 튀김 부스러기가 올라간다. 튀김 부스러기는 일본어로 덴카스(또는 아게다마)라고 하는데, 덴카스가 올라간 소바를 다누키소바라 부르는 이유는 튀김 부스러기인 덴카스가 너구리의 볼록한 배를 닮았기 때문이다. 다누키소바라는 이름의 유래에는 또

다른 설이 있다. 도쿄에서는 기츠네소바와 함께 다누키소바도 무척 대중적인 메뉴인데, 다누키소바에는 덴카스와 파 이외에는 재료(다네)다운 재료가 들어가지 않는다. 즉 빠져 있다(누키)고 하여 다네누키라고 부르다가 줄여서 다누키라고 부르게 되었다는 것이다. 보통은 따뜻한 츠유와 함께 먹지만 차갑게 한 히야시(냉) 다누키소바도 있다.

5) 츠키미소바(つきみそば)

츠키미소바는 츠키미우동과 마찬가지로 뜨거운 가케소바 위에 달걀이 올라가는 소바이며, 츠키미(月見)는 '달 구경'을 뜻한다. 달걀노른자가 달처럼 동그랗다 해서 붙여진 명칭이다. 츠키미소바는 대부분 온소바로 먹지만, 드물게 냉소바로 즐기는 경우도 있는데 이때는 노른자를 반숙한다.

つきみそば

6) 가모난소바(鴨南そば)

가모난소바는 오리고기인 '가모(かも)'와 '파' 하면 떠오르는 '난반(なんばん)'과 '소바', 세 단어의 합성어를 줄인 말로, 카모난반소바, 난반소바라고도 한다. 가모난소바는 오리고기와 파가 올라간 따뜻한 가케소바로, 카모난반우동의 우동면을 소바면으로 바꾼 요리라고 생각하면 된다. 오리고기인 가모 대신 닭고기인 도리를 사용하면 도리난소바(とりなんそば)라고 한다.

> **tip 소바를 후루룩 후루룩 소리를 내면서 먹는 이유는 무엇일까?**
> 파스타를 먹을 때는 스푼과 포크를 사용해 스파게티면을 돌돌 말아서 소리를 내지 않고 먹지만 일본인은 우동, 라멘, 특히 소바를 먹을 때는 후루룩 소리를 낸다. 이러한 식사법은 외국인 눈에는 매너가 없다고 느껴질 것이다. 그러나 젓가락만 사용해서 면을 먹어야 하다 보니 아무래도 입안으로 면을 빨아올릴 수밖에 없었을지도 모르는 일이다.
> 이러한 소바의 식사법에 대해 일본인은 '소바는 공기와 함께 입안으로 빨아들이면 더 깊고 진한 소바의 풍미를 느낄 수 있다'고 한다. 소바의 향을 느끼기 위해서는 빨리 입안으로 넣어야 한다는 것이다. 반대로 소리를 내지 않으려고 억지로 입안에 면을 밀어 넣거나 잘라 먹으면 오히려 소바의 풍미를 느끼기 어렵다는 것이다. 이러한 식사 방법이야말로 일본의 면요리, 특히 소바라는 요리의 특성에 맞춘 식사법이라 할 수 있다.

2부_일본의 대표 요리

소바 이모저모

소바스시 そば寿司

소바스시는 말 그대로 소바를 사용한 스시로 초밥 대신 소바를 넣고 말아 썰은 메밀면 김밥이다. 먼저 삶은 소바면의 물기를 빼서 소바초(찐 소바를 원료로 만든 양조식초)를 뿌린 다음 김 위에 펼치고 가운데 들어가는 내용물을 위에 올려 동그랗게 말아 올리면 완성된다.

가운데 내용물은 일반 김초밥과 비슷해서 달걀말이, 표고버섯, 파드득나물, 참치, 박고지 등이 들어간다. 완성된 소바스시는 소바츠유나 와사비 등에 찍어 먹기도 한다.

소바유 そば湯

소바유는 소바를 삶을 때 사용한 뜨거운 면수를 말한다. 소바 전문점에서는 소바를 다 먹고 나면 소바유를 제공하는 경우가 많은데, 먹는 방법이 정해져 있는 것은 아니다. 소바유를 그대로 마셔도 좋고, 소바츠유를 적당히 섞어 마셔도 좋고, 소바를 찍어 먹고 남은 츠유에 소바유를 섞어 마셔도 좋다. 또한 가루녹차처럼 소바가루를 뜨거운 물에 타서 차처럼 마시는 것도 소바유의 일종이다.

도시코시소바 年越しそば

도시코시소바는 지나가는 한 해를 잘 마무리하고 새해를 위한 좋은 기를 얻고자 먹는 소바로 한 해의 마지막 날 먹는다. 도시코시소바는 100% 소바가루를 사용해 만드는 주와리소바이므로 끊어지기 쉽다는 특징이 액운을 잘 끊는다는 것을 의미하며, 소바의 기다란 면발은 장수를 의미한다.

야키소바의 면은 정말로 소바일까?

야키소바(焼きそば)나 난킨소바(南京そば), 추카소바(中華そば) 등과 같이 소바가루를 전혀 사용하지 않는 면류는 소바에 해당하는 ○○蕎麦라는 한자를 쓰지 않고 일본 문자인 가나로 ○○そば라고 표기하는 게 통례이다. 일본의 일부 지역에서는 소바(そば)라고 하면 라멘(ラーメン)을 가리키기도 한다. 이처럼 일본에서는 다양한 면류를 통칭할 때 대표 명칭으로 소바를 사용하는 경우가 많다.

라멘

1 라멘의 유래

라멘은 일본인이 개발한 중국풍 일본 면요리이다. 라멘의 어원은 중국의 면요리 중 하나인 '납면(拉麵: 라미엔)'이다. 납면은 밀가루 반죽을 손으로 여러 번 늘려 가늘고 길게 뽑은 수타면이다. 일본의 라멘 제면 방식이 납면 제조법과 비슷해서 수타면이라는 점을 강조하기 위해 붙여진 이름이다.

에도시대 말기인 1860년대 말에서 메이지시대 초기인 1870년대 초에 걸쳐 일본의 고베, 요코하마, 나가사키 등지로 건너온 중국인이 각 지역에 차이나타운을 형성하였는데, 당시 일본에서 차이나타운은 남경(南京: 난징)의 일본어 발음인 '난킨'과 마을에 해당하는 일본어 '마치(町)'를 합성한 '난킨마치'로 불렸다. 이때 중국인 요리사들이 포장마차나 중화요리점에서 만들어 팔던 중국식 면요리를 난킨(南京)소바라고 불렀다. 당시 일본인에게는 면(국수)이라 하면 이전부터 먹어온 소바가 대표적이었으므로 라멘의 면도 소바라고 불렀다. 하지만 중국에서 시작된 이 면요리가 기존의 소바와 다르다 보니 일본인이 알기 쉽도록 난킨마치에서 만든 독특한 면요리라 하여 난킨소바라 불렀다.

난킨소바는 처음에는 화교나 중국 유학생들을 대상으로 팔던 면요리였으나 점차 일본인에게도 알려지며 인기를 끌었는데, 이것이 일본라멘으로 발전해가는 시발점이 되었다. 그 후 1910년에 도쿄의 아사쿠사에 중화요릿집이자 일본 최초의 라멘 전문점인 라이라이켄(来来軒)이 문을 열었고, 1923년 삿포로에 다케야(竹家)식당이 문을 열었다. 관동대지진이 일어난 1923년 이후 도쿄 라이라이켄 주인이 일본인이 좋아하는 라멘을 만들기 위해 중국 광동 출신 요리사 12명을 고용해 수많은 시행착오 끝에 난킨소바를 일본인 입맛에 맞게 변형시킨 추카소바를 만들었다. 추카소바는 중국식으로 면을 만들고 일본식으로 간장 베이스에 죽순, 어묵, 해조류 등의 토핑을 넣은 융합

형 면요리이다. 면을 중국식으로 만들었으므로 중화의 일본식 발음인 추카라는 명칭이 붙었다. 난킨소바는 메이지 중기 무렵부터 '시나(支那)소바'라는 명칭으로도 불렸는데, '시나'라는 말이 중국을 가리키기는 하지만, 차별적으로 부르는 말이라 하여 일본 외무성의 사용 자제 권고 이후 추카소바라는 명칭으로 바뀌게 되었다. 추카소바는 원래 중국인이 즐겨먹던 값싼 면요리였지만 점차 일본의 노동자 계층을 중심으로 널리 보급되면서 1930년대 중반에는 도쿄에만 150개가 넘는 라멘집(추카소바집)이 문을 열었다. 라멘이 전국적으로 인기를 얻은 것은 제2차 세계대전이 끝난 1945년 이후이다. 전쟁 후의 혼란과 기아 속에서 오늘날과 같은 형태의 일본 라멘이 탄생했고, 전역에서 라멘이 폭발적으로 인기를 끌며 널리 보급되었다.

라멘이라는 명칭이 일반화되고 널리 알려지며 실질적으로 정착된 것은 1958년 닛신(日淸)식품에서 세계 최초의 인스턴트 라면인 치킨라멘을 발매하기 시작하면서부터이다. 이에 대해서는 뒤에서 이야기한다.

2 라멘의 종류

라멘이라 하면 맛있는 '국물', '꼬들꼬들한 면' 그리고 국물 위에 올리는 '토핑'이 떠오르는 면요리이다. 면요리라고는 하지만 어떠한 육수로 어떻게 간을 맞춰 국물(스프)을 만들었는지가 중요한 요리이다. 라멘 국물은 국물의 기본이 되는 육수(다시)와 간을 맞추는 양념(다레)으로 만들어진다. 육수는 기본적으로 돼지뼈, 닭뼈에 드물게는 소뼈 등 육류를 베이스로 하거나 다시마(곤부), 가다랑어포(가츠오부시), 말린 멸치(니보시), 말린 고등어(사바부시) 등 해산물을 베이스로 우려내 만든다. 이렇게 만들어진 육수는 간장(쇼유), 소금(시오), 된장(미소) 등의 양념(다레)으로 간을 맞춘다.

이때 라멘 육수를 쇼유로 간을 맞추면 쇼유라멘(간장라면), 시오로 간을 맞추면 시오라멘(소금라면), 미소된장을 넣으면 미소라멘(된장라면)이 된다. 여기에 육수의 베이스로 돼지뼈(돈코츠)를 사용하면 돈코츠라멘이 된다. 이렇게 네 가지가 일본을 대표하는 4대 라멘인데 쇼유라멘, 시오라멘, 미소라멘은 육수에 사용되는 양념의 차이에 따라 붙여진 이름이고, 돈코츠라멘은 육수의 베이스 차이에 따라 붙여진 이름이다. 깔끔한 국물 맛이 특징인 쇼유라멘은 닭 육수를 많이 쓰는데, 닭이 돼지에 비해 콜라겐이 적어 맑은 육수를 낼 수 있기 때문이다.

2000년대에 들어서 돈코츠·해산물 계통의 혼합형 육수가 등장했다. 육류 베이스의 육수와 해산물 베이스의 육수를 따로따로 만든 후 두 육수를 섞어 만든 혼합형 육수 또는 이를 사용한 국물이다. 이러한 혼합형 육수는 육수에 찍어 먹는 츠케멘의 붐으로 폭발적인 인기를 얻게 되었다.

1 _ 국물 맛의 차이로 본 '일본 4대 라멘'

앞서 말했듯 국물의 차이에 따른 일본 4대 라면으로는 미소라멘, 시오라멘, 쇼유라멘, 돈코츠라멘이 있다.

1) 미소라멘(된장라멘)

미소라멘은 남녀노소를 가리지 않고 모든 사람이 좋아할 만한 가장 대중적인 맛의 라멘이다.

미소라멘으로는 삿포로 라멘이 가장 유명한데, 버터와 마늘향이 베인 진한 미소된장과 돼지고기, 채소를 함께 넣어 푹 삶은 따끈한 국물이 일품인 라멘이다. 삿포로 미소라멘은 처음에는 길거리 포장마차에서 시작해 1950년대에 아지노 산페이라고 하는 라멘가게를 열었다. 이 가게의 1대 사장이 이전의 미소라멘과는 다른 새로운 미소라멘을 개발했는데, 이 라멘이 유행하면서 1960년대 산요식품에서 삿포로 이치방 미소라멘이라는 인스턴트 라면까지 출시되었다.

2) 시오라멘(소금라멘)

시오라멘은 소금으로 육수의 간을 한 깔끔한 맛을 자랑하는 라멘이다. 육수는 돼지뼈, 해산물 등 다양한 재료를 사용하지만 일반적으로 닭뼈와 어패류, 채소를 삶아 우려낸다. 돼지뼈를 강한 불에 오랜 시간 우려내 국물이 진한 돈코츠 라멘과 달리 맑은 국물이 특징이다.

시오라멘의 본고장은 홋카이도의 하코다테이다. 육수를 만들 때 돼지뼈를 베이스로 닭뼈 등을 약한 불에 함께 삶아내기 때문에 육수에서 맑고 깊은 맛이 나는 것이 특징이며, 면은 소금간이 잘 스며들도록 곧고 얇은 면을 사용한다.

3) 쇼유라멘(간장라멘)

쇼유라멘은 간장(쇼유)을 베이스로 각종 재료를 첨가하여 만든 라멘이다. 돼지고기로 만드는 차슈(チャーシュー: 돼지고기를 향신료로 양념해 바비큐 형식으로 구워 슬라이스한 것)를 조릴 때 사용한 간장을 활용하기도 한다.

시오라멘처럼 가볍고 깔끔한 맛이라서 돈코츠의 진한 국물을 좋아하는 사람에게는 약간 아쉽게 느껴질 수 있지만, 깊은 간장의 향과 맛을 느낄 수 있는 충분히 매력적인 라멘이다.

1910년 도쿄 아사쿠사에서 개업한 대중음식점 라이라이켄에서 가다랑어와 닭뼈로 우려낸 육수에 간장으로 간을 맞춘 쇼유라멘을 처음으로 팔았다고 한다. 쇼유라멘은 일본 라멘의 원형으로 시오라멘과 함께 역사가 길다.

4) 돈코츠라멘(돼지뼈 라멘)

돈코츠(豚骨)는 '돼지뼈'라는 말이다. 돈코츠라멘은 후쿠오카에서 시작되었으며 돼지 등뼈와 사골을 강한 불에 오랜 시간 푹 끓여 우려낸 진한 국물로 만든다. 요즈음에는 돼지뼈 외에 닭고기나 해산물 등을 넣어 만든 다양한 돈코츠라멘이 판매되고 있다.

돈코츠라멘의 본고장이라 하면 단연 후쿠오카, 그중에서도 하카타를 꼽는다. 하카타는 후쿠오카 동쪽지방의 옛 지명이다. 하카타 라멘도 다른 일본 음식처럼 처음에는 포장마차에서 시작되었다. 하카타 라멘의 특징은 걸쭉한 돈코츠 국물과 굵기가 아주 가는 극세면이다. 센 불로 푹 끓여 뽀얗게 우려낸 돼지 사골 육수는 진하면서도 감칠맛이 나고 뒷맛은 깔끔하다. 돈코츠 육수는 소금 양념(시오다레)이나 간장 양념(쇼유다레)으로 간을 맞춘다.

수분 함량이 적은 극세면을 사용하는 것은 금방 끓여 먹을 수 있고, 육수를 빨리 흡수해 단시간에 맛있게 먹을 수 있기 때문이다.

미소라멘

시오라멘

쇼유라멘

돈코츠라멘

2 _ 유니크한 일본 라멘

1) 츠케멘(つけ麺)

츠케멘의 츠케(つけ)는 '찍다, 묻히다'라는 뜻 이며, 츠케멘은 면을 진하게 맛을 낸 국물에 찍 어 먹는 요리이다.

츠케멘의 역사는 비교적 짧은 편으로, 1955 년 도쿄의 다이쇼켄(大勝軒)이라는 라멘 가게의 점장이 처음 고안해낸 면요리다.

이 요리가 처음 메뉴화되었을 때의 명칭은 특제 모리소바였다. 이 면요리는 원래 가 게 종업원들이 자신들이 먹기 위해 만들었다. 라멘인데도 소바라는 이름이 붙은 것은 종 업원들이 대량으로 라멘을 만들다보니 삶은 라멘을 처리하는 자루(소쿠리)에 면이 몇 가 닥씩 남게 되었고, 종업원들은 이렇게 남는 자투리면을 긁어모아 하나의 자루에 담고 라멘 소스, 고추, 파 등을 넣은 진한 국물에 찍어 먹었다. 이렇게 종업원들이 먹는 모습 을 옆에서 보던 단골 손님들이 점장에게 판매를 요구하면서 가게 메뉴로 정착하게 되었 다. 이 라멘요리는 면이 소바는 아니지만 자루소바 또는 모리소바처럼 먹는다 하여 특제 모리소바라는 명칭이 붙었다.

특제 모리소바라는 이름으로 불리던 이 메뉴는 1970년대에 들어 체인점이 전국으 로 진출하면서 본격적으로 츠케멘이라는 명칭으로 불리게 되었다.

츠케멘은 미끈거림을 제거하고 쫄깃한 맛을 살리기 위해 삶은 면을 찬물에 헹궈 물 기를 잘 뺀 후 접시에 담고 뜨겁거나 차가운 국물에 면을 한입 먹을 만큼 찍어 먹는다. 츠케멘의 면발은 보통의 라멘에 비해 좀 굵은 것이 특징이다. 육수로는 생선부터 돼지 뼈까지 다양하게 사용되지만, 돼지뼈를 진하게 우린 돈코츠 육수에 해물을 넣어 끓인 국물이 가장 인기 있다. 면을 다 먹은 후에 남는 국물에 희석용 육수(스프와리)를 부어 마시기도 한다. 차갑게 먹을 때는 면과 국물 모두 차게 해서 먹으면 되지만, 뜨거운 국물과 면을 맛보고 싶을 때는 삶은 면을 찬물에 헹군 후 다시 뜨거운 물에 헹구거나 면의 온도를 유지하기 위해서 뜨거운 물에 면을 넣은 채로 건져 국물에 찍어 먹는다. 특히 겨울철에는 뜨거운 면을 뜨거운 국물에 찍어 후후 불어 먹는 것도 츠케멘을 즐기는 또 다른 방법이다.

2) 탄탄멘(担担麺)

탄탄멘은 얇은 면 위에 고추기름과 참깨소스, 매운맛을 들여 다진 고기와 중국식 김치인 자차이(짜사이)를 가늘게 채 썰어 올려 국물 없이 비벼 먹는 요리로, 중국 쓰촨지방에서 처음 개발된 대표적인 면요리이다.

이 쓰촨요리를 일본에서 현지화해 라멘의 한 종류로 일본식 탄탄멘을 만들었다. 라멘에 비해 50년 정도 늦게 면 시장에 등장했지만, 현재는 일반 라멘에 버금가는 인기를 끌고 있다. 이러한 인기에 힘입어 다양한 인스턴트 라면의 일종으로 봉지면, 컵면 등의 탄탄멘이 출시되었고 한국에서도 인스턴트 탄탄멘이 판매되고 있다.

탄탄멘(担担麺)의 担은 '짊어지다, 매다'라는 뜻의 擔(담)의 약체자이다. 일본의 탄탄멘은 담담면(擔擔麺)이 원조인데, 담담면은 중국 청나라 때 우리의 물지게처럼 생긴 들것을 어깨에 짊어지고 다니며 팔았던 일종의 패스트푸드였다. 당시에는 무거운 국물까지 들고 다니기 어려웠으므로 비빔면 형태로 팔았다. 이와 비슷한 일본의 면요리로는 마제소바가 있다.

担担麺

한편 일본의 탄탄멘은 1958년 쓰촨요리의 대가 첸창민(陳建民)이 도쿄 신바시에 쓰촨식 반점을 차리면서 탄생했다. 그는 비벼먹던 기존의 쓰촨식 담담면을 일본인의 입맛에 맞도록 일본 라멘 조리법을 접목해 국물 있는 탕면요리로 만들었다. 당시 가장 일반적인 일본식 탄탄멘은 닭고기 육수에 참깨를 넣어 만든 자마장, 라유(고추기름), 참깨소스, 파기름에 식초를 섞어서 국물을 만들고 라멘과 같은 면을 넣었다. 토핑으로는 단맛 나는 중국 된장인 첨면장과 잘게 저며 간장에 볶은 돼지고기, 청경채를 올렸다. 이러한 레시피로 시작된 일본식 탄탄멘은 이후 다양한 버전의 레시피로 지금도 발전하고 있다. 일본식 탄탄멘의 영향이었는지 지금은 중국의 쓰촨요리 전문점에서도 국물 있는 탄탄멘을 파는 곳이 있다고 한다.

3) 아부라소바

아부라소바는 '국물 없는 라멘'이라고도 하는 이른바 비빔라멘이라고 할 수 있다. 참기름을 살짝 두르거나 국물 대신에 간장 베이스의 특제 다레(소스), 돼지기름, 진한 양념 등을 배합하여 만든 아부라(油: 기름)를 라면 그릇 밑에 적당량 깔고, 그 위에 삶아낸 면을 놓는다. 그리고 취향에 따라 식초나 일본풍 고추기름

油そば

(ラー油: 라유) 등을 넣고 섞어서(비벼서) 먹는다. 가게마다 다르기는 하지만, 보통 토핑으로는 멘마(발효 죽순), 챠슈(굽거나 삶은 돼지고기 슬라이스) 등이 올려진다. 알리오올리오 파스타의 라멘 버전이라고 생각하면 이해가 빠를 듯하다. 칼로리는 일반 돈코츠라멘의 60% 정도이며, 염분은 절반 정도로 이름과는 달리 건강한 음식이다. 특별히 배합한 아부라의 주성분은 지방 연소효과가 높으며 비타민 E나 폴리페놀, 아미노산이 많이 들어 있어 맛도 좋고 몸에도 좋다. 처음부터 모든 것을 다 넣고 비벼 먹는 것이 아니라 처음

에는 면만 비벼서 먹어보고, 조금 먹다가 다시마 식초를 넣어 먹어보고, 마지막에는 일본식 고추기름을 넣어 버무리듯 하여 먹는다. 아부라(기름)라는 말이 들어가서 느끼할 것 같지만, 짭짤하고 고소한 맛이 난다. 아부라소바는 간장맛과 매운 된장맛이 대표적이다.

마제소바

마제소바의 마제는 일본어로 '섞다, 비비다'라는 의미이다. 식당에 따라서는 아부라소바와 마제소바를 동일하게 사용하는 경우도 있다. 그러나 아부라소바와 마제소바는 각각 전문점이 따로 있을 정도로 일본에서는 인기가 높은 면요리이다. 그러면 비슷한 듯 다른 두 음식의 차이는 무엇일까?

원래는 아부라소바를 마제소바라고도 불렀는데, 시간이 지나면서 이 두 가지를 다른 음식으로 인식하게 되었다.

아부라소바와 마제소바의 큰 차이로는 토핑하는 식재료의 양과 종류를 들 수 있다. 아부라소바는 멘마와 차슈, 파가 대표적 토핑 재료이고, 그 외에 취향에 따라 김 등을 간단히 올리거나 삶은 달걀을 올린다. 마제소바는 다양한 토핑을 올리는데 대표적으로는 두꺼운 면 위에 타이완식 다진 고기 등 여러 가지 토핑이 올라가는 타이완 마제소바가 있으며, 명란이나 마요네즈, 김치, 치즈 등 다양한 토핑이 면 위에 올려져 좀더 폭넓은 맛을 즐길 수 있다.

아부라소바는 라면 그릇 밑에 깔아놓은 특제 소스(양념과 기름)와 그위에 올려놓은 면을 섞어서(비벼서) 먹지만 마제소바는 특제 소스와 면을 미리 버무려 간이 된 상태로 나온다. 그 이유는 마제소바의 경우 토핑의 양이 많아서 면과 특제 소스를 섞기가 힘들기 때문이다. 가게에 따라서는 면이 잠길 정도로 특제 소스를 많이 사용하는 곳도 있다.

또한 사용되는 기름도 달라서 아부라소바에는 식물성 기름을 많이 사용하는 반면, 마제소바에는 라드 등과 같은 동물성 기름을 많이 사용한다.

4) 히야시라멘

야마가타현의 향토 요리인 히야시라멘은 냉비빔라면이 아닌 라멘에 차가운 국물을 붓고 얼음까지 띄우는 냉라면을 말한다. 히야시라멘은 무더운 여름철 야마가타현의 한 라멘집(栄屋本店: 사카에야 본점)을 찾아온 단골손님이 더운 날에 차가운 소바를 먹는 것처럼 라멘도 차갑게 먹을 수 있으면 좋겠다고 한 말에서 힌트를 얻어 라멘집 사장이 1년 동안 많은 시행착오 끝에 1952년 개발했다.

히야시라멘은 소고기나 소뼈를 푹 끓여 우려낸 육수를 차게 해서 국물로 사용한다. 야마가타현의 보통 라멘과 마찬가지로 육수의 간은 간장(쇼유)으로 한다. 토핑으로는 육수를 만들 때 나온 소고기, 흰털 목이버섯, 초생강 등이 올라가며, 얼음 등이 들어간 국물 베이스가 보통 라멘과 다른 점이다.

5) 츠가루(津軽)라멘

츠가루라멘은 1921년경 아오모리현 츠가루 지방에서 탄생했다. 꼬치에 꿰어 구운 후 햇볕에 말린 정어리나 이 지역 특산물인 멸치 육수를 기본으로 해서 담백하고 감칠맛 나는 국물이 특징이다.

6) 나베야키(鍋焼き)라멘

나베야키라멘은 고치현 스사키시(須崎市)의 향토 요리로, 라멘과 나베 요리를 혼합한 요리이다. 나베(토기 뚝배기)에 닭뼈와 닭고기를 베이스로 육수를 만들고 간장으로 맛을 들인 국물과 닭고기, 날달걀, 어묵의 한 종류인 치쿠와, 파 등을 넣고 조리한다. 나베야키라멘은 보통 함께 나오는 쌀밥에 라멘의 내용물을 넣거나 국물을 끼얹어 먹는다. 면은 가늘고 곧게 뽑은 노란 면을 사용한다.

제2차 세계대전 이후 스사키시에서 개업한 다니구치식당(谷口食堂)에서 고안해낸 라멘으로, 나베에 보글보글 끓는 상태로 나오기 때문에 일본에서 가장 뜨거운 라멘으로 알려져 있다. 라멘 용기 나베를 사용하는 것은 보온을 위해서인데, 먹는 동안 따뜻함을 유지해 마지막까지 맛있게 먹을 수 있다고 한다.

鍋焼きラーメン

1 _ 인스턴트 라면의 탄생

제2차 세계대전 이후 일본의 식량 부족 문제를 해결하기 위해 1958년 닛신식품(日淸食品)에서 면발에 치킨 스프의 맛을 입혀서 개발한 라면이 세계 최초의 인스턴트 라면이다. 오랜 연구 끝에 면을 오랫동안 보존하기 위한 면 건조 방법을 고안해냈는데 그 방법은 면을 기름에 튀기는 것으로 덴푸라를 기름에 튀기는 것에서 힌트를 얻었다고 한다. 덴푸라를 튀기면 튀김 옷에 많은 구멍이 생기는 것처럼 면도 기름에 튀기면 수분이 증발하면서 작은 구멍이 많이 생긴다. 이 과정에서 면의 수분을 없앨 수 있어 쉽게 부패되는 것을 막을 수 있다. 또 튀긴 면에 뜨거운 물을 부으면 작은 구멍 속에 뜨거운 물이 채워져 짧은 시간 안에 원래의 부드러운 면이 된다. 이러한 방식으로 세계 최초의 인스턴트 라면인 치킨라멘이 완성되었다.

소바나 우동면과 달리 인스턴트 라면의 면이 꼬불꼬불한 것은 작은 봉지 안에 상대적으로 많은 양을 담을 수 있고 면을 튀길 때 기름이 잘 스며들며 면발 사이사이에 뜨거운 물이 잘 채워지게 하기 위해 고안해낸 방법이다.

처음에 판매된 면발에 스프 맛을 입히는 방식의 라면은 짧은 기간에 변질되어버리는 단점이 있어, 거듭 연구해 1961년 면과 스프를 분리한 현재와 같은 인스턴트 라면이 탄생하게 되었다.

우리나라에 라면이 처음 선보인 것은 1963년이다. 당시 식량난 해소의 방편으로 삼양식품이 일본에서 라면 제조 기술을 들여와 삼양라면이라는 이름으로 발매하면서 우리나라 라면의 역사가 시작되었다. 우리의 라면이라는 명칭은 중국어 拉麵(라미엔)에서 拉(잡아당길 납)의 중국어 발음 '라'와 麵(밀가루 면)의 한자음 '면'을 합성해 만들었다.

2 _ 컵라면의 탄생

많은 사람이 즐겨 먹는 컵라면은 미국의 음식 문화에서 힌트를 얻어 1971년 닛신식품 창업자 안도 모모후쿠가 만든 패스트푸드이다.

일본이 전쟁에서 패한 후 얼마 되지 않아 사람들이 추위에 떨면서 야시장의 라멘 포장마차에 줄 서 있는 모습이 안타까워 가정에서 간편하게 먹을 수 있는 라멘을 개발했는데, 이것이 바로 인스턴트 라면이다.

그 후 좀더 간편한 방법으로 먹을 수 있는, 즉 뜨거운 물만 있으면 익혀 먹을 수 있는 컵라면이 개발되었다. 그러나 인스턴트 라면과 달리 컵라면의 발상은 일본에서 시작된 것이 아니다.

1966년 안도 모모후쿠가 인스턴트 봉지 라면인 치킨라멘의 세계 시장 진출을 노리며 미국에 영업차 갔을 때 슈퍼마켓의 바이어에게 치킨라멘의 시식을 권하려 했으나 주변에 라면을 끓일 용기도 끓인 라면을 담을 그릇도 없고 젓가락도 없었다. 이때 바이어들이 면을 작게 나눠 종이컵에 넣고 뜨거운 물을 부어 포크로 먹었다. 이러한 경험이 계기가 되어 안도는 젓가락도 라면을 담을 그릇도 사용하지 않는 나라에 판매할 목적으로 컵과 포크로 먹을 수 있는 인스턴트 라면인 컵라면을 개발하게 되었다.

컵라면 개발 과정을 보면, 면을 끓는 물에 끓이는 것이 아니라 끓는 물을 부어 익을 수 있도록 면 형태를 구성했다. 또 가벼우면서 단열성이 높고 용기 냄새가 라면에 배이지 않도록 발포 스티롤제 용기를 개발했으며 기존 봉지라면보다 훨씬 비싼 가격대에 팔기 위해 단순한 라면이 아니라 편리함과 시간을 판다는 콘셉트로 접근했다.

이러한 과정을 거쳐 1971년 세계 최초의 컵라면인 컵누들이 발매되었다. 라면이라는 명칭을 사용하지 않고 굳이 '누들'이라는 상품명을 사용한 것은 새로운 식품임을 강조하기 위해서였다.

우리나라에 컵라면이 처음 선보인 것은 1972년이다. 삼양식품이 처음으로 컵라면을 시판하였지만, 봉지라면에 비해 너무 비싸고 낯선 이미지였던 컵라면은 소비자들 마음을 사로잡지 못하고 얼마 안 되어 단종되었다.

이후 1981년 농심에서 사발면을 출시하자 삼양도 컵라면 사업에 재도전하면서 컵라면 시장이 활성화되었다. 1988년 서울올림픽을 계기로 간편하고 빠르게 한 끼를 때울 수 있는 식사라는 이미지가 정착되면서 컵라면 시장 규모도 급속도로 커졌고, 1980년대 후반 보급되기 시작된 컵라면 자판기의 영향으로 더욱더 빠른 성장세를 보였다. 2000년대에 들어서는 다양한 컵라면이 출시되면서 오늘날에 이르게 된다.

컵라면 박물관

후루룩 짭짭, 후루룩 뚝딱 맛있는 면요리 우동! 소바! 라멘!　　　　231

반찬을 골라골라 갓 지은 밥 위에 올려! 올려! 돈부리!

1 돈부리의 유래

돈부리(どんぶり)는 음식물을 담는 일반적인 그릇보다 두껍고 지름이 16㎝ 정도인 속이 깊은 도기 혹은 자기 등의 식기 또는 그러한 식기에 담아놓은 요리로, 우리의 덮밥과 유사하다. 돈부리는 돈부리바치(どんぶり鉢)라고도 하며 줄여서 '동(丼)'이라고도 한다.

돈부리라는 그릇의 유래를 살펴보면, 1694년 발행되어 일본의 미술이나 차 도구, 도자기 등을 소개한 『万宝全書(만보전집)』의 '高麗焼物之類(고려 도자기의 종류)' 항목에 돈부리바치(どんぶり鉢)는 조선에서 건너왔다는 기록이 있다. 임진왜란을 일으킨 도요

토미 히데요시에 의해 일본으로 끌려간 조선 도공들이 고려시대의 사발인 탕발(湯鉢)을 만들었는데, 이 식기가 돈부리바치의 원형이라는 설이 유력하다.

음식으로서 돈부리(どんぶり)의 기원은 무로마치시대의 호우한(芳飯)이라는 덮밥요리라고 한다. 이는 원래 사찰 음식으로 잘게 썬 채소를 삶아서 조미한 후 밥 위에 올리고 국물을 끼얹어 먹었는데, 이것이 돈부리의 원조가 되었다고 한다. 또한 비슷한 시기에 사찰뿐만 아니라 왕실이나 무사 집안에서도 채소뿐만 아니라 고기류도 따뜻한 밥 위에 올려 국물을 끼얹어 먹었다고 하는데, 이 또한 호우한의 일종이라고 할 수 있다. 호우한은 보통 밥 위에 다섯 가지 식재료를 올렸는데, 달걀지단, 쪽파, 김, 연근

차슈동

2부_일본의 대표 요리

이 기본적으로 올라가며 나머지 한 가지로는 고기류를 올리는데, 취향에 따라 건어물을 조미해서 얹기도 하고, 잘게 찢은 닭고기를 조미한 후 삶거나 구워서 올리기도 했다. 그러나 다섯 가지 식재료는개인의 취향에 따라 천차만별이었다. 원래 호우한은 사찰 음식으로 고기류를 사용하지 않고 채소만 재료로 했지만 점차 일반인들의 입맛에 맞춰 개량하다 보니 고기나 생선이 들어간 것으로 추정된다.

돈부리의 어원을 살펴보면 다음과 같다.

에도시대에는 오늘날과 같은 오야코동(親子丼) 등 여러 종류의 돈부리를 서민들이 먹을 수 있게 되었다. 1680년대 후반부터 서민들의 식사가 1일 2식에서 3식으로 바뀌고 에도시대 후기에 간장이 서민들의 식생활에 보급되면서 다양한 음식을 파는 포장마차가 번창했으며 이후 포장마차는 전문식당으로 발전한다. 특히 에도에 겐돈야(慳貪屋)라는 소바와 우동 등을 파는 면요리 전문식당이 등장했다. 이들 식당에서는 속이 움푹 파인 그릇 하나에 음식물을 모두 담아 팔았는데, 바쁠 때 손쉽게 재빨리 먹기에 편리해서 서민들에게 인기가 높았다. 이들 식당에서 사용되는 그릇을 겐돈부리바치(慳貪振り鉢)라고 했는데, 이러한 그릇의 명칭이 돈부리바치로 변하였고, 이를 줄여서 돈부리라는 말이 탄생했다고 한다. 이것이 가장 유력한 돈부리의 어원이다.

1800년대 초반이 되자 돈부리가 소바와 우동을 파는 식당에서 사용하는 그릇으로 정착했다. 이윽고 도쿄의 니혼바시(日本橋)에 장어요리 전문식당인 오노야(大野屋)에서 돈부리에 따뜻한 밥을 담고 배를 갈라 데리야키소스를 발라서 구운 장어 양념구이인 가바야키(蒲焼き)를 밥 사이사이에 끼워넣은 우나기메시(鰻めし: 장어 밥)가 등장한다. 그러나 우나기메시는 고급 음식이었기 때문에 서민들을 대상으로 하는 면요리 식당에서는 돈부리(どんぶり) 그릇에 밥을 담고 그 위에 한 줄로 가바야키(蒲焼き)를 얹은 장어덮밥을 만들었다. 이 덮밥을 손님들에게 내놓으면서 우나기(장어)돈부리라고 불렀으며, 이를 줄여 현재 흔히 많이 사용되는 우나동(うな丼: 우나기돈부리)이라고 하게

되었다. 이러한 우나동이 일본식 덮밥인 돈부리의 시발점이 되어 값이 비교적 저렴한 서민 음식으로 자리매김했다.

이러한 돈부리를 간단히 정리하면 조리거나, 굽거나, 튀긴 재료, 또는 생선회 등의 신선한 해산물을 갓 지은 밥 위에 올린 음식을 말한다. 대개 동 앞에 밥 위에 올리는 식재료명을 붙여 돈부리 종류를 구별한다.

일본 돈부리의 대표주자라고 할 수 있는 우나동에 버금갈 정도로 잘 알려진 돈부리로는 튀김덮밥인 텐동(天丼: 덴푸라 돈부리)이 있다.

텐동은 1837년 도쿄 아사쿠사에서 창업하여 현재도 성업 중인 산사다(三定)라는 덴푸라 전문점에서 처음 만들어 판매했다. 메이지시대인 1890년에는 규동(牛丼: 소고기덮밥), 1891년에는 오야코동(親子丼)이 등장했다. 1913년에는 카츠동(カツどん: 돈카츠 덮밥)이, 1950년에는 비프테키동(ビフテキ丼: 비프스테이크덮밥)이 등장했다. 이러한 과정을 거쳐 현재에 이르기까지 그릇에 담긴 밥 위에 다양한 요리(토핑)를 올려 먹는 수많은 덮밥류가 일본 각지에서 만들어졌다.

일본의 인기 돈부리 Top 9

대표적인 돈부리로는 우나동, 텐동, 오야코동, 규동, 카츠동이 있다. 이러한 돈부리가 기본이 되어 가이센동, 부타동, 네기토로동, 야키토리동, 이쿠라동, 추카동, 뎃카동 등 지역마다 다양한 돈부리가 탄생되었다.

1 _ 우나동 (うな丼: 장어덮밥)

에도시대에 강을 건너기 위해 배가 출발하기를 기다리던 여행객이 강가에 있는 식당에서 장어 가바야키와 돈부리바치의 밥을 먹고 있었다. 그런데 갑자기 배가 떠나려 하자 음식이 식지 않도록 황급히 돈부리바치에 장어 가바야키(재료를 꼬치에 끼워 초벌구이한 후 소스를 발라 구운 요리)가 놓인 접시를 그대로 엎어서 뚜껑으로 사용했다. 배가 흔

일본의 여름 보양식 우나동

들리는 와중에 접시를 들어내고 밥을 먹으려 하는데 밥에서 나는 김에 장어가 살짝 쪄진 듯 부드러워져서 밥과 함께 먹으니 대단히 맛있었다. 이렇게 해서 흰쌀밥에 장어 가바야키를 올려 먹는 우나동이 탄생하게 되었다는 이야기가 있다.

우나동의 유래에 대한 이야기가 또 하나 있다. 에도시대인 1800년대 초기 장어를 무척 좋아하는 한 남자가 장어 음식점에서 거의 매일 장어 가바야키(蒲焼き)를 시켜 먹었다. 당시에 배달을 나갈 때는 구운 장어가 식지 않도록 따뜻하게 해놓은 쌀겨 위에 장어를 올렸는데, 장어에 쌀겨가 붙어 먹기가 불편했다. 그러자 그 남자는 식당 주인에게 그릇에 뜨거운 밥을 깔고 그 위에 장어를 올리고 그 위를 다시 밥으로 덮어 가져와달라고 했다. 그러면 구운 장어도 식지 않고 장어에 바른 소스가 밥 속으로 스며들어 더 맛있을 거라고 생각한 것이다. 이후 그 식당에서는 이 음식을 장어밥(鰻めし: 우나기메시)이라는 이름으로 팔기 시작했는데, 이것이 장어덮밥(うな丼)의 원조 형태라고 하는 이야기도 전해진다.

> **tip** 일회용 나무젓가락(割り箸: 와리바시)을 처음 사용한 곳도 장어 전문점이라고 한다. 1800년 초 에도의 장어 전문점에서 대나무로 만든 젓가락을 처음으로 사용했다고 한다.

장어덮밥을 팔던 한 음식점에서 장어 냄새가 식당 밖으로 풍기자 식당 앞에서 매일 장어 냄새를 반찬 삼아 밥을 먹는 남자가 있었다. 이에 식당 주인이 화가 나서 그 남자에게 장어 냄새값을 달라고 하자, 그는 주머니에 있는 동전을 흔들어 짤랑짤랑 소리를 내며, 냄새값을 달라고 했으니 돈 소리로 충분하다고 받아쳤다는 우나동 관련 일화가 있다. 이 일화에서도 일본인이 장어를 얼마나 좋아하는지 알 수 있다.

삼복더위를 이겨낼 수 있는 보양음식 '히츠마부시'

언젠가 KBS 아침방송에서 히츠마부시라는 일본 보양식이 소개되었는데, 히츠마부시는 나고야의 향토 요리로, 구운 장어를 따듯한 밥과 함께 나무 그릇에 담아낸다.

히츠는 '나무로 만든 둥근 통 모양의 그릇'을 말하며, 마부시는 '묻힘, 바름, 올림'을 뜻하는 말로 둥근 찬합에 가바야키를 한 장어를 올린다. 이 요리는 3가지 다른 맛을 즐기는 독특한 방법으로도 유명한데, 먼저 덮밥을 4등분을 하여 1/4은 나온 그대로 먹어보고, 1/4은 김과 파, 와사비 등의 고명과 함께 먹어보고, 그다음 1/4은 전 단계와 동일하지만 다시 국물을 넣어 오차즈케처럼 먹어본다. 그리고 마지막 1/4은 이 세 가지 방법 중 가장 맛있었던 방법으로 먹는다. 나고야의 장어덮밥이라고도 하는 히츠마부시는 겉보기에는 보통의 장어덮밥(우나동)과 다를 것 없지만 이 두 요리는 크게 다음 세 가지 차이점이 있다.

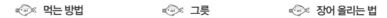

먼저, 먹는 방법이 정해져 있는 히츠마부시와 달리 보통의 장어덮밥은 순서가 없다. 히츠마부시는 나무로 만든 그릇에 넣어 나오지만, 장어덮밥은 찬합이나 도자기그릇에 나온다. 히츠마부시는 잘게 자른 장어를 나란히 올리지만, 장어덮밥은 통으로 올리는 것이 가장 큰 차이다.

2 _ 텐동(天丼: 튀김덮밥)

천丼

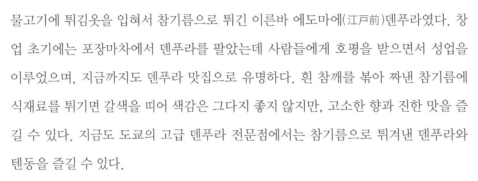

텐동의 원조 식당에 대해서는 설이 다양하지만, 덴푸라 전문점으로 가장 오랜 역사를 자랑하는 도쿄 아사쿠사에 있는 산사다(三定)라는 음식점이 그 시초라고 하는 경우가 많다. 산사다는 에도시대인 1873년 창업한 곳으로, 당시 산사다의 덴푸라는 에도만 근해에서 잡히는 작은 물고기에 튀김옷을 입혀서 참기름으로 튀긴 이른바 에도마에(江戸前)덴푸라였다. 창업 초기에는 포장마차에서 덴푸라를 팔았는데 사람들에게 호평을 받으면서 성업을 이루었으며, 지금까지도 덴푸라 맛집으로 유명하다. 흰 참깨를 볶아 짜낸 참기름에 식재료를 튀기면 갈색을 띠어 색감은 그다지 좋지 않지만, 고소한 향과 진한 맛을 즐길 수 있다. 지금도 도쿄의 고급 덴푸라 전문점에서는 참기름으로 튀겨낸 덴푸라와 텐동을 즐길 수 있다.

텐동의 종류로는 새우튀김을 올린 에비텐동(海老天丼), 붕장어 덴푸라를 올린 아나고텐동(穴子天丼), 잘게 썬 채소(감자, 당근, 우엉, 쑥갓 등), 조개관자, 가리비, 새우, 오징어 등을 밀가루에 버무려 튀긴 가키아게(かき揚げ)를 올린 가키아게동(かき揚げ丼), 채소튀김만 올린 쇼진텐동(精進天丼: 야사이텐동—野菜天丼이라고도 함) 등이 있다. 텐동의 재료로 쓰이는 덴푸라의 종류로 어패류에는 새우, 오징어, 보리멸, 붕장어 등이 있으며 채소류에는 가지, 단호박, 고구마, 연근, 당근, 양파, 피망, 양하 등이 있다.

3 _ 오야코동(親子丼: 닭고기 달걀덮밥)

도쿄 니혼바시 닌교쵸에서 현재도 성업 중인 다마히데(玉ひで)라는 닭요리 전문점에서 1891년에 고안해낸 요리가 닭고기 달걀덮밥인 오야코동의 원조이다. 태국에서

들여온 싸움닭 고기를 간장과 미림, 설탕 등의 조미료로 간을 해서 끓여놓은 국물(割下: 와리시타)과 함께 끓인 나베 요리를 먹고 난 후 남은 국물에 달걀을 넣고 약간 졸이듯이 걸쭉하게 해서 밥 위에 끼얹어 먹은 것이 원형이라고 하니 닭고기 나베 요리의 부산물이라 할 수 있다. 우리가 전골을 먹고 나서 끝으로 남은 국물에 밥을 넣어 죽을 만들어 먹듯이 처음에는 오야코동 자체가 메인 요리는 아니었다. 그러나 이 닭고기 나베 요리와 밥의 조합이 맛있다 보니 많은 식도락가의 메뉴 개발 요구로 수많은 변화를 거쳐 현재의 오야코동이 완성되었다. 이후 인기가 높아져 전국으로 널리 보급되면서 수많은 요리법이 나왔다.

현재는 간장과 미림, 설탕 등으로 조미해 만든 국물에 닭고기, 파, 양파 등을 넣고 졸이듯 끓인 후 그 위에 풀어놓은 달걀물을 골고루 천천히 둘러 한번 더 끓인 내용물을 밥 위에 얹는 것이 일반적인 레시피이다.

> **tip** 오야코동이라는 명칭은 닭고기(親: 오야-부모)와 달걀(子: 코-자식)을 사용한 데서 유래했으며 육고기를 메인 식재료로 한다. 이 외에도 해산물을 메인 식재료로 해서 만든 해산물 오야코동 (海鮮親子丼)이 있는데, 이는 연어(親)와 연어알(子)을 사용한 돈부리를 말한다. 같은 조리법이라도 소고기나 돼지고기가 달걀과 만나 만들어지면 소나 돼지고기와 달걀은 서로 타인이라 해서 타인동(他人丼: 타닌동)으로 명칭이 바뀐다.

4 _ 규동(牛丼: 소고기덮밥)

규동은 얇게 썬 소고기와 양파, 대파, 버섯 등을 볶아 엷은 맛 간장, 설탕 등을 넣어 달고 약간 짭조름하게 간을 해 푹 졸이듯 끓인 후 밥 위에 얹는 소고기덮밥이다. 규동

牛丼

에 쓰이는 소고기는 밥과 일체감을 주기 위해 스키야키보다는 더 얇게 샤부샤부용으로 슬라이스해서 사용한다.

규동은 소고기 전골인 규나베(牛鍋)를 밥 위에 끼얹어 만든 요리가 원조로, 당시에는 규메시(牛飯: 소고기 밥)라고 했다. 메이지시대에 탄생했는데, 이 요리의 원조 식당은 1899년 도쿄 니혼바시에서 개업해 현재 규동 체인점 요시노야(吉野家)의 전신인 요시노야(吉野屋)이다. 규메시를 규동으로 부르기 시작한 것도 요시노야가 최초이며, 처음에는 고기 냄새를 없애기 위해 미소된장으로 고기의 맛을 들였다고 한다. 1923년 관동대지진으로 도쿄가 엄청난 피해를 입어 대부분 규동 전문점이 문을 닫게 되고 그 빈자리를 관서풍 소고기 전골인 스키야키가 채우면서 인기를 끌게 되자 이때부터 스키야키처럼 규동도 간장으로 맛을 들이게 되었다.

5 _ 카츠동(カツ丼: 돈카츠덮밥)

앞에서도 다룬 바 있는 카츠동은 돈카츠를 밥 위에 올린 덮밥을 말하는데, 카츠동의 기원은 다음과 같다.

카레소바를 개발한 도쿄 와세다의 산쵸안(三朝庵)이라는 소바 전문점에 1918년 어느 날, 연회 식사로 대량의 돈카츠 주문이 들어와 음식을 다 준비해놓았는데, 갑자기 연회가 취소되어 돈카츠를 어떻게 처리할지 문제가 되었다. 당시 돈카츠는 지금과는 비교가 되지 않을 정도로 비싼 요리였기 때문에 그냥 폐기처분할 수 없다고 생각한 식당

カツ丼

주인은 다음 날 아이디어를 냈다. 차갑게 식은 돈카츠에 달걀과 메밀 츠유를 섞어 한 소큼 끓인 후 돈부리 그릇에 퍼놓은 따뜻한 밥 위에 올려 배고픈 와세다대학 학생들에게 무료로 제공한 것이다. 이를 맛있게 먹은 학생들 사이에 입소문이 퍼져 호평을 받자 1921년 산쵸안(2018년 7월 폐업)의 정식 메뉴가 되었고, 조금씩 발전·변형되어 지금의 카츠동에 이르렀다.

6 _ **카이센동**(海鮮丼: 해산물덮밥)

카이센동은 냉장기술 등 보존 기술의 발달과 함께 1950년대 홋카이도에서 일반 쌀밥 위에 신선한 해산물을 올려 먹기 시작하면서 전국으로 퍼져나갔다. 밥 위에 올리는 해산물로는 성게알, 연어알, 참치, 연어, 새우, 가리비, 오징어 등이 있으며 와사비와 간장을 골고루 뿌려 먹는 것이 일반적이지만 회를 간장에 따로 찍어 밥과 함께 먹기도 한다. 신선한 성게알을 듬뿍 올린 우니동(うに丼: 성게알덮밥)도 인기 높은 돈부리 중 하나이다.

7 _ **뎃카동**(鉄火丼: 참치덮밥)

카이센동의 일종인 뎃카동은 배합초로 버무린 초밥 위에 잘게 썬 김을 놓고 생 마구로의 아카미(赤身: 붉은 등살)나 즈케(간장 소스에 절인 마구로)를 올리고 와사비를 살짝 올린 덮밥 요리이다. '뎃카(鉄火)'는 새빨갛게 달궈진 쇠를 의미하기도 하는데, 아카미의 선

鉄火丼

명한 붉은색을 불에 달궈진 새빨간 쇠에 빗대어 텟카라고 불렀다고 한다. 따라서 뎃카동에는 반드시 아카미만 사용한다. 이와 유사한 돈부리로 마구로동(マグロ丼)이 있다. 마구로동은 초밥이 아닌 그냥 쌀밥을 이용하며, 위에 올리는 재료는 마구로의 아카미 외에 도로(뱃살) 등을 사용하기도 한다. 또한 올리는 재료가 단순한 뎃카동에 비해 마구로동은 파, 깨, 시소, 메추리알 등을 토핑으로 올리기도 한다.

8 _ 추카동(中華丼: 중화덮밥)

추카동은 팔보채 등 중국 스타일의 조림 요리와 채소볶음을 밥 위에 얹은 일본 발상의 중화요리이다. 처음 이 요리를 개발한 식당은 정확히 알려지지 않았지만, 1928년 발간된 일본의 요리책에 레시피가 있다. 또한 후루카와라는 일본 희극배우가 1934년에 쓴 일기에 중화덮밥인 추카동을 먹었다는 내용이 있어 늦어도 쇼와 초기부터 인기 있는 요리였으리라고 유추한다. 이 요리를 처음으로 소개한 식당은 아사쿠사의 라이라이켄이라고 한다.

일본의 한 랭킹 사이트에서 외국인을 대상으로 설문한 결과 아직 먹어보진 않았지만 먹어보고 싶은 돈부리 부문에서 1위를 차지한 것이 추카동이다. 추카동이 외국인에게 긍정적인 평가를 받은 것은 외국인에게는 비교적 중식이 이숙하고, 그만큼 좋아하는 사람도 많아 호기심을 자극했기 때문으로 보인다.

中華丼

9 _ 규스테키동(牛ステーキ丼: 비프 스테이크덮밥)

규스테키동은 비프 스테이크를 썰어 배합 소스를 곁들여 밥 위에 올린 요리로, 얇은 소고기를 사용하는 규동과 달리 두꺼운 소고기가 올라가 더 촉촉하고 씹는 맛을 즐길 수 있다. 또 서양의 요리인 스테이크를 이용하여 일본풍으로 발전시킨 요리라고 할 수 있다. 지역별로는 야마가타현의 요네자와 비프 스테이크덮밥(米沢牛のステーキ丼), 미에현의 마츠자카 비프 스테이크덮밥(松阪牛のステーキ丼), 미야자키현의 미야자키 비프 스테이크덮밥(宮崎牛ステーキ丼) 등이 유명하다. 이 외에도 독특한 스테이크덮밥으로 소고기, 돼지고기, 닭고기 세 종류가 들어가는 시가현의 오우미 3가지 고기 스테이크덮밥(近江三大肉ステーキ丼)이 있다.

규스테키동

산지의 특색이 잘 드러나는 각지의 돈부리 20

지도로
알아보기

1_이쿠라동
2_부타동
3_마구로동
6_가키동
5_홋키동
4_바쿠단동
11_천연 부리 카츠동
7_네바리동
12_사쿠라동
8_가키아게동
14_토마토동
9_후카가와동
17_고노하동
13_미소스키동
16_타닌동
15_사쿠라에비 가키아게동
20_사자에동
18_아나고메시
10_나마 시라스동
19_고마사바동

1 _ 이쿠라동 (いくら丼: 연어알덮밥)

이쿠라는 우리말로 '연어알'이란 의미로, 이쿠라
동은 홋카이도의 신선한 연어알을 듬뿍 올린
덮밥이다.

연어는 산란기가 다가오면 자신이 태어난
강으로 거슬러 올라간다. 산란기에 짝짓기를
마친 암컷과 수컷은 곧 죽고 부화한 새끼는 이듬
해 바다로 내려간다. 9월에 연어의 산란이 시작되는데
삿포로 바로 위에 위치한 이시카리시(石狩市)에서는 해마다 이 시기에 맞춰 연어 축제
가 열린다.

2 _ 부타동 (豚丼: 돼지고기덮밥)

일반적으로 부타동이라 하면 스키야, 요시노야, 마츠야 등의 규동 체인점에서 파는
부타동과 같이 미리 우엉과 양파 등에 간장, 멸치국물, 미림 등을 넣어 끓여둔 국물(割
り下: 와리시타)에 얇게 썬 돼지고기를 넣고 조려 밥 위에 올리는 덮밥을 말한다.

홋카이도의 오비히로시에서 탄생한 오비히로식 부타동은 조리 방식이 조금 다른데
육즙이 많은 돼지고기를 두툼하게 썰어 달콤짭짤한 소스에 재웠다가 불에 직접 구워
밥 위에 올리는 덮밥이다.

3 _ 마구로동 (マグロ丼: 참치덮밥)

마구로동은 아오모리현 오오마 지역에서 잡히는 질 좋은 참치를 밥 위에 듬뿍 올려
내놓는 참치덮밥이다. 이 지역은 몸값이 비싼 참치가 잡히는 곳으로 유명한데, 매년
10월부터 1월까지 참치 중 가장 맛있다고 하는 참다랑어(혼마구로)가 잡힌다. 과거 최

대 500kg이나 되는 참치가 잡히기도 했는데, 이렇게 잡힌 참치는 매해 첫날 새벽에 열리는 첫 경매에서 다른 때보다 훨씬 비싼 가격으로 팔리는 것으로 알려져 있다. 일본 각지의 유명한 스시나 참치 전문점은 물론이고, 우리나라에서도 이 지역 참치를 직수입해서 팔 정도로 이 참치는 유명하다. 참치를 식재료로 하는 일본의 수많은 스시 전문점에서 참여하는 이 경매에서 참치 몸값이 높게 낙찰될수록 일본 경제는 호황으로 예측된다고 하며, 또 비싸게 낙찰받은 가게일수록 손님들이 많이 몰려 유명해지다 보니 경매가 매우 치열하게 이루어지며 높은 가격이 매겨진다.

4 _ 바쿠단동 (ばくだん丼: 폭탄덮밥)

바쿠단은 우리말로 '폭탄'이라는 의미로, 바쿠단동은 아오모리현 하치노헤 지역에서 잡히는 신선한 오징어를 잘게 다져서 연어알과 특산품인 마늘, 생강과 간장소스 그리고 달걀노른자를 곁들인 향토 요리이다. 덮밥 명칭에 바쿠단(폭탄)이 들어간 이유는 다른 덮밥과 달리 먹기 전에 노른자를 터트리고 밥과 다른 식재료를 모두 섞어놓는데, 그 모습이 마치 폭탄이 떨어진 뒤 엉망이 된 모양처럼 보이기 때문이라고 한다.

> **tip 폭탄 돈부리**
> 신선한 해산물과 낫토 등을 섞어 덮밥 재료가 끈기 있게 만든 것을 전통적으로 폭탄 돈부리라고 한다.

5 _ 홋키동 (ほっき丼: 함박조개덮밥)

홋키동은 아오모리의 미사와시(三沢市)에서 12월 초에서 3월 말까지 잡히는 홋키가이, 우리말로 함박조개(개조개)를 사용한 향토 요리이다. 함박조개는 미자와 지역의 겨울 미각을 대표하는 식재료로 전복에 버금가는 고급 어패류이며, 모시조개와 생김새는 비슷하지만 크기가 커서 조개의 여왕이라 불리기도 한다. 쫄깃쫄깃 씹히는 맛은 물론이고 씹을수록 느껴지는 단맛이 매력적인 조개이다.

6 _ 가키동(カキ丼: 굴덮밥)

가키는 우리말로 '굴'을 말하는데, 미야기현의 마츠시마(松島)는 히로시마에 이어 전국 2위의 생산량을 자랑하는 굴 명산지로 알려져 있다. 마츠시마의 굴은 알이 작고 살이 통통하게 꽉 찬 것이 특징으로, 씹는 맛과 깊은 맛을 즐길 수 있다. 마츠시마는 매년 굴 축제를 할 정도로 굴에 대한 애정이 넘치는 도시인데, 일반적으로 10월에서 3월 사이가 제철이지만 이곳에서는 계절에 상관없이 언제나 맛있는 굴덮밥을 맛볼 수 있다. 그 종류도 매우 다양해서 밥 위에 살짝 익힌 굴과 달걀물을 올린 덮밥, 약간 노릇하게 구운 통통한 굴을 밥 위에 나란히 올린 덮밥, 센다이 지역 미소된장으로 만든 특제 소스를 사용한 굴덮밥, 굴튀김을 밥 위에 올린 덮밥 등이 있다.

7 _ 네바리동(ねばり丼: 끈적끈적덮밥)

네바리동은 이바라키현의 향토 요리이다. 네바리는 '끈기, 찰기'라는 뜻인데, 이러한 이름이 붙은 이유는 끈적한 점액질 식감으로 유명한 재료들이 잔뜩 들어 있기 때문이다. 이바라키의 특산품인 낫토와 참마, 그리고 오크라를 넣어

만든다. 오크라는 전체 모양은 고추와 비슷하지만 단면이 5각형의 별모양이고, 끈끈한 점액질이 나오며, 파프리카나 피망과 비슷한 맛을 내는 아열대 채소이다.

참고로 이바라키현은 낫토의 본고장으로 유명한데, 네바리동 외에도 낫토 오믈렛, 낫토 차항(볶음밥), 낫토 시루(된장국), 낫토 가라아게, 낫토 샐러드 등 낫토를 이용한 다양한 요리가 있다.

8 _ 가키아게동(かき揚げ丼: 채소·해산물 튀김덮밥)

가키아게는 해산물과 채소 등을 잘게 썰어 밀가루 반죽으로 튀김옷을 입혀 튀긴 덴푸라의 일종이며, 이를 밥 위에 올린 것을 가키아게동이라고 한다. 해산물로는 새우, 가리비 외에 다양한 생선 등이 사용되며 채소로는 양파, 당근, 우엉 등이 사용된다. 특히 도쿄에는 맛있는 가키아게동을 먹을 수 있는 유명한 맛집이 많다.

9 _ 후카가와동(深川丼: 후카가와덮밥)

도쿄의 후카가와동은 바지락 등의 조개류를 넣어 밥을 짓고, 대파 등의 채소를 넣어 끓인 된장국을 밥에 부어 먹는 덮밥이다. 바지락과 함께 밥을 짓기 때문에 바지락밥(アサリ飯: 아사리 메시)이라고도 한다.

바지락 등의 조개가 잡히는 산지라면 많이 해먹는 덮밥이지만, 그중에서도 도쿄의 후카가와 지역이 대표적이기 때문에 바지락덮밥 또는 바지락밥 대신 지역명을 사용해서 후카가와덮밥(丼), 후카가와밥(飯)이라는 이름이 붙었다.

10 _ 나마시라스동(生しらす丼: 생실치덮밥)

生しらす丼

가나가와현 에노시마의 명물 중 하나인 나마시라스동은 사가미만의 특산품인 신선한 생실치를 밥 위에 듬뿍 올리고 파나 차조기, 깨 등을 곁들여 만든 덮밥으로, 간장과 와사비, 생강 등을 곁들여 먹는다.

에노시마 외에 간장으로 유명하고 실치 어획량이 많은 와카야마현 유아사쵸라는 마을에서도 나마시라스동을 지역 특산 요리로 홍보한다.

11 _ 천연 부리카츠동(天然ブリカツ丼: 자연산 방어카츠덮밥)

니가타현 사도가시마(佐渡島)의 천연 부리카츠동은 사도지역에서 수확한 쌀로 만든 쌀가루를 입혀 튀긴 자연산 방어카츠를 특제 간장 소스에 살짝 적셔 밥 위에 올린 덮밥이다. 자연산 방어카츠덮밥은 사도시마 내에서도 4개 점포밖에 없을 정도로 이 지역만의 명물이다.

12 _ 사쿠라동(さくら丼: 말 육회덮밥)

사쿠라동은 나가노현 이이지마라는 마을의 특산 말고기를 얹은 덮밥이다. 연분홍색을 띠는 말고기 육회의 마블링이 마치 사쿠라, 즉 벚꽃과 비슷하다고 하여 사쿠라동이라는 이름이 붙었다.

한국에서 말고기 육회는 제주도에서나 먹을 수 있는 흔치 않은 요리이지만 일본에서는 바사시(馬さし: 말고기 사시미) 또는 사쿠라니쿠(さくら肉)라고 하는 말고기 육회를 대중적으로 즐겨 먹으며 말고기로 만든 요리도 다양하다.

みそすき丼

13 _ **미소스키동**(みそすき丼: 미소된장 스키야키덮밥)

나가노현 스자카시의 명품 요리로 유명한 미소 스키동은 미소된장 맛의 스키야키를 밥 위에 올린 덮밥이다. 나베에 돼지고기와 이 지역에서만 생산되는 전통 채소인 우엉 등의 채소를 함께 넣어 볶은 후 이 지역 미소된장을 사용해 개발한 특제 소스를 넣고 다시 한번 잘 조려 밥 위에 올린다.

14 _ **토마토동**(トマト丼: 토마토덮밥)

기후현 게로시의 온천지역 덮밥으로 잘 알려진 토마토동은 매콤달콤한 소스로 조미한 소고기로 만든 히다 규동(히다 지역 소고기로 만든 덮밥) 위에 게로시 특산품인 토마토를 잘게 썰어 올린 덮밥이다. 토마토의 상큼한 풍미로 소고기덮밥이라고는 생각할 수 없는 깔끔한 맛을 즐길 수 있다.

15 _ 사쿠라에비 가키아게동(桜えびのかき揚げ丼: 벚꽃새우 튀김덮밥)

　사쿠라에비 가키아게동은 시즈오카현의 명물 중 하나인 벚꽃새우를 튀겨 밥 위에 올린 덮밥이다. 이 지역에서는 튀김덮밥뿐만 아니라 생벚꽃새우덮밥도 즐길 수 있는데, 식감이 바삭한 튀김 벚꽃새우와 달리 쫀득쫀득한 생벚꽃새우는 씹는 맛도 일품이다.

16 _ 타닌동 (他人丼: 소/돼지고기 달걀덮밥)

　소고기 또는 돼지고기 달걀덮밥인 타닌동은 오사카에서 시작되었다. 소고기나 돼지고기를 약간의 전골용 국물과 함께 끓인 후 그 위에 달걀을 풀어 살짝 익힌 상태로 밥 위에 올린다. 닭고기(親: 부모)와 달걀(子: 자식)을 사용해 부모자식이라는 이름의 오야코동(親子丼)과 같은 맥락으로, 소고기나 돼지고기와 달걀을 사용했기 때문에 이 둘의 관계는 타인이라고 상정하여 타닌동(他人丼)이라는 재미있는 이름이 붙었다.

他人丼
（牛）

17 _ 고노하동(木の葉丼: 나뭇잎덮밥)

　관서 지방, 특히 교토를 중심으로 인기 있는 고노하동은 달걀덮밥의 일종이다. 교토의 가늘게 썬 어묵(가마보코)과 실파를 메인 식재료로 하여 얇게 썬 표고버섯, 죽순, 파드득나물 등을 함께 삶아 밥 위에 올리고 달걀을 풀어 살짝 익힌 상태로 밥 위를 덮는다. 얇게 썬 식재료를 흩날리는 나뭇잎에 비유하여 나뭇잎덮밥이라는 명칭이 붙여졌다. 값싼 식재료로 간단하게 만들 수 있어 관서 지방에서는 대중식당의 인기메뉴이며, 서민적인 가정 요리로도 인기를 끌고 있다.

18 _ 아나고메시 (あなご飯: 붕장어밥)

あなごめし

히로시마현에서는 일반적인 장어덮밥인 우나기동과 달리 조금 색다른 아나고, 즉 붕장어를 구워 밥 위에 올린 덮밥인 붕장어밥이 유명하다. 히로시마현의 마츠시마가 굴이 유명하다면 미야지마에서는 예부터 '붕장어'가 많이 잡힌다. 원래 붕장어를 잡는 어부들이 만들어 먹던 요리가 이 덮밥의 유래가 되었다고 한다.

19 _ 고마사바동 (胡麻鯖丼: 참깨고등어덮밥)

후쿠오카 명물요리의 하나인 고마사바동은 참깨간장소스에 절인 고등어회를 밥 위에 올린 덮밥이다. 이처럼 생선을 간장에 절여서 먹는 방법이 일반화된 것은 서민들에게도 널리 간장이 보급되기 시작한 에도시대 후기부터 메이지시대 초기로 추정된다.

20 _ 사자에동 (さざえ丼: 뿔소라덮밥)

사자에동은 후쿠오카현 시카노시마(志賀島) 특산인 뿔소라로 만드는 덮밥요리로, 신선한 뿔소라회와 풀어서 살짝 익힌 달걀을 밥 위에 올린다. 사자에동은 후쿠오카현 시가섬의 음식점 몇 곳에서만 먹을 수 있다.

해산물 오야코동(연어 오야코동)

반찬을 골라골라 갓 지은 밥 위에 올려! 올려! 돈부리! 255

원조 외국 음식의 새로운 탄생
○○라이스!

    일본에 사람이 살기 시작한 것은 지금으로부터 약 3만 년 전이라고 한다. 당시 사람들은 야생의 동물을 포획하거나 식용 가능한 식물들을 채집해서 식재료로 사용했다.

    조몬시대가 끝날 무렵인 3,000년 전 중국이나 한국 등의 대륙에서 일본으로 건너온 사람들에 의해 벼 재배법이 전파되었다. 일본에서 최초로 벼농사를 지은 곳은 기타규슈 지역으로 추정된다. 온난하고 비가 많은 기후에 맞는 벼농사는 550년 후(야요이시대)에는 혼슈(本州) 최북단인 아오모리현까지 전파되었다고 한다.

    현재 아시아의 많은 나라에서 벼농사를 짓는데, 열대나 아열대지역에서 생산되는 가늘고 길며 찰기가 높지 않은 인디카(세계 벼 재배의 80%)종이 주류이다. 반면 한국이나 일본에서는 온대지역에서 생산되어 둥글고 찰기가 높은 자포니카(세계 벼 재배의

다양한 품종의 쌀

20%)종을 주로 재배한다.

보존기간이 길고 어떠한 반찬이나 요리와도 잘 어울리는 쌀은 일본인에게 가장 중요한 주식이다. 그러나 벼 재배가 시작된 이후 재배 기술 등의 미숙으로 수확량이 넉넉하지 못했기 때문에 쌀은 귀한 식재료였다. 메이지시대까지만 해도 쌀을 주식으로 할 수 있는 것은 전체 인구의 10% 정도였으며, 벼농사를 짓는 농민들이나 많은 서민은 잡곡류나 감자 등이 주식이었다. 결국 일본의 주식이 쌀이라고는 하지만 쌀을 전국적·일상적으로 먹게 된 것은 1950년대 이후였다.

일본의 식생활에 큰 변화가 오는 계기가 된 것은 쇄국정책을 철폐하고 서양과 교류를 시작한 메이지유신(1868년~1877년)이었다. 이 시기에 육식 금지령을 해제하고 서양의 음식 문화를 받아들이면서 육식을 권장했고, 이 과정에서 서양 요리가 보급·전파되었다. 그러나 서양 요리를 만들면서도 여전히 빵보다는 밥을 선호하여 프랑스의 커

2부_일본의 대표 요리

틀릿이 변형된 돈카츠도 빵 대신에 밥을, 독일이 원조라고 할 함박스테이크도 빵 대신에 밥을 곁들여 먹었다. 인도나 영국이 원조인 카레도 일본에서는 밥과 함께 먹으면서 카레라이스와 같은 일본(和)와 서양(洋)이 절충된 화양절충(和洋折衷)의 요리가 탄생했다. 이렇게 밥을 선호하는 일본인의 취향에 맞게 변형되어 양식이지만 서양에서는 볼 수 없는 ○○라이스라는 서양식 일본 요리가 다수 등장했으며 현재 일본에서 '~라이스'가 붙은 음식은 대부분 이들 중 하나라고 할 수 있다. 아래에서는 이처럼 밥이 곁들여진 ○○라이스를 중심으로 일본의 전통적인 밥 종류도 간단히 알아본다.

먼저 ○○라이스 중 우리에게도 잘 알려진 카레라이스, 오므라이스, 하야시라이스(하이라이스)에 대해 알아보자.

 **카레라이스**

1 _ 카레라이스의 기원

'커리(curry)'는 인도를 중심으로 하는 열대, 아열대 지방의 혼합 향향료로 만든 스파이시한 소스를 넣은 요리의 총칭이다. 인도에서 발상된 요리로 지금은 일본 국민식이라고 하는 카레라이스의 '카레', 즉 '커리'의 어원에는 여러 가지 설이 있다. 그중에서도 가장 유력한 것은 무언가에 끼얹어 먹기 위해 '향신료(스파이스)로 각종 재료를 푹 끓여 만든 소스(국물)'를 의미하는 인도 남동부 타밀어 '카리(kari)'에서 유래했다는 설이다. 이 말이 포르투갈로 건너가 '카릴(karil)'로 불리게 되었고, 이후 유럽 각국에 소개되면서 커리로 오늘날에 이르고 있으며, 이 커리가 일본으로 건너가 일본식 영어 발음인 카레가 되어 우리나라에 전해졌다.

15~16세기에 걸쳐 후추, 시나몬, 너트메그, 정향(clove) 등의 여러 가지 향신료가 속속 발견된 향신료의 산지 인도에서는 독특한 카레 요리가 발달했는데, (카레)루(ルー: roux, 밀가루를 버터에 볶은 것)는 사용하지 않고 감자, 유지방, 야자열매의 과즙 등 다양한 향신료를 혼합해 만든 카레 파우더(가루)를 사용한 카레를 만들게 되었다. 인도에서는 지금도 각 가정에서 각기 다른 특유의 카레 요리를 만드는데, 그 종류만 해도 수백 가지가 넘는다고 한다. 예를 들어, 카레의 주재료인 육류 외에 어패류를 사용하는 카레, 채소만을 재료로 하는 카레 등이 있고 향, 색감, 매운맛의 정도는 각 가정의 기호에 따라 다양하다고 한다. 그러나 일반적으로 일본의 카레와 달리 소스가 걸쭉한 카레는 그다지 많지 않고, 대부분 묽은 국물 형태이다.

당시 인도를 식민지로 지배했던 영국의 초대 인도 총독은 인도 카레 요리의 매력에 빠져 1772년 카레의 재료가 되는 향신료(스파이스)와 인도 쌀을 영국으로 가져가 빅토리아 여왕에게 헌상하였고, 그 결과 영국에서 향신료의 인기가 높아졌는데, 그 이유는 당시 영국 등 유럽 음식이 맛이 없었기 때문이다. 교통이 발달되지 않아 신속한 식자재 공급이 어려웠을 뿐만 아니라 냉장 시설 등 보존 기술도 없어 주 식재료인 고기도 소금에 절인 저장육이 대부분이었고, 생선도 소금에 절여 건조시킨 것이 주를 이루다 보니 향신료를 사용해야 그나마 어느 정도 음식의 맛을 살릴 수 있었다. 그 후 카레가 영국 왕실요리에 추가될 정도로 관심이 높아지자, 영국의 식품회사(Crosse & Blackwell)가 세계 최초로 카레 파우더를 만들어 판매했다. 소스가 비교적 묽은 인도 카레에 비해 영국 카레가 걸쭉한 이유는 영국 해군이 카레를 먹을 때 배가 흔들려 카레를 엎지르는 일을 방지하기 위해서였다는 설이 있다. 일본의 카레도 영국의 영향을 받아서 소스가 걸쭉한 편이다.

만 엔짜리 지폐의 주인공이며 일본 명문 사학인 게이오대학을 설립한 후쿠자와 유키치(福沢諭吉)가 1860년에 집필한 책『華英通信(화영통신)』에서 카레가 처음 일본에 소개되었다고 한다.

일본에서 카레 요리가 시작된 것은 요코하마항 개항(1859년) 이후로, 서양 음식점을 중심으로 판매되었지만 값이 비싸 일부 사람들만 먹는 고급 요리였다. 이후 메이지 초기인 1870년경 영국에서 카레 요리법과 함께 영국의 C&B사에서 카레가루가 들어오면서 흰쌀밥과 함께 먹는 라이스카레라는 이름으로 일본에 본격적으로 보급되었다. 당시 카레 소스에는 소스를 걸쭉하게 만들기 위해 사용하는 루는 사용하지 않았으며, 카레가루도 영국 C&B사에서 수입한 것을 사용했다.

그러나 카레가 곧바로 일본 전역에 퍼진 것은 아니다. 카레가 대중적인 음식으로

카레의 핵심 향신료

자리 잡게 된 것은 일본의 해군과 관계가 깊다. 메이지시대인 1882년 일본의 해군 군함이 먼바다로 출항했을 때 해군학교 생도들을 포함한 승조원 약 400명 중 반수 가까이가 영양부족과 심한 각기병에 시달렸고, 그중 25명이 사망하는 사고가 일어났다. 당시 군함의 식단은 흰쌀밥, 우메보시(매실절임), 단무지, 미소 된장국 정도였으므로 비타민 B_1이 부족해 각기병에 걸리는 생도들이 속출한 것이다. 이에 고기와 채소를 중심으로 영양 균형을 맞춰 전면적으로 식단 개선을 단행했는데, 이때 참고한 것이 마살라(masala: 인도 음식에 사용되는 혼합 향신료)를 첨가한 비프스튜와 빵을 제공하는 영국 해군의 식단 메뉴였다. 여기서 빵을 일본의 주식인 밥으로 바꾸고, 카레풍미의 스튜에 밀가루를 섞어 끓여 밥 위에 올려서 완성된 것이 카레라이스였다. 이로써 영양가가 높으면서 전쟁 시에도 손쉽게 먹을 수 있는 일본풍 카레가 탄생한 것이다.

이를 계기로 일본 해군이 고기와 채소가 들어간 균형 잡힌 건강식인 카레라이스를 집단적으로 먹게 되었고, 제대한 군인들이 가정에서 카레 요리를 만들기 시작하면서 카레는 대중적인 일본 국민음식으로 발전하게 되었다.

다이쇼시대인 1912년에는 소량의 고기에 감자, 양파, 당근을 넣고 루를 혼합해 찰기(점도)가 높은 걸쭉한 일본식 카레가 탄생한다. 라이스카레 외에도 카레우동, 카레소바가 대중음식점에 등장했다. 1924년경 카레로 유명한 일본 S&B사에서 향신료를 조합한 일본산 카레가루를 개발했고, 그 후 많은 변화를 거쳐 1930년에는 가정용 카레가루를 발매하게 되었으며, 1932년에는 카레가루와 루를 섞어 만든 즉석 카레가 처음으로 판매되었다. 카레가 쌀이 주식이 아닌 영국에서 쌀이 주식인 일본으로 전해졌을 당시 주재료는 카레이고 쌀은 카레에 곁들여지는 부재료

역할을 하였으므로 라이스카레로 불렸다. 그러나 시간이 흘러 일본인의 기호에 맞추어 대중화되면서 쌀이 주재료가 되고 그 위에 곁들여지는 카레가 부재료로 인식되어 카레라이스로 명칭이 바뀌게 되었다.

카레가 인기를 끌면서 1950년경에는 많은 식품회사에서 앞다퉈 다양한 종류의 카레 루를 출시했다. 일반 가정에 이들 카레 제품이 널리 보급된 것은 1955년 이후로 처음에는 캔카레가 출시되었으며, 1968년에는 오츠카식품에서 세계 최초의 카레 레토르트 식품인 본카레가 출시되면서 레토르트 카레가 상품화되었다. 1980년대에서 1990년대에는 서민들의 대표적인 먹거리로 카레를 이용한 다양한 제품이 등장했고, 1985년에는 전자레인지용 카레도 발매되면서 즉석카레 시장이 급성장했다. 1990년대 후반부터는 각 지방의 특산물을 활용한 카레가 개발되었는데 이들 카레를 고토치 카레(ご当地カレ─: 지역 명물 카레)라고 한다.

카레라이스에 사용되는 카레 루는 시대별 트렌드를 반영하며 발전해왔다. 1980년대에는 단맛을 강조한 바몬드카레(バ─モントカレ─)와 스파이시한 골든카레(ゴ─ルデンカレ─), 1990년대에는 깊고 순한 맛을 강조한 카레, 2000년대에 들어서는 국물이 자작한 스프카레(ス─プカレ─)가 선호된다. 현재는 카레라이스에 돈카츠(とんかつ)를 곁들인 카츠카레(カツカレ─), 햄버거 패티를 곁들인 함바그카레(ハンバ─グカレ─) 등 다양한 토핑을 얹어 먹는 방식으로 발전했다.

2018년에는 대표적 일본식 카레라이스 체인점이 유럽에서는 처음으로 일본 카레의 원조국인 영국에서 문을 열었다. 1994년에 미국에서 체인점을 처음 연 이래 여러 나라에 지점을 둘 정도로 카레는 일본의 대표 요리가 되었다.

2_ 카레 관련 요리

カツカレー

1) 카츠카레

카레라이스에 식재료를 토핑한 최초의 혼합 요리인 카츠카레는 카레라이스 위에 돈카츠를 얹는 요리이다. 일본의 유명 프로야구 구단 요미우리 자이언츠의 치바 시게루가 식당에서 카레라이스와 돈카츠를 따로 먹기 귀찮으니 카레라이스 위에 돈카츠를 올려달라고 주문한 것이 계기가 되어 탄생한 요리이다.

2) 스프카레

스프카레는 고기나 채소 등으로 우려낸 국물에 다양한 향신료를 넣어 스프를 만들고 감자, 단호박, 당근 등의 채소와 새우, 돼지고기, 닭고기 등의 재료들을 따로 조리

スープカレー

하여 한꺼번에 담아내는 요리이다. 삿포로가 발상지로 추운 날 먹는 게 제격인데, 보통의 일본식 카레보다는 인도식 커리에 가까워 국물이 묽고 깔끔하다. 또 다양한 향신료와 채소가 들어가 비주얼부터 매력적이고 다양한 맛과 향을 즐길 수 있다. 1971년 삿포로시의 음식점 아잔타에서 약이 되는 음식으로 출시한 약선카레가 그 기원으로 알려져 있다.

3) 드라이카레

드라이카레(ドライカレー)는 프라이팬에 샐러드유를 두르고 양파, 당근, 생강 등의

채소를 다져 넣고 볶다가 고기를 넣고 함께 볶는다. 고기 색깔이 변하면 카레가루, 우스터소스, 케첩, 그리고 약간의 물을 넣고 물기가 없어질 때까지 익힌 후 밥 위에 얹어서 먹거나 밥을 섞어 볶아 볶음밥처럼 먹는다. 인도 요리를 바탕으로 일본에서 독특하게 발전시킨 카레라이스의 또 다른 버전으로, 카레 루가 아닌 카레가루를 그대로 섞는 것이 특징이다.

4) 카레난반

カレー南蛮

1900년대 초 오리고기와 난반요리의 대표 채소인 파가 들어간 뜨거운 국물을 소바나 우동에 부어 먹는 카모난소바나 카모난반우동이 일본인에게 인기가 있었는데, 이들 면요리의 국물 대신 카레를 넣은 것이 카레난반(カレー南蛮)의 발상이다. 카레난반의 면은 소바만 사용하다가 점차 우동까지 영역이 넓어졌다.

카레우동·카레소바의 차이는 파의 유무로, 파가 들어 있으면 카레난반(카레난반소바, 카레난반 우동), 들어 있지 않으면 카레우동·카레소바라고 부른다.

카레난반은 1910년 도쿄의 나카메구로에 개업한 아사마츠안(朝松庵)의 2대 점주가 오사카 다니마치에 있는 오사카지점 도쿄소바(東京そば)에서 처음 만들었다고 한다.

5) 카레우동

우동에 카레국물을 부어먹는 면요리로, 카레국물은 간장 베이스의 육수에 카레 루를 넣거나 카레가루와 전분가루를 넣고 좋아하는 식재료와 함께 끓여 만든다. 반드시 파가 들어가야 하는 카레난반과 달리 카레우동에는 양파가 들어가는 경우가 많다. 카레우동의 원조는 도쿄 와세다대학 바로 옆에 있는 산쵸안(三朝庵)이라는 소바집으로, 양식당에 빼앗긴 손님들의 발길을 되돌리기 위해 카레우동을 고안해 1908년경부터 판매했다고 한다.

6) 야키카레

야키카레는 후쿠오카현 기타규슈시의 명물 카레로, 밥 위에 카레소스를 끼었고 그 위에 치즈와 날달걀을 토핑한 후 오븐에 구워낸 이른바 구운 카레이다. 야키카레는 규슈시 최북단에 위치해 예전에는 국제무역항으로 번창했던 모지코(門司港)라는 항구 마을에 있는 일식당에서 1955년에 팔기 시작했다. 흙으로 만든 냄비인 도나베에 밥을 넣고 카레를 끼었어 그라탱이나 도리아풍으로 오븐에 구웠더니 고소하고 맛있는 야키카레가 완성되었다. 그 후 식당의 요리로 판매했는데 손님들에게 호평을 얻어 정식 메뉴로 정착되었다는 일화가 있다.

야키카레는 식당에 따라 맛과 비주얼도 전혀 달라 아주 다양한 야키카레를 즐길 수 있다.

焼きカレー

2부_일본의 대표 요리

 **오므라이스**

1 _ 오므라이스의 기원

오므라이스를 최초로 개발한 식당은 오사카 아메리카촌에 있는 홋교쿠세이(北極星: 북극성)라는 설과 도쿄 긴자에 있는 렌가테이(煉瓦亭: 벽돌정)라는 두 가지 설이 있다.

오므라이스는 오믈렛과 치킨라이스를 합성해 일본에서 만든 말이다. 오믈렛(omelet)은 프랑스 달걀 요리로, 1894년에 발간된 여성잡지를 통해 일본에 처음 소개되었다. 치킨라이스(chicken rice)는 처음에는 삶아서 잘게 찢은 닭고기와 쌀밥과 달걀 등을 넣어 섞은 후 기름에 볶아 만든 형태의 요리였다. 이외에도 조리 방법은 다양해서 초창기에는 버터로 볶은 닭고기에 쌀과 고운 체로 내린 토마토를 함께 섞고 소금과 후추로 조미해 냄비에 끓여서 만들기도 했다고 한다.

오늘날과 같은 본격적인 치킨라이스는 1918년에 발간된 일본 해군 요리교과서에 등장한다. 치킨라이스는 프라이팬에 기름을 두르고 잘게 썬 양파와 당근, 닭고기를 함께 넣고 어느 정도 볶다가 버터와 토마토케첩을 넣고 섞은 후 쌀밥을 넣고 마무리로 후추와 소금으로 간을 맞추면서 볶으면 완성된다. 이 오믈렛과 치킨라이스라는 두 가지 요리가 합쳐진 시기는 정확하지 않지만, 1928년에 발간된 요리서적에 처음으로 소고기 오므라이스가 나온다.

오사카에 1922년 개업한 홋교쿠세이의 전신인 양식당 빵야노 쇼쿠도우(パンヤの食堂: 빵집 식당)는 초창기에는 소곱창 요리를 중심으로 하는 서양식 요리점이었다. 당시 단골손님 중 한 사람이

일본풍 양식의 상징 오므라이스

위장이 좋지 않아서 이 식당에 오면 항상 흰쌀밥에 반찬으로 오믈렛을 시켜 먹었다. 이를 안쓰럽게 생각한 창업주가 1925년 어느 날 머슈룸과 양파를 볶아 밥에 넣은 후 토마토케첩을 넣고 마무리로 다시 한번 볶아 만든 볶음밥을 얇게 부친 달걀로 감싼 특제 요리를 내놓았다. 이것을 맛있게 먹은 단골손님이 '오믈렛과 라이스를 섞었으니 오므라이스네요'라고 우스갯소리를 한 것이 계기가 되어 이후 이 식당에서 손님들에게 정식 메뉴로 내놓게 되었다.

이 외에 1895년 도쿄에 창업한 렌가테이도 오므라이스의 원조 식당이라는 설이 있다. 1900년 어느 날 창업주가 바쁜 종업원들이 빨리 먹을 수 있는 음식으로 밥과 오믈렛을 결합한 간편 요리를 만들었다. 이를 본 손님이 맛있겠다고 하여, 라이스오믈렛이라는 이름으로 메뉴에 올려 팔기 시작한 것이 오므라이스의 원조라고 한다. 그러나 이 식당의 라이스오믈렛은 달걀과 밥, 다른 재료를 섞어 볶아 오믈렛 형태로 만들어 요리로 내놓는다는 점과 토마토케첩을 사용하지 않고 소금과 후추로 맛을 낸다는 점에서 오늘날의 오므라이스와는 다르다고 할 수 있다. 게다가 케첩이 일본 국내에 보급되기 시작한 것이 1908년(메이지 41년)이기 때문에 결국 오늘날과 같은 형태의 오므라이스의 원조 식당은 오사카의 홋교쿠세이라는 설이 좀더 설득력이 있다.

> **tip 오믈렛의 재미있는 어원**
>
> 아이들도 좋아하는 오므라이스는 오믈렛(omelet)으로 라이스(rice)를 감싼 요리로 일본식 영어 표현이다. 오믈렛의 어원에는 설이 많은데, 그중에서도 스페인 왕이 여행지에서 프라이팬으로 재빠르게 달걀 요리를 만드는 남성을 보고 게무 오 무 레스트(이 얼마나 빠른 남자인가!)라고 말한 데에서 오무레스트가 오믈렛이 되었다는 이야기가 유명하다.

2 _ 오므라이스 관련 요리

1) 오므소바(オムそば)

오믈렛 속에 밥 대신 소바 면을 넣은 음식, 또는 야키소바를 얇게 만든 오믈렛으로 덮은 음식을 말한다. 보통은 오믈렛 위로 케첩을 뿌리지만 마요네즈나 돈카츠소스를 뿌리기도 하며, 드물게는 겨자를 뿌리기도 한다.

オムそば

2) 오므타코(オムタコ)

オムタコ

오키나와의 소울푸드인 타코라이스(Taco rice)를 오믈렛으로 감싼 오므라이스다. 토핑으로는 베이컨과 모차렐라치즈나 아보카도가 인기가 있다. 타코라이스는 잘게 다진 소고기에 조미료나 스파이스 등을 넣어 조리한 타코 미트를 흰밥 위에 올린 것이 원형이나 이후 타코 미트 위에 채썰기를 한 치즈와 양상추, 그리고 토마토 등을 순서대로 올리고 토마토를 베이스로 한 매콤한 맛을 내는 살사소스를 뿌린 형태로 제공되는 경우가 많아졌다.

3) 오므카레(オムカレー)

오므카레는 홋카이도나 오키나와에서 파는 명물 카레로, 오믈렛을 카레라이스 위에 얹거나 오므라이스에 카레를 끼얹은 요리이다. 특히 홋카이도 후라노시의 카레와 오므라이스를 결합한 후라노 오므카

オムカレー

레가 유명하다. 이는 후라노시의 발전을 위해 개발한 카레로, 이 지역에서 나는 쌀이나 치즈와 버터, 채소와 육류, 우유와 와인의 소비를 늘리기 위해 만들어진 요리이다.

4) 카츠 오므라이스(カツ オムライス)

카츠 오므라이스는 오므라이스 위에 돈카츠를 올리고 그 위에 데미글라스소스를 부어 마무리한 (돈)카츠+오므라이스의 퓨전 요리이다. 이러한 퓨전 요리는 후쿠이현(福井県) 에치젠시(越前市)의 볼가라이스라는 향토 요리와 비슷하다. 가장 일반적인 볼가라이스는 프라이팬에 기름을 두르고 닭고기와 양파를 볶다가 어느 정도 익으면 밥을 넣고 좀더 볶는다. 여기에 토마토소스를 첨가한 데미글라스소스를 넣어 맛을 들인다. 다음으로 프라이팬에 달걀물로 반숙 오믈렛을 만들어 볶은 밥을 감싼 후 돈카츠를 올리고, 그 위에 데미글라스소스를 부어주면 완성된다.

5) 단포포 오므라이스(タンポポ オムライス)

흔히 반숙 오므라이스라 불리는 단포포 오므라이스는 오므라이스의 변형된 버전이다. 1985년에 상영된 일본 영화 '단포포(タンポポ: 민들레)'에서 처음 등장했다. 감독의 아이디어로 처음 만들어진 단포포 오므라이스는 영화 상영 이후 상당한 인기를 얻어서 오므라이스의 한 계파를 형성하게 되었다.

단포포 오므라이스는 다른 오므라이스와 달리 프랑스식 오믈렛과 볶음밥을 따로 따로 조리한다. 그리고 완성된 볶음밥 위에 럭비공 모양의 부드럽고 폭신한 오믈렛을 올린다. 반숙 상태의 오믈렛에 세로로 칼집을 내면 밥을 덮듯이 아래쪽으로 퍼지는 오믈렛의 비주얼은 음식을 먹기 전부터 눈을 즐겁게 해준다.

 하야시라이스

우리와 마찬가지로 밥이 주식인 일본은 밥 위에 뭔가를 올려 먹는 요리를 즐긴다. 이러한 요리의 대표로는 돈부리, 그리고 카레라이스, 오므라이스, 하야시라이스 등이 있다.

이들 중 하야시라이스는 잘게 썬 소고기와 잘게 채썬 양파, 버섯 등의 채소를 버터로 볶아 소금과 후추를 살짝 치고, 토마토소스나 데미글라스소스 그리고 물을 넣은 후 걸쭉해질 때까지 푹 끓여 따뜻한 밥 위에 올려 먹는 요리이다. 우리나라에서는 하이라이스라고 부르는 경우가 더 많다.

하야시라이스는 Hashed beef with Rice가 변한 말이다. 해시(Hash)는 고기를 얇게 또는 잘게 썰거나 저민다는 의미로, 영국식 스튜요리인 해시드 비프(Hashed beef)가 메이지시대 초기에 일본으로 들어와 토마토소스나 데미글라스소스를 첨가해 따뜻한 밥 위에 올려 일본풍으로 재창조된 요리가 하야시라이스라고 할 수 있다. 이처럼 일본에는 양식이라고는 하지만 실제로 서양에서는 찾아볼 수 없는 요리가 적지 않은데 하야시라이스도 그중 하나이다.

하야시라는 명칭도 해시와 발음이 비슷해서 붙여졌다는 설이 있다. 메이지 초기에 개점한 미가와야라는 양식당에서는 해시드 비프(일본어 발음으로는 '핫슈도 비후')가 손님

하야시라이스

들에게 인기를 끌었는데, 해시드 비프는 비프스튜나 화이트스튜처럼 스튜의 한 종류
였다. 이러한 스튜는 16세기 후반 프랑스에서 탄생해 일본으로 전해졌다. 물론 서양
요리이기 때문에 원래는 밥에 얹어 먹는 것은 아니었지만, 워낙 이 요리가 인기를 끌
자 미가와야에서 밥과 같이 제공하는 일도 있었는데, 이것이 호평을 얻자 독립된 하나
의 메뉴로 핫슈도 라이스(해시드라이스)라고 불리게 되었고, 이 핫슈가 변하여 하야시가
되었다는 것이다.

하야시라이스라는 명칭 탄생에 관한 또 다른 재미있는 설은 이 음식을 고안해낸 사
람인 하야시(はやし)을 이름이 붙였다는 것이다. 1869년 일본 대형서점 및 출판사인
마루젠(丸善)을 창업한 의사 하야시 유우테키(早矢仕有的)는 평소 서양에 관심이 많은

데다가 양식을 좋아하는 미식가였다. 특히 소고기를 무척 좋아했던 그가 친구들이 방문하면 그때그때 집에 있는 채소와 소고기를 걸쭉하게 끓인 후 케첩으로 맛을 내 밥 위에 올려 대접했는데, 급기야 이 요리가 레스토랑 메뉴에 오르게 되었고, 이 요리를 하야시가 고안해낸 밥이라 하여 하야시라이스라고 부르게 되었다는 설이다.

1890년대 후반 대중적인 서양식 레스토랑의 인기 메뉴로는 포크커틀렛, 라이스카레, 오믈렛, 크로켓 등이 있었는데, 이에 더해 하야시라이스가 출현하게 된다. 1906년경 도쿄에서는 한 식품회사에서 루와 소고기를 건조시킨 고형체인 하야시라이스 재료를 판매했는데 이를 뜨거운 물에 녹여 밥에 올려 먹었다. 특히 도쿄에서는 1923년 관동대지진 이후 식량난을 겪던 시기에 조리가 간단하고 간편하게 먹을 수 있는 하야시라이스가 라이스카레와 함께 대중음식점에서 인기를 끌면서 유행하게 된다.

 ## 4 그 외의 화양절충 일본의 ○○라이스

1_타코라이스

타코라이스는 1980년대 일본 오키나와현에서 시작된 음식으로, 멕시코 요리인 타코의 주재료를 밥 위에 얹은 형태의 퓨전 요리이다.

멕시코 요리인 타코는 잘게 다진 소고기 볶음, 양배추, 양파, 토마토, 치즈 등과 향신료를 얇은 빵인 토르티야에 올린 다음 반으

로 접어 살사소스나 아보카도, 토마토, 양파, 라임주스, 칠리를 섞어 만든 과카몰리와 같은 소스와 함께 먹는 요리이다. 이 요리를 빵 대신에 밥에 올려 먹으면 타코라이스가 된다.

2 _ 갈릭라이스

갈릭라이스는 일반적으로 패밀리 레스토랑에서 함박스테이크에 곁들여 나오는 서양풍 볶음밥이다. 밥을 소금, 후추 등의 양념과 마늘, 양파 등과 함께 볶아 파슬리를 뿌려 먹는 요리이다. 정확한 기원은 알려져 있지 않지만, 미국식 필라프가 일본으로 건너오면서 변형된 것이라는 설이 가장 유력하다.

ガーリックライス

3 _ 치킨라이스

치킨라이스는 닭고기와 채소, 쌀밥을 함께 볶아서 토마토케첩 등으로 맛을 낸 일본풍 양식이다. 기본 재료로는 닭고기, 양파, 버섯, 당근, 양송이 등이 사용된다. 조리 순서는 조금씩 바뀌기도 하지만 먼저 닭고기, 잘게 깍둑썰기를 한 채소류의 순으로 볶다가 마지막으로 쌀밥을 넣고 후추와 소금으로 간을 맞추며 다 함께 볶는다. 마무리로 토마토케첩을 넣고 골고루 섞어 맛을 내면 치킨라이스가 완성된다. 또한 오믈렛으로 치킨라이스를 감싸면 오므라이스가 된다.

치킨라이스는 비교적 초창기인 1910년경에는 볶은 닭고기에 당근, 양파를 넣어 만들었으며 당시에는 케첩을 사용하지 않아 빨갛지 않았는데, 1920년 이후 조금씩 발전·변형되면서 케첩을 넣기 시작해 지금의 치킨라이스 모습이 되었다.

2부_일본의 대표 요리

4 _ 시실리안 라이스

시실리안 라이스는 밥 위에 얇게 썰어 볶은
고기와 양파를 얹고 그 위에 양상추나 토마토,
오이 등의 채소를 올린 다음 마요네즈를 뿌려
만든 요리이다. 사가현의 명물 요리로, 사가현
에 거주하던 이탈리아인이 이웃과 나눠 먹으면
서 시작되었다고 한다.

シシリアンライス

5 _ 스태미나 라이스

라이스 위에 돈카츠를 올리고, 그 위에 특제 소스를 넣어 볶은 배추, 당근, 죽순, 양
파, 목이버섯 등을 올린 후 달걀프라이 또는 날달걀을 토핑한 요리이다. 홋카이도 네
무로시의 향토 요리로, 현지의 어부가 스태미나를 키우기 위해 먹은 것이 계기가 되어
개발된 음식이다.

1963년 네무로항 근처에 있던 카페에서 처음 팔기 시작하여 인기를 얻으면서 네무
로시를 중심으로 지역 매장과 슈퍼 등에서도 판매하게 되었다고 한다.

6 _ 소라이스

소라이스(ソーライス)는 소스 라이스를 줄인 말로, 여기서 소스는 우스터소스를 말
한다. 소라이스는 별다른 조리 없이 우스터소스만 쌀밥에 뿌린 요리로, 줄여서 소라이
(ソーライ)라고도 하는데, 태평양전쟁 패전 후 돈 없는 학생들이 자주 먹던 요리이다.

소라이스는 오사카 우메다에 있는 한큐백화점 대식당에서 처음으로 등장했다. 원
래 이 식당의 인기 메뉴는 라이스카레였는데 경제공황의 여파로 가난한 서민들은 라
이스카레를 사먹을 만큼 경제적 여유가 없었다. 이에 값이 싼 쌀밥을 주문해 탁상에

놓여 있는 우스터소스를 듬뿍 끼얹어 먹는 손님이 많았다. 식당에서는 매상이 떨어질 뿐 아니라 식당의 품위도 떨어진다 하여 손님들에게 라이스만 주문하지 못하도록 하려 하였으나, 백화점 사장은 오히려 라이스만 주문하는 손님도 환영한다는 안내문을 식당 앞에 붙이도록 지시했다. 그는 '분명 손님들은 지금은 가난하다. 그러나 나중에 결혼해서 아이를 낳으면 그때 여기에서 즐겁게 식사했던 기억이 나서 가족을 데리고 다시 오게 될 거야'라고 말했다고 한다. 이렇게 해서 소라이스는 한큐백화점 대식당의 메뉴에 정식으로 포함되면서 널리 알려지게 되었다.

이후 경기가 회복되고 나서도 경제공황 당시 소라이스로 허기를 달랜 사람들이 옛 생각을 떠올리며 소라이스를 주문해 먹기도 했는데, 그런 손님들 중에는 그 당시를 떠올리며 감사하는 마음의 표시로 고액의 팁을 그릇 밑에 살짝 놓고 가는 일이 적지 않았다고 한다.

5 일본의 전통적인 밥 종류

1_ **오차즈케**(お茶漬け)

오차즈케는 '녹차'라는 의미의 오차(お茶)와 '담그기'라는 의미의 츠케(즈케)가 합성되어 만들어진 명칭이다.

오차즈케와 같이 밥에 물이나 국을 끼얹어 먹는 식사 방식은 벼농사나 외래문화 전래와 함께 시작되었을 것으로 추측된다. 그러나 이에 대한 구체적인 기록이 없어 실제로 언제쯤 시작되었는지는 확실하지 않지만, 대체로 오차가 서민의 기호품으로 자리 잡은 에도시대 중반 이후 생겨난 것으로 본다. 당시 어느 한 식당의 인색한 주인이 종업원들이 일하는 도중에 식사를 매우 신속하게 끝마치게 하기 위해 고안한 식사법이라는 설이 있다.

이처럼 주로 간단하게 한 끼를 때우거나 가볍게 간식으로 먹을 때 오차즈케를 먹는다. 깔끔하고 담백한 맛을 즐기기 위해 녹차만 부어 그대로 먹기도 하지만, 단조로운 맛을 보완하기 위해 김, 가다랑어포, 연어, 도미, 우메보시 등 다양한 재료를 곁들여 먹기도 한다.

오차즈케

오차즈케는 종류도 다양하여 김(のり: 노리)을 넣는 노리차즈케, 도미(たい: 타이)를 넣는 타이차즈케, 고추냉이(わさび: 와사비)를 넣는 와사비차즈케 등이 있다.

오차즈케와 비슷한 요리로는 돈부리의 기원으로 알려진 호우한이 있다.

2 _ 조스이 (雜炊)

조스이의 어원을 살펴보면, 조스이는 원래 增水(물을 늘림)라는 한자어를 사용하여 밥에 물을 넣어 양을 늘리는 것을 의미했는데, 이 후 조스이(增水)에 '잡(雜)다하게 채소나 어패류 등 여러 가지를 넣고 끓인다(炊: 익히다, 밥을 짓다)'고 하여 조스이의 한자를 雜炊로 바꿔 쓰게 되었다고 한다.

조스이는 간장 또는 미소된장으로 간을 맞춘 국물을 밥에 붓고 고기, 어패류, 채소 등을 잘게 썰어 넣고 맑게 또는 걸쭉하게 끓여 만든 죽과 유사한 요리이다.

원래 조스이는 쌀밥을 보온하거나 재가열하기 쉽지 않았던 시절에 뜨거운 미소 된장국 등을 찬밥에 부어 가정에서 종종 먹던 음식이었다.

지금의 조스이는 전골, 샤부샤부와 같은 나베 요리를 먹고 난 후 남은 국물을 이용해 졸여 먹거나, 몸 상태가 좋지 않을 때 영양 보급으로 죽처럼 먹는 경우가 많다. 복어, 게, 굴, 자라 등을 넣어 만들기도 한다.

조스이와 죽(お粥: 오카유)은 물이나 국물로 쌀을 부드럽게 끓인 쌀 요리라는 점에서는 비슷하다. 그러나 죽은 쌀을 기본으로 하여 보통은 다른 재료를 섞지 않으며, 쌀을 끓일 때 보통 때보다 물을 많이 넣는 반면, 조스이는 밥에 간장이나 된장으로 맛을 낸 국물을 넣어 끓인다는 점에서 차이를 보인다.

雜炊

3 _ **차항**(炒飯 / チャーハン)

차항은 쌀밥에 여러 가지 식재료를 넣고 기름으로 볶은 일본식 볶음밥이다. 일본식 볶음밥은 관동 지방에서는 차항, 관서 지방에서는 구운 밥이라는 의미의 야키메시(燒き飯)라고도 한다.

차항의 원형은 중국식 볶음밥인 차오판 이라고 할 수 있다. 중국의 차오판에 비해 일본의 차항은 센 불로 볶지 않는 경우도 있다는 점과 1인식으로도 조리한다는 점, 그리고 소금간이 세고 감칠맛이 강조된다는 점 등이 다르다고 할 수 있다.

차항은 기본적으로 쌀밥, 달걀, 식용유, 소금 등을 사용하며, 그밖의 식재료로는 구운 돼지고기, 햄, 소시지, 베이컨 등의 육류나 새우, 게 등의 해산물, 그리고 파, 양파, 피망, 그린피스 같은 채소류가 사용된다.

4 _ **가마메시**(釜飯: かまめし)

일본식 솥밥인 가마메시는 1인용 솥에 간장, 미림 등의 조미료를 가미한 쌀을 넣고 그 위에 표고버섯, 닭고기 등을 올려 지은 쌀밥이 메인인 요리이다. 우리의 영양돌솥밥과 비슷하다. 솥의 종류는 철로 만든 철솥이나 돌로 만든 돌솥이 일반적이다.

아사쿠사의 가마메시 하루(釜めし春)라는 식당의 여사장이 1923년 관동대지진 이후 도쿄 우에노 지역에서 이재민 등에게 나누어주던 밥에서 힌트를 얻어 1인용 솥밥을 고안해냈고, 식당에서 이를 손님들에게 제공하면서 가마메시라고 하는 솥밥 요리가 시작되었다고 한다.

지금은 밥 위에 올라가는 식재료도 매우 다양해져 달걀이나 메추리알 등을 넣기도

하며, 채소류로는 당근, 완두콩, 죽순, 은행, 우엉 등이 사용된다. 고기류도 닭고기뿐만 아니라 돼지고기, 소고기를 재료로 한 불고기나 스키야키가 사용되기도 한다. 해산물로는 도미, 연어, 붕장어, 장어, 새우, 게, 문어, 가리비, 전복, 연어알 등이 밥 위에 올라간다.

가마메시를 일본의 철도역에서 파는 도시락인 에키벤(駅弁)의 한 종류로 판매하기도 하는데 많은 사람에게 사랑받는 도시락으로 인기가 높다.

5 _ 오니기리(おにぎり) · 오무스비(おむすび)

우리에게 주먹밥, 삼각김밥으로 잘 알려진 오니기리와 오무스비는 일본에서는 가장 대중적인 음식이자 도시락 등에 자주 사용되는 음식의 하나로, 갓 지은 뜨거운 밥에 원하는 재료를 넣고 안쪽은 부드럽게, 바깥쪽은 단단하게 쥐어 만든다. 모양과 크기가 다양하지만 현재 편의점 등에서 판매되는 오니기리는 대부분 삼각형이다. 오니기리는 차가워도 맛있게 먹을 수 있으며 쉽게 상하지 않도록 소금기가 많은 재료로 만든다.

일본에서 오니기리를 처음 만들기 시작한 것은 나라시대로 무스비(むすび), 니기리 메시(握飯)라는 이름이 나라시대 문헌에 처음 등장한다. 에도시대 문헌에도 오니기리의 모양은 원형 또는 삼각형으로, 손으로 쥐어 만들거나 나무로 제작된 틀에 넣어 눌러 만든다고 기술되어 있는 것으로 보아 적어도 에도시대에는 삼각형 오니기리의 목

おにぎり

재 틀이 있었음을 알 수 있으며, 오늘날 오니기리 역시 대부분 삼각형이다.

오니기리가 삼각형인 이유는 고대인은 산에 신이 머문다고 생각하여 신의 힘과 정기를 받기 위해 산 모양을 본떠 만든 것이라는 설이 있다. 이와는 별도로 첫째, 원형에 비해 삼각형이 운반용 박스에 빈틈 없이 담을 수 있다는 점, 둘째, 삼각형 모양이 기계로 만들어내기 쉽다는 점, 셋째, 삼각형이 다른 형태에 비해 커 보인다는 점 등의 합리적 이유에서 삼각형으로 만들게 되었다고 한다.

6 _ 도미밥(鯛めし: 타이메시)

도미밥은 에히메현의 대표적인 향토 요리로 도미 한 마리를 통째로 넣고 쌀과 같이 찌는 요리이다.

도미밥은 에히메현 중부의 '호조(마쓰야마) 도미밥'과 남부의 '우와지마 도미밥' 두 종류가 있다. 호조 도미밥은 신선한 도미 한 마리를 통째로 구운 후 이를 넣고 밥을 짓지만, 우와지마 도미밥은 도미 회와 특제 양념장, 날달걀, 참깨와 다진 파를 버무려서 뜨거운 밥 위에 얹어 먹는다.

鯛めし

밥 소믈리에 인정시험 ごはん ソムリエ 認定試験

일본은 우리와 마찬가지로 예전부터 밥을 주식으로 해온 나라인 만큼 밥 소믈리에라는 조금은 특이한 자격시험이 있다. 2006년부터 일본취반협회(日本炊飯協会)에서 실시하는 밥 소믈리에 인정시험은 연 1회, 3월 말경 먼저 1박 2일간 교육을 하고 정식 시험이 치러진다. 대개 셰프나 연구원 등 전문가들이 공식적으로 전문성을 인정받기 위해 시험에 응시한다. 시험은 100점 만점에 필기 70점, 실기 30점으로 이루어진다. 자격을 따는 사람은 대부분 일본인이었지만 2010년을 시작으로 현재는 한국인 밥 소믈리에도 적지 않다.

필기시험은 쌀의 역사부터 품종, 쌀 씻는 법, 밥 짓는 법 등 밥에 영향을 미치는 다양한 요소를 두루 평가한다. 실기시험은 지정해준 한 종류의 밥과 다른 세 종류의 밥을 주고 세 종류의 밥이 지정해준 밥과 어떻게 다르며, 각각의 품질은 어떻게 다른지 등을 평가해 제출하는 형식으로 치러진다.

원조 외국 음식의 새로운 탄생 ○○라이스!

3부

일본의 가정식

일본 가정식 대표 반찬 I

'가정식'이란 엄마의 손맛이 가득 느껴지는 건강하고 맛있는 반찬과 밥, 즉 집밥이다. 한 나라의 가정식을 보면 그 나라 음식 전반과 음식 문화의 특징을 알 수 있다.

일본의 가정식을 통해 일본의 음식 문화와 식생활이 어떻게 오늘날과 같은 체계를 갖추게 되었는지 알아본다.

밥이 주식인 일본의 가정식 반찬은 '제철의 신선한 식재료 본연의 맛을 살려 조리'한다고 하는 것이 가장 큰 특징이다.

가정식 반찬을 만드는 조리법은 다양하지만, 사시미나 스시처럼 재료의 맛을 더욱 맛있게 살리기 위해 어떻게 자를지, 즉 자르는 법을 가장 중요한 조리법으로 취급한다. 그 외에도 가정식 반찬의 조리법으로는 조리고, 찌고, 끓이고, 삶거나 데치고, 무치고, 튀기고, 굽는 등 다양한 방법이 있다.

이처럼 다양한 조리법으로 만든 일본 가정식의 반찬으로는 가장 대중적 조림 요리인 니모노(煮物)가 있다. 이는 소재의 맛을 살리면서 간장이나 미소된장 등 콩이 기본이 되는 발효 조미료를 사용해 맛을 완성하는 요리이다. 또한 1즙 3채가 기본 식단인 일본 식탁에 빠질 수 없는 것이 국물 요리인 시루모노(汁物)이다. 이는 가다랑어포, 다시마, 마른 멸치(멸치 외의 작은 물고기를 말린 것도 포함), 말린 표고버섯 등을 끓여 우려낸 다시(육수)의 감칠맛을 베이스로 해서 국물에 들어가는 건더기가 어우러져 맛을 완성하는 요리이다. 이와 유사한 국물 요리로 술자리에서 안주로 가볍게 마시듯 먹는 맑은 국물 요리인 스이모노(吸い物)가 있다.

이 외에도 일본식 달걀찜인 차완무시처럼 물을 끓여 그 수증기로 식재료를 익히는 찜요리인 무시모노(蒸し物), 채소나 어패류를 삶거나 데쳐서 참깨, 미소된장, 식초 등을 넣어 버무리거나 무치는 무침 요리인 아에모노(和え物)가 있다. 아에모노와 같은 종류의 조리법으로는 물에 데친 채소 등에 간장을 뿌린 뒤 버무려 간을 맞추는 히타시모노(浸し物), 초를 이용한 무침 요리인 스노모노(酢の物)가 있다.

그리고 소금으로 식재료를 유산 발효시키는 등 채소류를 오랜 기간 보존, 저장하는 방법으로 개발된 절임요리인 츠케모노(漬け物) 또한 일본 가정식에서는 빼놓을 수 없는 밑반찬이다.

이러한 조리법 외에 앞에서 다룬 조리법으로 만든 가정식 요리로는 보통 150~200℃ 정도 고온의 기름으로 식재료를 가열해 바삭하게 만드는 튀김 요리인 아게모노(揚げ物), 꽁치소금구이처럼 손질한 생선에 소금을 뿌려 직접 불에 구워 만드는 구이 요리인 야키모노(焼き物)가 있다.

끝으로 야사이 이타메(채소볶음) 등과 같이 기름에 식재료를 넣고 볶는 볶음 요리인 이타메모노(炒め物)가 있다. 이타메모노는 예부터 전해져 내려오는 전통적인 조리법

이라고는 할 수 없지만 현대에 와서는 일본 요리의 폭을 한층 넓혀주는 조리법이 되었다.(이타메모노는 전통적인 조리법이 아니므로 독립적으로 다루지는 않는다)

이상에서 다룬 반찬 조리법을 토대로 일본 가정식 반찬 중 가장 인기 있는 요리와 각각의 조리법으로 만들어지는 가정식 백반의 다양한 반찬을 알아본다.

1 일본 가정식 백반의 국가 대표 반찬요리 10

일본을 대표하는 3대 가정식 반찬에는 고기감자조림(니쿠자가), 우엉당근조림(긴피라고보우), 일본식 달걀찜(차완무시)이 있다. 다음에서는 대표 반찬 요리 10가지에 대해 알아본다.

1 _ 고기감자조림(肉じゃが: 니쿠자가)

일본의 가정식 반찬 하면 가장 먼저 떠오르는 요리로 니쿠자가가 있다. 니쿠(肉)는 '고기', 자가(じゃが)는 '감자(じゃがいも)'를 말한다. 니쿠자가는 얇게 썬 소고기 또는 돼지고기와 감자, 양파, 당근, 그린빈 등의 채소를 간장, 설탕, 미림 등으로 달콤짭조름하게 조린 고기감자조림으로 대표적 밑반찬이다. 일반적으로 관동 지방에서는 돼지고기를, 관서 지방에서는 소고기를 사용하는 경향이 있다. 니쿠자가 역시 서양 요리에서 유래했다고 할 수 있다.

메이지시대 영국 포츠머츠시에서 유학생 활을 하고 귀국한 후 해군 함대 사령관이 된 한 장군이 주방장에게 해군의 선상식으로 자신이

肉じゃが

유학시절에 먹었던 비프스튜를 만들도록 명령했으나, 비프스튜 조리법을 모르던 주방장이 일본 조미료(양념)인 간장과 설탕으로 비프스튜와 비슷하게 만든 것이 니쿠자가의 원조라는 탄생 비화가 있다.

그러나 당시 일본에는 양식당에서 비프스튜와 하야시라이스 같은 서양 음식이 이미 일반적인 메뉴로 판매되었으므로, 이러한 니쿠자가 탄생설은 단지 설에 불과하다고 할 수 있지만, 아직도 이 이야기가 많은 사람에게 회자되고 있다.

2 _ 우엉조림(きんぴらごぼう: 긴피라고보)

긴피라는 우엉, 연근, 당근 또는 야콘 등의 채소(주로 우엉)를 가늘게 썰어 기름에 볶은 후 간장이나 설탕, 미림 등으로 달콤짭짤하게 맛을 내 만든 반찬이다. 고보는 일본어로 우엉을 뜻한다. 긴피라라는 이름의 유래로는 두 가지 설이 있다. 첫째, 이 음식이 처음 만들어진 에도시대에 유행했던 조루리(반주에 맞추어 이야기를 읊는 일본의 전통 예능)에 주인공 긴피라가 괴력의 소유자로 매우 강하고 용감한 인물로 등장하는데, 이 캐릭터와 우엉의 딱딱하고 견고한 모양이 서로 닮았다고 하여 긴피라라는 이름이 붙었다고 한다. 둘째, 조루리에서 사카타긴피라역을 맡은 배우의 헤어 스타일이 우엉을 채 썬 모양이라 우엉조림의 이름이 긴피라가 됐다는 설이다.

きんぴらごぼう

3 _ 돼지고기생강구이(豚肉のしょうが焼き: 부타니쿠노쇼가야키)

부타니쿠노쇼가야키는 돼지고기(豚肉)를 생강(しょうが)양념으로 맛을 내 구운(焼

き) 돼지고기생강구이이다. 이 요리의 유래는 두 가지가 있다. 첫째는 일본 돼지 양돈 부흥기인 다이쇼~쇼와시대에 돼지고기를 구워 먹을 때 고기의 비린내를 잡기 위하여 생강을 이용했다는 설이다. 둘째는 1951년 긴자에 창업한 한 일식당의 간판메뉴는 원래 돈카츠였지만 시간이 많이 걸리는 돈카츠 대신에 신속하게 만들 수 있는 요리를 개발했는데, 이 요리가 얇게 썬 돼지고기에 생강을 베이스로 한 양념을 넣고 구운 쇼가야키였다는 설이다.

부타니쿠노쇼가야키는 얇게 밀가루를 묻힌 돼지고기를 달군 프라이팬에 중불로 고기가 겹쳐지지 않게 굽는다. 고기에 밀가루를 얇게 묻혀 구우면 육질이 촉촉하고 부드러워진다. 고기가 노릇노릇하게 구워지면 생강에 청주, 간장, 미림을 섞어 만든 생강소스를 고기 위에 부어 소스의 맛과 향이 고기에 잘 배도록 다시 한번 굽는다.

양상추, 토마토 등의 채소를 올린 그릇에 고기를 담은 뒤 프라이팬에 남은 소스를 고기에 뿌리고 마요네즈를 곁들이면 완성된다.

4 _ 돼지고기 깍둑썰기 장조림(豚の角煮: 부타노가쿠니)

가쿠는 '모가 난 것', 니는 '조림'을 뜻하는 말로, 부타노카쿠니는 돼지고기를 사각으로 잘라서 육수에 조린 장조림과 같은 요리이다. 나가사키의 향토 요리이자 싯포쿠요리의 대표 주자인 가쿠니에는 돼지고기를 사각으로 잘라서 조리한 요리뿐만 아니라, 사각썰기를 한 가다랑어(가츠오)를 달게 조린 가츠오가쿠니도 있다.

싯포쿠요리는 16세기 말 나가사키항구를 개항
하면서 일본, 중국, 네덜란드의 동서양 요리가 절
묘하게 혼합되어 일본인의 입맛에 맞게 변형된 요
리이다. 원탁 테이블에 많은 요리를 놓고 먹는 중국
식과 큰 접시에 담긴 음식들을 자유롭게 나누어 먹는 서
양식 식사 방식이 섞인 요리로, 당시 1즙 3채를 작은 소반에 놓고 1인식으로 먹는 방
식에 익숙한 일본인에게는 큰 충격이었다고 한다.

만드는 방법은 돼지고기를 덩어리째 겉만 약간 익을 정도로 살짝 구워 차가운 물로
기름기를 제거한 다음 청주, 대파, 생강을 넣은 물에 삶아 그대로 하룻밤을 숙성시킨
다. 다음 날 돼지고기를 깍둑썰기 하여 설탕, 미림, 간장 등으로 맛을 들이면서 조려
완성한다. 이틀에 걸친 2단계 가열로 육질이 부드러워지고 고기 속까지 맛이 스며들
어 깊이 있는 맛을 즐길 수 있다는 것이 포인트이다.

5 _ 가자미조림(かれいの煮つけ: 가레이노니츠케)

가레이는 '가자미'를 말한다. 가레이노니츠케는 가자미를 간장, 미림, 설탕 등으로
만든 양념에 조린 가자미조림이다. 가자미는 회보다는 열을 가하는 조림으로 먹는 것

이 더 맛있는데, 그 이유는 가자미가 바다에서
운동량이 적어 근육량이 많지 않기 때문이다.

토막 낸 가자미 표면에 십자로 칼집을 내고
청주 베이스의 달고 짭짤하게 만든 조림국물에
조린 가자미조림은 밥을 부르는 일본 가정식의
대표 반찬 중 하나이다. 막 조렸을 때보다는 조
금 시간이 지나서 먹는 것이 더 맛있다.

6 _ 가지구이(焼きなす: 야키나스)

나스는 '가지'를 뜻하며, 야키나스는 가지 껍질이 새까맣게 될 때까지 통째로 구워 껍질을 벗긴 다음 대파를 채 썰어 곁들이고 생강을 갈아 넣은 간장을 뿌려 먹는 것이 일반적이다. 가지 껍질이 새까맣게 될 때까지 굽는 것이 포인트다. 야키나스는 일반적으로 가지구이라는 뜻으로 쓰이지만, 가지의 한 품종 이름을 야키나스라고 부를 때도 있다. 이때의 야키나스는 니가타현의 브랜드 품종으로 농가 일곱 곳에서만 생산된다고 한다. 야키나스는 이름 그대로 구이용으로 개발된 가지로 일반 가지보다 3~4배 정도 더 자라기도 하며, 육질이 부드럽고 섬유질이 고르게 분포되어 구워 먹는 것이 가장 맛있다고 한다.

7 _ **고등어된장조림**(さばのみそ煮: 사바노미소니)

사바는 '고등어'를 뜻하며, 사바노미소니는 일본 고등어요리의 대표 주자 중 하나이다. 만드는 방법은 토막 낸 고등어 표면에 십자로 3㎜ 정도 깊이의 칼집을 내고 뜨거운 물을 충분히 뿌린 후 찬물에 살짝 씻는다. 청주, 미림, 된장, 물을 섞어 만든 조림 국물 일부와 얇게 썬 생강 슬라이스를 프라이팬에 넣고 센 불에 어느 정도 조린 뒤 고등어를 넣고 뚜껑을 덮어 중불에 조린다. 거의 조려졌다 싶을 때 나머지 조림 국물을 생선 위에 뿌려주면서 센 불에 조린 뒤 고등어를 그릇에 담고 조림 국물을 끼얹은 다음 그 위에 채 썬 생강을 올려 먹는다.

사바노미소니는 대중적인 음식인 만큼 응용 식품도 많이 나와 있는데, 고등어된장통조림, 고등어된장조림 진공팩, 그리고 모스버거의 기간 한정 버거로 고등어된장조림을 일반 패티 대용으로 사용한 모스라이스버거 등 다양한 형태를 찾아볼 수 있다.

고등어 조림 요리는 간장(쇼유)을 베이스로 하는 사바노쇼유니(고등어간장조림)도 있는데, 이는 관동식 고등어 조림이다. 관동은 간장, 관서는 된장을 사용하여 고등어 조림을 만드는데, 서로 사용하는 조미료가 다른 이유는 관서에서는 소금으로 간이 된 고등어가 유통되는 반면, 관동에서는 보통 생고등어가 유통되어 고등어의 비린내를 잡기 위해 생강과 간장을 넣기 때문이다.

8 _ **튀김두부**(揚げだし豆腐: 아게다시도후)

'아게'는 튀김, 도후는 '두부'를 뜻한다. 만드는 방법은 먼저 4등분해 키친 페이퍼에 올려 물기를 뺀 두부에 칡녹말(갈분)이나 전분을 골고루 묻혀 기름에 튀긴다. 튀긴 두부 위에 간장과 미림을 부은 뒤 간 무와 간 생강을 올리면 된다. 이 때 보통 튀김보다는 조금 낮은 온도(170℃)로 조금 길게 튀겨 수분을 제거하는 것이 포인트이다.

揚げだし豆腐

9 _ 콩채소조림(五目煮: 고모쿠니)

고모쿠는 '다섯 가지 식재료' 또는 '여러 가지 식재료가 섞인 것'을 뜻하며, 고모쿠니는 콩을 주재료로 해서 여러 가지 채소를 함께 조린 조림 요리이다.

보통은 다시마, 간장, 미림, 설탕으로 만든 육수에 콩과 1㎝ 정도 크기로 자른 우엉, 당근 등의 재료를 한꺼번에 넣어 조리는 간단한 요리이다. 다섯 가지 식재료를 의미할 때는 콩, 우엉, 당근에 죽순과 연근이 포함되는 경우가 많다.

10 _ 삼치데리야키(さわらの照り焼き: 사와라노데리야키)

사와라노데리야키는 삼치(사와라)에 데리야키소스를 발라 구운 요리이다. 데리야키는 일본 요리의 조리법 중 하나로, 간장 베이스의 달콤한 양념, 즉 데리야키소스를 재료에 발라가면서 굽는 조리법을 말한다. 구울 때 소스의 당분에 의해 재료 표면이 광택을 띠게 된다 하여 광택에 해당하는 일본어 데리에 '구이'라는 뜻의 야키를 붙여 만든 데리야키는 조리법은 물론 조리된 요리 이름으로 사용된다.

さわらの
照り焼き

만드는 방법을 간단히 살펴보면, 프라이

팬에 삼치 토막을 넣고 적당히 구운 후 뚜껑을 덮고 다시 2, 3분 정도 찌듯이 굽는다. 구운 삼치에 '미림 3, 청주 1, 간장 1.5'의 비율로 만든 데리야키소스를 골고루 바른 후 약불에 잠깐 구우면 완성된다. 주재료인 삼치를 방어(ブリ: 부리)로 바꿔 동일한 방법으로 만들면 부리노데리야키, 즉 방어데리야키가 된다.

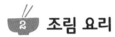

2 조림 요리

니모노(煮物: 조림 요리)는 일본 가정식 반찬류 중에서 종류도 많고, 가장 대표적인 반찬요리라고 할 수 있다.

니모노는 '익히다, 삶다, 끓이다'라는 의미의 일본어 니루(煮る)에서 비롯한 말로, 맛국물인 다시를 베이스로 해서 식재료를 끓이거나 조려서 소금, 간장, 설탕, 청주, 미림 등으로 맛을 낸 요리를 말한다. 맛을 내는 방법이나 조리거나 끓일 때 불의 강도와 시간에 따라 조림 종류도 다양하다.

니모노 조리법이 시작된 것은 조몬시대 초기로 추정하는데, 조몬시대 때부터 불이 사용되었기 때문이다.

조몬시대 초기에 만들어진 것으로 추정되는 토기 일부에서 생선 등을 끓이거나 조리다가 탄 흔적이 발견된 점으로 미루어보면 니모노는 매우 오래된 조리법이라는 것을 알 수 있다.

이후 시간이 흐르고 시대가 바뀌면서 니모노 종류도 다양하게 발달했다. 간장, 된장이 양념으로 보편화된 에도시대에는 간장, 된장으로 맛을 낸 칸로니(甘露煮: 단맛이 나도록 조린 요리), 야마토니(大和煮: 소고기 등을 간장, 설탕, 생강 등을 넣어 조린 요리), 미소니(味噌煮: 미소된장으로 생선 등을 조린 요리) 등 다양한 니모노가 생겨났다. 육류 섭취가 장려되기 시작한 메이지시대에는 각종 채소, 육류, 내장 등에 조림 국물인 니지루(煮汁)가 잘 배이도록 조리하는 니쿠자가(고기감자조림), 가쿠니(깍둑썰기 장조림), 모츠니코미(곱창조림) 등의 요리가 등장했다. 오늘날에는 정통 일본 요리인 가이세키요리에서 식사(밥류)가 나오기 전에 전체 코스를 마무리하는 요리로 니모노가 제공되기도 한다.

煮物

니모노의 종류는 두 가지 유형으로 분류할 수 있는데, 첫 번째는 조리법에 따른 분류이다. 니모노는 조리 방법에 따라 끓여 조린 니코미, 자작하게 조린 니츠케, 바짝 조린 니시메, 연한 다시(육수)에 끓여낸 니히타시 등으로 나뉜다.

'끓여 조림'을 의미하는 니코미(煮込み)는 재료를 충분한 물 또는 양념장에 넣고 약한 불에서 장시간 끓이는 조리법으로, 대표적 요리로는 니쿠자가, 모츠니코미, 오뎅, 카레 등이 있다.

'자작한 조림'을 의미하는 니츠케(煮付け)는 간장, 설탕, 미림 등을 넣고 국물을 자작하게 끓여 달고 짠 두 가지 진한 맛을 내는 조리법으로, 주로 생선조림 등의 요리에 많이 사용된다.

'바짝 조림'을 의미하는 니시메(煮しめ)는 도시락 반찬이나 연회 때 쓰이는 조리법으로, 조림 국물을 뜻하는 니지루의 색과 맛이 재료에 충분히 스며들도록 수분이 거의 없어질 때까지 시간을 두고 바짝 조리는 조리법이다. 이 조리법에 사용되는 식재료로는 주로 연근, 우엉 등의 뿌리채소나 곤약, 다시마, 버섯, 유부 등이 있다.

'맑은 조림'을 의미하는 니히타시(煮ひたし)는 채소나 생선 등의 재료에 간장, 미림을 넣고 끓여 만든 연한 다시가 잘 스며들도록 뭉근히 조리는 조리법이다. 주로 사용

되는 식재료로는 잎채소와 양배추 같은 담색채소, 버섯류 등이 있다. 끓이는 정도나 양념하는 정도에 따라 다양한 유형의 조림 요리가 된다.

두 번째는 양념을 만드는 소스와 식재료에 따른 분류로, 일반적으로 총 여섯 가지가 있다.

'간장 조림(쇼유니: 醬油煮)'은 진간장으로 맛을 내며, 달걀이나 김을 넣어 만든 츠쿠다니(작은 생선이나 바지락, 소고기, 채소류, 다시마 등의 식재료를 조린 요리) 혹은 작은 생선의 조림 요리에 사용된다.

'감칠맛 조림(우마니: 旨煮)'은 소량의 맛국물인 다시로 끓이며 단맛과 짠맛, 감칠맛을 골고루 맛볼 수 있는 것이 특징으로 고기, 생선, 채소류의 조림 요리에 사용된다.

'단 조림(아마니: 甘煮)'은 설탕 또는 단맛을 내는 재료를 넉넉히 넣어 진한 단맛을 내며, 밤이나 고구마 또는 채소 등을 달게 조릴 때 사용된다.

'미소된장 조림(미소니: 味噌煮)'은 미소된장으로 등푸른생선 등 생선의 비린내를 없애면서 미소된장의 풍미를 살리는 조림 요리에 사용된다.

'요시노니(吉野煮)'는 전분으로 만든 조림으로 칡가루(쿠즈)를 니지루에 넣거나 식재료에 전분을 묻혀 걸쭉하게 조리며, 주로 도미, 닭고기, 새우 등의 조림 요리에 사용된다. 나라현 남부에 위치해 벚꽃의 명소로 유명하고 칡의 명산지이기도 한 요시노(吉野)라는 지명에서 따와 붙여진 조리 명칭이다.

'도사니(土佐煮)'는 채소를 간장으로 조린 후 남은 니지루에 많은 양의 가다랑어포(가츠오부시)를 넣어 맛을 내는 조리법으로 간장맛이 강한 게 특징이다. 주로 죽순과 곤약조림 요리에 사용된다. 여기서 도사(土佐)는 현재 일본 고치현 한 지방의 옛 이름으로, 이곳의 명물이었던 가다랑어포를 넣고 끓였다 하여 도사니라는 명칭이 붙었다고 한다.

다음에는 일본 니모노 중 대표적인 요리를 몇 가지 알아본다.

ぶり大根

1 _ **방어무조림**(ぶり大根: 부리다이콘)

부리는 '방어', 다이콘은 '무'를 의미하는 말로, 부리다이콘은 일본의 대표적인 겨울 조림 요리이자 도야마현의 향토 요리이다.

방어는 도야마를 대표하는 특산품이며, 400년 이상 전부터 방어 조업이 이루어진 도야마만에서 잡히는 질 좋은 방어는 예부터 귀한 선물로 사용되었다.

또한 방어는 옛날부터 성장 단계에 따라 여러 번 이름이 바뀌는 출세어로도 알려져 있다. 도야마 일부 지역에서는 딸의 건강과 사위의 출세를 기원하며 시집가는 곳에 방어를 보내는 풍습이 지금까지 이어질 정도로 방어에 대한 이 지역의 애정은 남다르다.

방어무조림은 서덜(생선살을 발라내고 남은 머리, 뼈 등)이나 생선살을 사용하는데, 이 요리를 만들 때는 비린내를 없애고 조림 국물이 탁해지는 것을 방지하기 위해 방어 토막을 미리 뜨거운 물에 넣어 테두리 부분이 하얗게 되면 차가운 물이나 얼음물에 넣었다가 꺼낸다. 두께 3㎝ 정도의 반달 모양으로 썬 무를 냄비에 넣고 쌀뜨물을 무가 잠길 정도까지 부은 다음 무가 부드러워질 때까지 끓인다. 미리 준비해둔 방어와 생강, 청주, 미림, 설탕을 함께 넣어 끓이면서 거품과 기름기를 걷어내고 무와 방어가 윤기가 날 때까지 중불에 다시 조리면 완성된다.

2 _ **오징어와 토란조림**(イカと里芋の煮付け: 이카토사토이모노니츠케)

이카는 '오징어', 사토이모는 '토란'을 뜻한다. 오징어와 토란은 모두 가을이 제철이라 서로 궁합이 맞는 음식 조합이다.

오징어를 잘 손질하여 몸통은 폭 1㎝ 정도의 링 형태로 썰고, 다리는 2개 한 쌍으로

나누어 냄비에 넣고 다시 국물과 잘게 썬 생강,
간장, 미림, 청주를 넣고 볶듯이 끓인다.
토란도 껍질을 벗겨 한입 크기로 썰어 같
은 방법으로 끓인다. 익혀놓은 오징어와 토
란을 한 냄비에 넣고 조림 국물이 거의 없어질 때까
지 자작하게 조리면 완성된다.

イカと里芋の煮付け

3 _ 뿌리채소와 닭고기간장조림(筑前煮: 치쿠젠니)

치쿠젠니는 뿌리채소와 닭고기간장조림으로, 일본 설 명절 요리인 '오세치요리'에
들어가는 것으로도 유명하다. 원래는 규슈 후쿠오카현 치쿠젠이라는 지방에서 평상
시에 자주 먹던 조림 요리라는 점에서 치쿠젠의 조림(煮: 니), 즉 치쿠젠니라는 이름이
되었다고 한다. 이렇게 시작된 요리가 점차 다른 지역에 알려지면서 대중화되었다. 후
쿠오카현 하카타만에 많이 서식하던 가메(거북이)를 식재료로 하여 후쿠오카현에서는
가메니(がめ煮: 거북조림)라고 불리기도 했다.

이 요리는 닭고기에 당근, 우엉, 연근과 표고버섯 등을 넣고 기름에 볶은 후 가츠오
부시 육수를 붓고 설탕과 간장으로 간을 해서 달고 약간 짜게 조려 만든다. 앞에서 다
룬 조림 요리와 다른 점은 재료를 먼저 기름으로 볶는
다는 것인데 이렇게 하면 좀더 진한 맛이 난다.
닭고기와 뿌리채소에서 배어나오는 자연 육수
만으로 조리는 경우도 있지만, 가츠오부시 육수
를 넣으면 좀더 고급스러운 맛과 감칠맛을 느낄
수 있다.

筑前煮

4 _ 소고기두부조림(肉豆腐: 니쿠도후)

니쿠는 '(소)고기', 도후는 '두부'를 뜻하는 말로, 니
쿠도후는 소고기두부조림이다.

肉豆腐

니쿠도후를 만들 때는 먼저 두부는 8등분으로,
소고기는 한입 크기로 자르고, 대파는 1cm 길이로 송
송 어슷썰기를 해놓는다. 조림 국물(물, 청주, 설탕, 간장)이
펄펄 끓으면 대파를 넣고 끓이다 대파가 숨이 죽으면 일단
꺼내놓는다. 같은 냄비에 미리 손질한 소고기를 넣고 저어가면서 고기가 익을 때까지
끓인 후 두부와 대파를 다시 넣고 두부에 맛이 스며들 때까지 조리면 완성된다.

5 _ 두부동그랑땡 표고버섯조림(がんもどきと椎茸の煮物: 간모도키토시이타케노니모노)

두부를 으깨 튀겨낸 간모도키와 시이타게, 즉 표고버섯을 넣고 함께 조려낸 두부동
그랑땡 표고버섯조림이다.

먼저 청주, 설탕, 미림, 간장을 다시 국물에 섞어 끓여 놓는다. 간모도키는 2등분이
나 4등분을 하고, 당근은 적당한 크기로 자르며, 표고버섯은 반으로 자른다. 맛을 들
인 다시 국물에 준비한 재료를 모두 넣고 푹 끓여 조리면 된다.

> **tip 간모도키**(がんもどき)
> 잘게 다진 우엉, 연근, 다시마, 톳, 당근, 대파 등을 으깬 두부에 넣어 기름에 튀긴 영양만점 두
> 부동그랑땡이다. 간(雁: 기러기 안)은 '기러기'를 뜻하며, 모도키는 '비슷함'을 나타내는 말이다.
> 맛이 기러기 고기와 비슷하다 하여 붙여진 이름으로, 사찰음식에서 고기 대용으로 먹는 음식
> 이기도 하다.

6 _ 냉동건조두부조림(高野豆腐含め煮: 고야토후 후쿠메니)

후쿠메니는 건조시킨 채소, 두부(토후) 등을 부드럽게 한 뒤 맛이 골고루 배도록 국물을 붓고 푹 조리거나 천천히 끓인 요리를 말한다. 고야토후 후쿠메니는 두부를 동결 · 저온 숙성시킨 후 건조시킨 고야토후(高野豆腐)를 조려 만든다.

고야토후는 와카야마현 고야산(高野山)에 있는 사찰의 스님이 한겨울 추울 때 만들어 일본 전통 요리 중 하나인 정진요리에 사용했다고 한다. 고야토후는 외관상으로는 스펀지나 수세미를 잘라놓은 듯 보이지만, 제대로 해동하면 매우 담백하고 매력적인 맛이 난다.

이 요리는 뜨거운 물에 넣어 해동한 냉동두부(고야두부)를 다시 국물에 넣고 펄펄 끓인 후 가츠오부시, 설탕, 미림, 연한 간장을 뿌려 조린 다음 그대로 식히면 완성된다. 미리 삶아놓은 당근과 꼬투리완두(사야엔도우)를 곁들이면 더 좋다.

냉동두부를 원래 상태로 되돌리는 과정이 두부의 맛을 결정하는 중요 포인트인데, 언 두부를 80℃의 뜨거운 물에 담가 두부 속까지 부드럽게 해동하고, 두부의 하얀 물이 나오지 않을 때까지 씻어내야 한다.

🥢 3 국물 요리

　시루는 '국물'을 뜻하고, '시루모노(汁物)'는 국물(汁: 시루)이 중심이 되는 모든 요리를 총칭하지만, 일본의 정식(定食) 요리인 가이세키요리에서 식사와 함께 제공되는 국을 말하기도 한다. 예전에는 국물 요리를 밥과 함께 반찬으로 제공하는 시루모노(汁物), 주로 술과 함께 제공하는 '스이모노(吸物)'로 구분했다. 따라서 밥반찬 역할을 하는 시루모노는 맛이 진하고, 술안주 역할을 하는 스이모노는 맛이 연한 게 특징이다.

　일본의 국물 요리는 무엇을 기본으로 해서 전체적인 국물 맛을 내느냐에 따라 된장을 기본으로 하는 된장국(味噌汁: 미소시루. ⑩ 미소시루, 돈지루), 간장 베이스의 간장국(醬油汁: 쇼유시루. ⑩ 켄칭지루), 소금 베이스의 소금국(塩汁: 시오지루. ⑩ 스이모노, 우시오지루) 등 국물 종류도 다양한데, 먼저 시루모노의 역사를 간단히 알아본다.

　국물 요리에 대한 기록이 나타나기 시작한 나라시대에는 뜨거운 국물 요리를 아츠모노라고 불렀다. 이는 중국에서 양고기로 만든 걸쭉한 국물이 전래되었는데, 이 국

다시의 재료

물 요리를 나타내는 한자 '羹(갱)'을 일본어로는 아츠모노라고 읽은 데서 비롯했다. 이후 헤이안시대에 아츠모노와 함께 시루(汁)라는 표현이 처음 등장했다.

가마쿠라시대에 선종의 유입으로 채소, 두부, 해조류를 중심으로 하는 쇼진요리가 발달했다. 당시 다시(육수)는 가다랑어포(가츠오부시)가 아닌 다시마와 표고버섯을 사용했다.

무로마치시대에 들어서는 아츠모노라는 말 대신 시루모노와 스이모노라는 표현을 사용했다.

에도시대에는 된장 이외에도 간장, 소금, 낫토 등이 서민들에게 보급되어 각종 고기와 생선, 채소들을 사용하여 국물 맛을 냈다.

시루모노 종류를 알아보기 전에 먼저 시루모노와는 떼려야 뗄 수 없는 다시(육수)에 대해 알아보자.

'이치반다시(1번 육수)'는 가츠오부시와 다시마가 가지고 있는 맛을 최대한 뽑아낸 첫 번째 다시로, 스마시지루를 만들 때 사용한다. 이 외에도 차완무시, 다시마키, 자루소바용 츠유, 스키야키, 오야코동, 니쿠자가 등 일본 요리를 만들 때 가장 기본이 되는 육수이다.

'니반다시(2번 육수)'는 이치반다시를 우려내고 남은 가츠오부시와 다시마에 새로 가츠오부시와 다시마를 추가해서 만드는 두 번째 다시이다. 다시마를 넣어서 감칠맛을 더하고 30분 정도 끓이기 때문에 더 깊고 진하다. 맛이 진한 조림 등을 만들 때 사용한다.

'콘부다시(다시마 육수)'는 다시마의 향과 진한 맛이 특징인 다시이다. 생선 요리나 맑은 탕인 지리 또는 채소와 두부를 이용한 국물에 잘 어울린다.

'니보시다시(멸치 육수)'는 멸치를 이용한 다시이다. 멸치와 함께 다시마가 들어가서 감칠맛과 단맛이 강해 다양한 요리에 사용할 수 있다. 식당에 따라 다르지만 우동, 소바, 라멘 국물의 베이스로 쓰기도 한다.

1 _ **미소장국**(味噌汁: 미소시루)

시루모노(汁物)는 일본 정식 코스 요리에서 처음에 나오거나 마지막에 나오지만 항상 밥과 함께 나온다. 시루모노의 핵심은 뭐니뭐니 해도 미소장국인 미소시루이다.

'미소(味噌)'는 일본인에게는 빼놓을 수 없는 조미료 중 하나이다. 미소의 유래에는 여러 가지 설이 있으나, 아스카시대 불교와 함께 한반도에서 전해졌다는 설이 유력하다. 처음에 미소는 국물 형태가 아니라 핥아먹거나 우리의 고추장이나 쌈장처럼 채소에 발라 먹는 고급품이다 보니 서민들은 먹을 수 없었다. 국물인 미소시루로 먹기 시

미소시루

작한 것은 헤이안시대 말기에서 가마쿠라시대이다. 승려들이 절구에 미소를 으깨서 만든 미소가루를 물에 녹여 먹은 것이 시초라고 한다.

　미소는 대두를 쪄서 누룩과 소금을 첨가해 발효시켜 만드는 조미료 중 하나로 종류도 다양하다. 누룩의 차이에 따라 대두에 쌀누룩을 넣어 만드는 '코메미소(米味噌: 쌀된장)', 보리누룩을 넣어 만드는 '무기미소(麦味噌: 보리된장)', 콩누룩을 넣어 만드는 '마메미소(豆味噌: 콩된장)'가 있다. 미소의 색 차이에 따라서는 '아카미소(赤味噌: 붉은 된장)'와 '시로미소(白味噌: 흰 된장)'로 나눌 수 있다. 또한 누룩의 비율에 따라서는 누룩 비율이 높은 '아마미소(甘味噌: 연한 맛 된장)', 누룩 비율이 낮은 '가라미소(辛味噌: 진한 맛 된장)'가 있다.

　중세 이후 미소시루는 급속하게 보급되는데 일본인이 일상에서 흔하게 미소시루를 먹게 된 것은 무로마치시대부터이며 에도시대 들어서는 서민들이 매일 아침 미소시루를 먹었다고 한다. 가장 기본적인 미소시루로는 낫토를 잘게 썰어 넣는 낫토 미소장국(納豆汁: 낫토지루)이 있다.

　일본은 식품 본연의 맛과 계절감을 중요시하여 제철 재료들을 많이 사용하므로 계절마다 미소시루에 넣는 재료들도 다른데, 계절별 대표적 미소시루로는 다음과 같은 것들이 있다.

봄 – 미역 죽순 미소장국 若竹汁: 와카타케지루

봄이 제철인 죽순과 이 시기에 수확하는 생미역을 넣고 무기미소 7, 아카
미소 3의 비율로 섞어서 만든 와카타케지루를 자주 먹는다. 와카타케는
미역(와카메)과 죽순(다케노코)이 합쳐진 말이다. 죽순과 미역은 봄기운을
느낄 수 있는 제철 음식으로 궁합이 잘 맞는 식재료이다. 제철의 식재료
가 만나 재료의 맛과 향을 더 돋보이게 하며 풍부한 맛과 계절감을 느낄
수 있다.

여름 – 구운 가지와 순채 미소장국
焼きなすとじゅんさいの味噌汁: 야키나스토준사이노미소시루

야키는 '구운', 나스는 '가지', 준사이는 '순채'를 뜻한다. 순채는 수련과의
여러해살이 수초로 연못에서 자생하며, 잎이 피기 전의 싹과 줄기는 물
론이고, 꽃봉오리까지 먹는다.
여름에는 직화구이를 하여 검게 그을려 껍질을 벗긴 고소한 가지와 제철
에 수확한 순채, 그리고 아카미소를 넣어 만든 구운 가지와 순채 미소장
국을 자주 먹는다.

가을 – 버섯 미소장국 きのこの味噌汁: 기노코노미소시루

기노코는 '버섯'을 뜻한다. 가을의 미각을 느낄 수 있는 몇 종류의 버섯과
아카미소 7, 시로미소 3의 비율로 넣고 끓인 버섯 미소장국은 쌀쌀한 가
을밤에 제격이다. 버섯은 사시사철 먹을 수 있지만 가을에 더 진한 향과
깊은 맛을 느낄 수 있고 영양이 풍부하다.

겨울 – 순무와 튀긴 두부 미소장국
かぶと厚揚げの味噌汁: 가부토아츠아게노미소시루

가부는 '순무', 아츠아게는 '두껍게 잘라 튀긴 두부'를 뜻한다. 겨울에는
순무와 튀긴 두부, 그리고 시로미소 7, 무기미소 3의 비율로 넣어 만든 미
소장국을 자주 먹는다. 순무는 무와 다르게 매운맛이 없고 단맛이 나는
것이 특징이며, 튀긴 두부는 뜨거운 물을 부어 기름기를 뺀 후 사용하는
데, 표면만 튀겨서 속살은 그대로 살아 있어 말랑말랑한 식감을 느낄 수
있다.

2 _ 낫토 미소장국(納豆汁: 낫토지루)

에도시대인 1643년에 간행된 『요리 이야기』라는 요리책에 등장하는 것을 보면 에도시대부터 낫토 미소장국을 먹은 것을 알 수 있다. 에도시대에는 금지되어 있던 육식을 대신해 단백질을 보충할 수 있는 중요한 음식 중 하나가 낫토지루였다고 한다. 낫토는 일본의 대표적 건강식품으로 대두를 낫토균으로 발효시켜 만든다. 낫토지루는 미소와 으깬 낫토 그리고 두부, 유부, 곤약, 버섯과 산나물 등 다양한 재료를 넣고 끓인 미소장국으로 지역에 따라서 넣는 재료들이 달라진다.

낫토는 오래 끓이면 영양소가 파괴되기 때문에 미소시루 조리 과정 중 맨 마지막에 넣고 끓인다.

3 _ 돼지고기 미소장국(豚汁: 돈지루)

돈지루의 돈은 '돼지'를 뜻한다. 돼지고기 미소장국인 돈지루의 유래로는 몇 가지 설이 있다. 먼저 구 일본 해군에서 카레를 만들면서 카레가루 대신 미소된장을 넣으면서 시작되었다는 설, 일본식 맑은 장국인 켄칭지루에 돼지고기를 넣으면서 시작되었

다는 설이 있다. 그러나 멧돼지 고기를 식재료로 사용하는 보탄나베(멧돼지 전골)를 본떠서 만들기 시작했다는 설이 가장 유력하다. 돼지고기를 식재료로 한 점으로 보아 육식 금지령이 해제된 메이지시대 이후 보급된 요리로 추정한다.

돈지루는 돼지고기와 미소에 무, 당근, 우엉, 토란, 양파 등의 채소를 넣은 국으로 돼지고기의 고소함과 채소의 단맛을 느낄 수 있는 것이 특징이다.

4 _ **일본식 달걀국**(かき玉汁: 가키다마지루)

가키다마지루의 가키는 '휘저어 섞음', 다마는 '달걀'을 뜻한다. 먼저 다시마와 가츠 오부시로 다시 국물(이치반다시)을 만든 다음 여기에 전분을 넣어 걸쭉한 앙카케를 만들어놓는다. 양파와 당근을 채 썰어 다시 국물이 들어 있는 냄비에 넣고 잠깐 끓인다. 다음으로 된장을 풀어넣고 풀어 놓은 달 걀을 아주 가늘게 흘리듯이 넣고 휘저은 후 한소끔 끓이면 완성된다. 취향에 따라 버섯, 파드득나물, 미 역, 파 등을 넣기도 한다.

かき玉汁

5 _ **일본식 맑은 장국**(けんちん汁: 겐칭지루)

겐칭지루는 손으로 으깬 두부에 무, 당근, 우엉, 토란, 곤약을 넣어 볶고 나서 다시 마와 표고버섯으로 낸 다시 국물을 넣고 푹 끓여 졸인 후 간장으로 맛을 조절하는 맑 은 장국이다. 지역에 따라 된장으로 맛을 내는 경우도 있다.

겐칭지루의 유래로는, 가마쿠라시대 가나가와 현에 창건된 겐쵸지(建長寺)라는 절에서 어느 날 큰 법회가 열렸는데, 너무 많은 손님이 와서 두부가 부족하게 되었다. 그러자 한 승려가 두부의 양을 늘리기 위해 두부를 으깨고 채소까지 넣어 국을 만들었다. 그 이후 으깬 두부와 채소로 만든 국을 절의 이름을 따서 겐쵸(建長)지루라고 불렀는데, 이것이 널리 퍼지면서 겐칭지루로 변했다는 설이 유력하다.

けんちん汁

2 스이모노

스이모노(吸い物)의 스이(吸い)는 '흡입하듯 마신다'는 뜻으로, 스이모노란 일본의 국물 요리인 시루모노의 일종으로 가볍게 마시듯 먹는 맑은 국을 말한다. 또한 일본의 대표적 정식 코스 요리인 가이세키요리에서 술과 함께 제공되기도 한다.

스이모노는 일반적으로 스마시지루가 대표적이지만, 우시오지루도 스이모노로 취급하는 경우가 많다.

스마시지루의 스마시(清まし)는 '맑다, 투명하다'는
뜻이다. 스마시지루는 다시 국물에 따라 맛이 결정되
기 때문에 이치반다시를 사용하고, 소금으로 국물
의 간을 맞춘 후 소량의 간장으로 향과 맛을 더하는
맑은 국물 요리이다. 우시오지루(潮汁)의 우시오(潮)
는 '바닷물, 소금'을 뜻하며, 해변에서 바닷물을 퍼서 어
패류를 삶거나 끓이면서 시작된 맑은 국물 요리이다. 건더기로

すまし汁

넣는 대표적 어패류로는 도미, 농어, 백합 등이 있는데, 이
러한 어패류 자체의 맛이 제대로 우러나도록 농도가
옅은 소금만으로 맛을 낸다.

스이모노에 흔히 쓰이는 재료는 도미·농어·대
구 등의 흰살생선, 백합조개·모시조개 등의 조개류,
죽순·파드득나물·우엉·당근·송이버섯·무 등의 제
철 채소 이외에 새우, 닭고기, 은행, 유자, 두부, 가마보코(어묵),
김, 미역 등 다양한 식재료가 사용된다.

潮汁

현재는 같은 국물 요리인 시루모노와 스이모노를 구별하기 위해 밥을 먹을 때 제공되는 국물은 시루모노, 술안주와 함께 제공되는 것은 스이모노라고도 한다.

1 _ 맑은 국(すまし汁: 스마시지루)

다시마와 가츠오부시로 다시 국물을 만들어놓는다. 표고버섯을 반으로 잘라 얇게 썰고, 파드득나물을 약간 큼직하게 썰어놓는다. 다시 국물이 들어 있는 냄비에 표고 버섯을 넣고 중불로 2~3분 끓인 후 파드득나물을 넣고 간장과 소금으로 간을 조절해 약간 더 끓이면 완성된다.

2 _ 백합조개 맑은 국(蛤の潮汁: 하마구리노우시오지루)

우시오지루는 선도가 좋은 어패류 자체에서 배어 나오는 맛을 그대로 살리기 위해 다시를 이용하지 않고 소금과 청주만으로 조미해 국물의 맛과 풍미를 낸 것을 말한다. 대표적인 재료로는 도미, 농어, 백합 등이 있다.

맑은 국을 만들 때 즐겨 사용하는 백합조개는 그 자체에서 진하고 감칠맛 나는 국물이 나오므로 우시오지루 방식으로 국물을 내는 게 제격이다.

4 찜요리

찜요리(蒸し物: 무시모노)는 물을 끓여서 올라오는 수증기로 재료를 가열하여 익혀 만드는 요리이다. 수증기를 사용하는 이유는 수증기 혹은 응결된 작은 물방울의 열전 도율이 마른 공기보다 압도적으로 높기 때문이다. 또한 식재료가 물에 직접 닿지 않아 맛이 국물에 녹아내리지 않으므로 식재료 자체의 맛을 즐기는 요리에 쓰인다.

찜의 역사를 살펴보면, 6,000~7,000년 전인 신석기시대 때 중국 황하 유역의 유적에서 점토로 만든 찜기용 용기가 발견된 점으로 미루어 이미 그 당시에도 찜이라는 조리법이 사용되었음을 추정해볼 수 있다.

일본에는 중국 동북 지방, 그리고 한반도를 경유해서 이 조리법이 전해졌다고 한다. 일본에서 가장 오래된 찜 조리 도구로 발굴된 것이 코시키라는 토기인데, 바닥에 구멍이 뚫려 있는 형태이다.

일본의 대표 찜요리를 몇 가지 소개한다.

1 _ 전복술찜(アワビの酒蒸し: 아와비노사카무시)

사카는 '술', 무시는 '찜'으로 사카무시는 술찜을 말한다. 사카무시는 전복, 백합, 바지락 등의 조개류나 도미 등의 흰살생선, 닭고기 등의 식재료에 술(청주)을 뿌려 수분을 보충해준 후 뚜껑을 덮고 가열해서 쪄내는 조리법 또는 그렇게 만든 음식의 총칭이다. 찜요리에 술을 사용하는 것은 알코올이 증발하면서 해물, 어패류 특유의 냄새나 비린내를 제거하며, 물보다 낮은 온도에서 증발하므로 맛이 빠져나가기 전에 조개가 익어 그 맛이 그대로 보존된다는 장점이 있기 때문이다.

전복술찜은 소금을 뿌려 물로 깨끗이 씻어 물기를 제거한 전복에 소금을 뿌린 후 그 위에 청주를 끼얹어 센불로 쪄낸다.

그 외의 술찜으로 도미는 비늘을 벗겨 내장을 제거한 후 소금을 뿌리고 술을 끼얹어 찌며, 닭고기는 고기에 술을 듬뿍 끼얹어 찐다.

2 _ **소고기편백찜**(牛肉の蒸ししゃぶ: 규니쿠노무시샤부)

규니쿠노무시샤부는 직역하면 소고기찜샤부가 되지만, 우리나라에도 소고기찜요리로 잘 알려진 소고기편백찜이라 하는 편이 이해하기 쉽다.

국물에 살짝 데쳐먹는 샤부샤부와 달리 얇은 소
고기와 채소를 증기로 쪄서 만든 찜 형태
요리이다. 세이로무시라고도 하는데, 세이
로는 편백나무로 짜서 만든 찜틀이다. 편백나무
찜틀에 쪄내기 때문에 향이 좋고, 편백나무가 내뿜는
피톤치드 효과로 건강에도 좋은 찜요리이다.

牛肉の蒸ししゃぶ

3 _ **장어 참마찜**(うなぎのとろろ蒸し: 우나기노도로로무시)

도로로무시는 강판 등에 갈아놓은 참마인 도로로를 재료 위에 올려 찌거나 찐 참마를 체에 걸러서 재료를 감싼 요리의 총칭이며, 재료로는 흰살생선이 주로 사용된다. 우나기노도로로무시는 먹기 좋은 크기로 자른 장어 위에 도로로를 올려서 찐 요리이다.

4 _ **대구찜**(たらのちり蒸し: 다라노치리무시)

치리무시는 흰살생선, 그중에서도 대구, 도미, 광어, 금눈돔, 쥐치 등 추운 계절의 생선 또는 굴에 제격인 찜요리법이다. 다라는 대구를 뜻하며, 다라노치리무시는 뼈째 토막낸 대구 위에 청주를 살짝 끼얹거나 소금을 약간 뿌려둔 후 찜기바닥에 다시마를 깔고 생선과 두부 그리고 버섯 등의 채소를 넣고 쪄서 맑은 탕인 치리나베풍으로 완성시키는 찜요리이다. 폰즈간장인 치리스(ちり酢)와 함께 먹는다 하여 치리무시라는 이름이 붙었다.

5 _ 간순무찜(かぶら蒸し: 가부라무시)

가부라는 '순무'를 뜻하며 가부라무시란 흰
살생선 위에 강판에 간 순무를 마치 눈이 내린
것처럼 올려 찐 요리이다. 간단하게 순무만 올
리기도 하고, 닭고기나 새우 등을 순무와 같이
올려 맛의 변화를 주기도 한다. 추운 겨울철에
빼놓을 수 없는 찜요리이다.

6 _ 일본식 달걀찜(茶碗蒸し: 차완무시)

일본식 달걀찜인 차완무시는 찜요리의 대표격으로 일본 찜요리 중 가장 많이 알려
져 있다. 차완무시는 뒤에 나오는 달걀 요리 편에서 자세히 다루겠다.

정갈하게 차린 일본의 집밥

일본 가정식 대표 반찬 II

    앞에서는 일본의 가정식 대표 반찬 중 가장 대중적이고 종류도 다양한 니모노를 비롯해 국물 요리 중 밥과 함께 먹는 시루모노와 주로 술과 함께 안주로 먹는 스이모노, 그리고 수증기를 이용해 식재료를 가열해서 만드는 무시모노에 대해 살펴보았다.

    여기서는 일본의 가정식 대표 반찬 두 번째 이야기로, 먼저 영양가가 높아 완전식품이라 불리며 동서양을 막론하고 많은 사람에게 사랑받는 달걀을 주재료로 만든 달걀 요리, 제철 식재료 본연의 맛을 살리기 위해 채소나 어패류를 삶거나 데쳐서 참깨, 미소된장, 식초 등으로 무치는 아에모노(和え物), 이와 유사한 방법으로 만드는 히타시(浸し: 물 등에 담그거나 흠뻑 적시다)모노, 그리고 일본의 대표적 발효 식품이며 저장 식품인 츠케모노(漬け物)를 중심으로 살펴본다.

끝으로 이 외의 가정식 반찬으로는 앞에서 다룬 튀김 요리인 아게모노와 구이 요리인 야키모노가 있다.

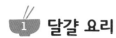 달걀 요리

일본의 달걀 요리(たまご料理: 다마고 요리) 중 가장 잘 알려진 일본식 달걀찜인 차완무시, 다시 국물을 사용한 달걀말이인 다시마키타마고, 온천 달걀인 온센 다마고에 대해 알아본다.

1 _ **일본식 달걀찜**(茶碗蒸し: 차완무시)

차완무시는 일본식 달걀찜이다. 차완은 '자기로 만든 (밥)그릇', 무시는 '찜'이란 뜻으로, 차완무시는 '그릇에 재료를 넣고 찐다'라는 의미이다. 일본식 달걀찜은 커스터드 푸딩처럼 부드러운 것이 특징이며, 약간 차게 해서 먹어도 맛있다. 차완무시의 그릇 바닥에는 알새우나 은행, 멘마(죽순을 젖산 발효시킨 식품), 유리네(百合根: 백합 구근) 등이 깔려 있기도 하다. 중국에서 약선요리(한약재를 사용하여 만든 건강식)로 은행을 사용하던 것이 일본까지 전해져 차완무시에 은행을 넣게 되었다고 한다.

차완무시는 원래 나가사키의 음식으로, 1689년 중국과 교류하면서 숙박시설에서 중국인을 상대로 제공하던 음식이다. 그 후 지금의 에히메현의 한 무사가 나가사키를 방문해 달걀찜을 먹고 그 맛에 감탄해 1866년 달걀찜과 초밥 전문식당인 욧소(吉宗)를 개업했는데, 이것이 차안무시의 원소 가게이다. 원래 차완무시는 육수와 달걀로 만들었지만 시대의 흐름과 함께 여러 가지 재료를 넣는 현대의 차완무시 스타일로 바뀌었다.

2 _ 다시달걀말이(だし巻き卵: 다시마키타마고)

다시마키타마고는 달걀물에 이치반다시(1번 육수)를 섞어 만든 달걀말이이다. 다시 국물을 넣는 것은 오사카식 조리법으로 달걀과 다시마로 만든 다시 국물만 이용하여 만든다. 알끈 등을 제거하기 위해 체에 거르므로 부드럽고 달걀 자체의 맛을 느낄 수 있다. 달걀말이에도 관서와 관동의 차이가 있다. 오사카 등 관서 지방에서는 부드럽고 담백한 맛을 선호해 설탕이나 진간장 등의 조미료는 사용하지 않고, 연수에 다시마 맛을 충분히 우려낸 다시를 넣어 만든다. 따라서 관서풍 달걀말이는 다시마키타마고(だし巻き卵)라는 명칭을 많이 쓰며, 소금을 넣어 약간 짠맛이 강하지만 은은한 감칠맛을 느낄 수 있다.

반면 관동 지방에서는 일반적으로 달고 진한 맛을 선호해 진간장과 가다랑어포로 만든 진한 양념에 설탕과 미림을 넣어 달걀말이를 만든다. 관동풍 달걀말이는 다시를 넣지 않고 달걀을 굽는(焼き) 형식으로 만드므로 다마고야키(卵焼き: 달걀구이)라는 명칭을 많이 쓴다.

차완무시

다시달걀말이

관서와 관동은 전용 프라이팬의 모양도 다른데, 관서는 여러 번 겹겹이 감아 부드러운 달걀말이를 만들기 쉬운 직사각형 프라이팬을, 관동은 달고 진한 맛의 두꺼운 달걀말이를 한번에 뒤집을 수 있는 정사각형 프라이팬을 사용한다.

달걀에 다시 국물을 넣어 만드는 다시달걀말이는 달걀 1개에 다시 30mL라는 비율이 가장 기본이 된다. 이 비율을 지키면 달걀과 다시의 부드러운 식감과 맛을 충분히 느낄 수 있다.

3 _ 온천달걀(温泉たまご: 온센타마고)

온센타마고의 온센은 '온천', 타마고는 '달걀'이라는 의미이다. 온센타마고는 흰자 부분은 살짝 덜 익히고, 노른자 부분은 반숙에 가까운 젤리처럼 부드럽게 익혀 노른자보다 흰자가 부드럽다는 점이 특징인 달걀 요리로, 그 발상지와 유래는 정확하지 않다. 온센타마고는 원래 노천온천의 뜨거운 열탕에 넣어 삶거나 증기로 쪄서 만드는 달걀 요리이다. 따라서 우리에게 잘 알려진 벳부온천의 열탕에서 삶은 '지옥 온천의 삶은 달걀(地獄ゆでたまご)'처럼 온천에 여행 갔을 때 맛봐야 하는 달걀 요리이다. 일상생활에서 먹기 위해 만들 때는 삶는 시간(끓인 물에 넣어두는 시간)과 물의 온도를 잘 맞춰야 한다.

温泉たまご

온센타마고와 반숙란의 차이를 살펴보면, 반숙란은 끓는 물에 달걀을 넣거나, 찬물에 넣은 상태로 물을 끓이거나 해서 만드는데, 이때 흰자는 단단하고 노른자는 부드러운 상태가 된다. 달걀노른자는 70℃, 흰자는 80℃에 익어서 응고되는데, 온센타마고는 이 온도 차이를 이용해서 만든다. 65~68℃의 뜨거운 물에 30분 정도 삶으면 흰자 부분이 덜익어 부드러운 상태의 온센타마고가 된다.

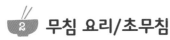

무침 요리/초무침

아에(和え)는 '무침'이라는 뜻이며, 아에모노(和え物: 무침 요리)는 기본 조리를 해놓은 채소나 어패류, 육류 등의 주재료에 된장, 간장, 식초, 설탕, 깨, 겨자 등의 양념류나 땅콩, 호두, 두부, 무즙, 달걀, 어패류의 내장 등 다양한 부재료를 서로 뒤섞어 무쳐 맛을 내는 요리이다. 예전부터 일본 식탁에는 빼놓을 수 없는 반찬 중 하나였던 아에모노를 만드는 과정은 '데치기(삶기)', '자르기', '무치기' 순서로 진행되는 것이 일반적이다.

일본에서 '무치다'에 해당하는 아에루(和える)는 '주재료에 조미료를 넣고 섞는 것'을 말한다. 우리나라에서 '무치다'가 손으로 버무린다는 개념이라면, 일본에서 '무치다'에 해당하는 '아에루'는 젓가락으로 뒤섞는다는 개념이라고 할 수 있다.

넓은 의미에서는 아에모노에 속하는 요리로 히타시모노(浸し物)와 초무침(酢の物: 스노모노)이 있다.

히타시모노의 히타시는 물이나 액체에 담그거나 흠뻑 적신다는 의미로, 원래는 끓는 물에 살짝 데쳐 찬물에 헹구어 짜낸 채소류를 미리 조미한 다시 국물에 푹 담가서 연하게 감칠맛이 배게 하고 간장으로 간을 맞추어 제철 채소 본연의 맛과 향을 느낄 수 있도록 조리하는 요리

浸し物

이다. 하지만 이러한 과정이 생략되고 단순히 데친 채소 등의 식재료를 간장이나 미림을 뿌려 섞어 간을 맞춰 만들기도 한다. 다른 말로는 오히타시(お浸し)라고도 한다.

초무침은 어패류나 채소를 소금에 절여 밑간을 해놓았다가 간장, 설탕, 식초를 넣어 새콤달콤하게 무치는 요리를 말한다.

무침 요리는 양념류 등에 따라 그 종류가 다양하다.

胡麻和え

1) 참깨 무침(胡麻和え: 고마아에)

고마아에는 데친 푸성귀나 산나물 등을 참깨(胡麻: 고마)를 갈아 넣고 간장, 미림을 이용해 무친 것이다. 데친 식재료의 물기를 반드시 빼고 식힌 상태에서 무치거나 버무려야 한다. 일본 가정식 반찬 조리법 중에서 가장 간단한 방법이다.

2) 겨자 무침(からし和え: 가라시아에)

가라시는 겨자를 뜻하며, 흔히 고추냉이라고 하는 와사비와는 다른 향신료이다. 겨자는 일본에서 나라시대 때 사용되기 시작한 향신료로, 가라시아에는 데친 푸성귀(유채, 쑥갓, 소송채 등)나 육류, 어패류 등을 겨자를 풀어 섞은 간장으로 무친 것을 말한다.

からし和え

3) 으깬 두부 무침(白和え: 시라아에)

시라(白)는 '희다'라는 뜻으로, 사용하는 식재료가 흰색이라 붙은 이름이다. 흰 두부를 흰 된장, 흰 참깨와 함께 으깨어 미리 익히거나 데쳐서 밑간을 해놓은 생선살이나 채소 등과 무친 것을 말한다.

두부는 나라시대에 견당사의 일원이었던 공해라는 승려에 의해 일본으로 전해졌는데, 처음에는 사찰 음식이었다고 한다. 그 후 무사와 귀족들에게 전해져 무로마치 시대 때 전국으로 확산되었고, 서민들도 쉽게 먹을 수 있게 된 것은 에도시대로 알려져 있다. 에도시대에는 두부를 매장에서 판매했을 뿐 아니라 가지고 다니면서 팔기도 했다.

4) 매실 무침(梅和え: 우메아에)

우메아에는 우메보시(梅干し: 매실절임)의 씨앗을 빼내고 으깬 매실 과육(梅肉)에 청주, 미림, 간장 등을 넣어 만든 무침장을 삶은 닭가슴살, 죽순, 갯장어, 오이 등과 뒤섞어 무친 것을 말한다.

5) 된장 무침(味噌和え: 미소아에)

오징어 · 주꾸미 · 참치 등살(아카미) 등의 어류, 소라 · 개량조개 등의 조개류, 미역 등의 해조류, 파 · 머위 · 죽순 · 버섯 · 가지 · 토란 등의 채소류를 청주, 미림, 설탕을 넣어 맛을 낸 미소된장으로 버무린 것을 말한다.

6) 초된장 무침(酢味噌和え: 스미소아에)

酢味噌和え

스(酢)는 '(식)초'를 의미하며, 미소된장에 청주, 미림, 설탕 외에 식초를 넣고(경우에 따라서는 겨자) 조미를 하면 식초 된장(酢味噌: 스미소)이 되어 새콤한 맛을 내는데, 이러한 혼합 양념으로 무친 것을 스미소아에라고 한다. 스미소아에는 다른 말로 누타(ぬた)라고도 하는데, 미소된장에 식초와 설탕을 섞어 만든 걸쭉한 식초 된장의 모양이 마치 수렁논이라는 뜻의 '누마타(沼田)'를 연상시킨다 하여 이 말을 줄여 만든 것이 누타의 어원이라고 한다.

1 무침 요리 레시피 보기

1 _ 시금치 참깨 무침(ほうれん草の胡麻和え: 호렌소노고마아에)

호렌소는 '시금치', 고마는 '참깨'를 뜻한다. 대표적 아에모노 중 하나인 호렌소노고마아에는 데친 시금치에 참깨 등을 넣어 버무린 무침 요리이다. 제2차 세계대전 후 애

니메이션 뽀빠이에서 주인공이 시금치를 먹고 초인적인 힘을 발휘하는 이미지가 일본에서도 확산되어 단번에 인기를 끌며 시금치 수요가 급격히 늘어났다고 한다.

시금치 참깨 무침의 레시피를 간단히 살펴보자.

ほうれん草の胡麻和え

1 다시 국물, 간 깨, 설탕, 간장을 잘 섞어 양념을 만들어 큰 볼에 넣어놓는다.

2 끓는 물에 소금을 약간 넣고 시금치를 30초 정도 데친 후 흐르는 물에 헹구어 열기를 식히고 물기를 가볍게 제거한다.

3 도마 위에 데친 시금치를 길게 나란히 놓고 시금치 전체에 간장을 가볍게 골고루 뿌린 뒤 손으로 짜듯이 해서 물기를 제거한다.

4 양념을 넣어놓은 큰 볼에 시금치를 3㎝ 길이로 잘라 넣고 무친다.

2_ 쑥갓 으깬 두부 무침(春菊の白和え: 슌기쿠노시라아에)

슌기쿠노시라아에는 으깬 두부로 쑥갓(슌기쿠) 등의 채소를 버무린 무침 요리로, 흰색 재료를 사용하는 시라아에의 대표 요리이다. 두부의 부드러움과 쑥갓 특유의 향긋함이 어우러져 고소한 맛과 식감을 동시에 즐길 수 있지만, 쌉쌀한 맛을 싫어하는 이들도 있어 호불호가 갈리는 요리이다.

쑥갓 으깬 두부 무침의 레시피를 간단히 살펴보자.

春菊の白和え

1 두부를 면보나 키친타올로 감싼 후 20분 정도 접시 등 약간 무거운 것을 올려놓아 물기를 뺀다.

2 쑥갓은 소금을 넣고 살짝 데친 후 찬물에 씻어 3㎝ 정도 길이로 자른다.

3 당근은 채를 썰고, 만가닥버섯은 밑동을 자르고 하나하나 갈라서 깨끗하게 씻어놓는다.

4 냄비에 다시 국물과 당근, 버섯을 넣고 중불로 10~15분 정도 끓여 국물이 졸아들었을 때 불을 끄고 그대로 식힌다.

5 큰 볼에 물기를 뺀 두부를 넣고 곱게 으깬 후 간 깨, 설탕, 엷은 맛 간장, 소금을 넣고 잘 섞어주고 쑥갓과 졸여놓은 당근, 버섯을 넣고 전체적으로 맛이 배도록 버무린다.

3 _ 오크라 무침 (オクラのお浸し: 오크라노오히타시)

오크라는 한국에서는 많이 볼 수 없는 아열 대 채소로 칼로 자른 단면이 별 모양이며, 마치 여자 손가락 모양과 비슷하다 하여 레이디 핑거라고도 한다. 식감은 풋고추 와 비슷하지만 맛은 다르다. 조미한 소스 에 푹 담그는 과정(ひたす: 히타스)을 거치는 오히타시(お浸し) 요리인 오크라 무침의 레시피 를 간단히 살펴보자.

オクラのお浸し

 레시피

1 오크라에 골고루 소금을 뿌려 끓는 물에 살짝 데친다.

2 데친 오크라를 비스듬하게 반으로 잘라 다시 국물과 간장을 섞은 소스에 10~15분 정도 담가놓는다.

3 소스 맛이 배인 오크라를 그릇에 올리고 가츠오부시를 뿌려놓으면 완성된다

4 _ 닭가슴살과 오이의 매실 무침 (鶏ささ身ときゅうりの梅和え: 토리사사미토큐리노우메아에)

토리사사미는 '닭가슴살', 큐리는 '오이'를 나타내는 말로, 토리사사미토큐리노우 메아에는 닭가슴살과 오이를 우메아에의 조리법, 즉 매실절임(우메보시)의 과육을 으 깨 함께 버무려 만든 무침 요리이다. 매실절임 과육의 산미(신맛)를 살려 상큼하고 깔 끔한 맛을 느낄 수 있어 인기가 좋다.

닭가슴살과 오이의 매실 무침 레시피를 간단히 살펴보자.

 레시피

1 작은 냄비에 닭가슴살을 넣고 소금을 뿌린 후 10분 정도 재웠다가 청주를 가득 붓고 중불로 끓인다.

2 닭가슴살의 표면 전체가 하얗게 될 때까지 가열한 후 불을 끄고, 닭가슴살을 꺼내 먹기 좋은 크기로 찢어놓는다.

3 오이는 먹기 좋은 크기로 자르고 매실절임은 씨앗을 빼고 과육을 칼로 두드려 잘게 다진다.

4 볼에 다진 매실 과육, 청주, 간장, 설탕을 넣어 잘 섞고 찢어놓은 닭가슴살, 잘라놓은 오이를 넣어 잘 버무린 후 마무리로 참기름을 살짝 뿌린다.

5 _ 만가닥버섯 깨 미소된장 무침(シメジ胡麻味噌和え: 시메지고마미소아에)

시메지는 '만가닥버섯', 고마는 '깨', 미소는 '된장'을 뜻하며, 시메지고마미소아에는 만가닥버섯을 데쳐 기본 양념인 깨와 된장을 섞어 밑간을 하고, 간장으로 마무리 간을 해 버무린 무침 요리이다.

만가닥버섯 깨 미소된장 무침의 레시피를 간단히 살펴보자.

シメジ胡麻味噌和え

 레시피

1 깨를 약한 불에 노릇해질 때까지 볶은 후 깨갈이 절구에 넣고 약간 거칠게 간다.

2 간 깨에 대두를 이용해 만든 아카미소(붉은 된장)와 설탕, 미림을 섞어 갠 후 다시 국물을 부어 간을 맞춘다.

3 만가닥버섯의 밑동을 잘라 한 가닥씩 분리해서 깨끗이 씻은 다음 소금을 조금 넣은 끓는 물에 데쳐서 찬물에 씻어 물기를 제거한다.

4 냄비에 다시 국물, 미림, 소금, 엷은 맛 간장(국간장)을 넣고 조리다가 만가닥버섯을 넣고 살짝 조린 후 그대로 식히면서 간이 배도록 한다.

5 만가닥버섯을 꺼내 물기를 제거하고 깨, 미소된장을 넣어 무친다.

6 그릇에 담고 거칠게 갈아놓은 깨를 올린다.

6 _ 꼴뚜기와 땅두릅의 초된장 무침

(ほたるいかとうどの酢みそ和え: 호타루이카토우도노스미소아에)

호타루이카는 '꼴뚜기', 우도는 '땅두릅'을 뜻하며,
호타루이카토우도노스미소아에는 꼴뚜기와 땅
두릅을 초와 된장을 섞고 겨자를 넣은 소스에
무친 요리이다.

초 된장무침인 스미소아에는 무치는 식재
료에 따라 맛을 보면서 입맛에 맞게 초와 겨자의
양을 조절해야 한다.

ほたるいかとうどの酢みそ和え

꼴뚜기와 땅두릅의 초된장 무침의 레시피를 간단히 살펴보자.

1 꼴뚜기의 눈과 입, 연골을 제거한다. 땅두릅은 수세미로 깨끗하게 씻어 껍질을 두껍게 벗겨 채
썰어놓는다.

2 냄비에 소금을 약간 넣고 물을 끓여 땅두릅을 1~2분간 데쳐서 물기를 뺀다.

3 볼에 된장, 초, 겨자를 넣고 잘 섞어 소스를 만들어놓는다.

4 초 된장소스를 넣은 볼에 삶은 꼴뚜기와 채를 친 생강을 넣고 무친다.

② 초무침 레시피 보기

일본식 초무침인 스노모노(酢の物)는 어패류, 해조류, 각종 채소 등의 식재료에 초
를 중심으로 설탕, 간장을 넣어 만든 혼합초로 새콤달콤하게 무치거나 혼합초에 절여
서 맛을 내는 요리이다. 입안을 산뜻하게 하거나 입가심 효과가 있어 아게모노를 전
후해서 먹는 경우가 많다.

스노모노는 '나마(生: 날것)+스(酢: 초)'의 합성어인 나마스(膾), 즉 날것을 초에 찍거나 절여서 먹는 조리법에서 시작되었다는 설이 가장 유력하다.

간장이 없었던 나라시대에는 동물의 고기나 생선을 날로 먹을 때는 먹기 좋게 잘라서 식초나 소금 등(주로 식초)을 찍어 먹었는데, 이것이 나마스였다. 그 후 무로마치시대에 들어 현재의 맑은 간장이 생산되면서 날생선(또는 생고기)도 초에 무쳐 먹게 되었는데 이것 또한 나마스로 불렸다. 이후 날생선을 간장과 함께 먹는 것은 사시미라고 불러 무엇에 곁들여 먹느냐에 따라 구별하게 되었다.

이러한 과정을 거쳐 현재 나마스는 초에 버무려 먹는다고 하여 스노모노라고 부르게 되었는데, 이것이 일본의 초무침인 스노모노의 기원이라고 할 수 있다.

1 _ 오이와 미역 초무침 (きゅうりとワカメの酢の物: 큐리토와카메노스노모노)

큐리는 '오이', 와카메는 '미역'을 뜻하며, 큐리토와카메노스노모노는 오이를 얇게 썰어 소금으로 간을 하고 미역과 함께 식초, 설탕을 넣고 버무린 초무침 요리이다.

오이와 미역 초무침의 레시피를 간단히 살펴보자.

きゅうり&ワカメの酢の物

1 오이를 얇게 썰어 소금을 뿌린 뒤 손으로 버무린다.

2 미역은 흐르는 물에 비벼가며 소금기를 없애고 물에 담아 10분 정도 불린다.

3 버무려놓은 오이는 5분 정도 후 손으로 짜서 물기를 제거한다.

4 다시 국물, 식초를 중심으로 설탕, 소금을 섞어 혼합초를 만들어놓는다.

5 물에 불린 미역은 물기를 짜내 한입 크기로 썬다.

6 볼에 손질해놓은 오이, 미역, 혼합초를 넣고 잘 버무린다.

2 _ 문어 초무침 (酢だこ: 스다코)

酢だこ

다코는 '문어'를 뜻하며, 스다코는 문어를 삶아서 식초에 간장, 설탕을 섞어 만든 혼합 소스에 3~4시간 정도 절인 요리이다.

뚜렷한 홍(紅)과 백(白) 형태의 모습을 하는 문어가 재수가 좋은 음식으로 여겨지다 보니 관동 지방에서는 스다코가 설 명절에 먹는 오세치요리에 들어가기도 한다. (일본에서 적색은 악한 기운을 쫓음을, 백색은 기쁨과 경사의 상징으로 신성함과 청아함을 의미함)

오세치요리는 평소에 요리 등 집안일로 바쁜 여자들이 쉴 수 있도록 새해 첫날부터 3일간 이어지는 설 연휴 내내 미리 만들어놓은 요리를 먹기 때문에 주로 국물이 없고 보존성이 높은 음식들로 구성되는데, 설 명절에는 특히 식초에 담가 오래 보존할 수 있는 스다코를 먹을 때가 많다.

문어 초무침의 레시피를 간단히 살펴보자.

레시피

1 문어는 내장, 눈, 입 부분을 제거하고 소금을 뿌린 후 손으로 문질러 비벼서 미끈미끈한 점액을 없애면서 깨끗이 씻는다.

2 끓는 물에 몸통 부분을 잡고 다리 부분을 5초 정도 넣었다가 빼서 다리가 엉키지 않도록 한다.

3 전체를 끓는 물에 넣고 삶는다. (너무 오래 삶으면 질겨지니 그 전에 문어를 꺼낸다.)

4 삶은 문어는 얼음물이나 찬물에 잠시 담가둔다. (담갔다가 꺼내면 표면색이 선명해진다.)

5 문어는 갈고리 등에 몸통 부분을 걸어 그대로 식힌다.

6 문어 다리를 하나씩 잘라내 끝부분에 붙어 있는 물갈퀴를 제거한다. 전체적으로 먹기 좋은 크기로 썬다.

7 접시에 썰어놓은 문어를 담고, 모양을 내 썬 오이를 문어 위에 올린 뒤 다시 국물, 식초, 설탕, 소금을 섞어 만든 혼합초를 뿌리고 가볍게 버무리면 완성된다.

3 _ 대게와 미역 초무침(カニとわかめの酢の物: 가니토와카메노스노모노)

가니는 '게', 와카메는 '미역'을 뜻하며, 가
니토와카메노스노모노는 삶은 게에 미역과
오이를 넣고 그 위에 혼합초를 뿌려 무쳐 먹
거나 혼합초에 찍어 먹는 요리이다. 풍미를 위
해 생상즙을 조금 첨가하기도 한다.

대게와 미역 초무침의 레시피를 간단히 살
펴보자.

1 약간 단맛이 나는 식초에 간장과 소량의 생강즙을 첨가하여 혼합초를 만들어놓는다.

2 잘 삶아진 대게를 손질하여 게살을 먹기 좋은 크기로 찢어 그릇에 담는다.

3 미역은 미지근한 물에 불려서 물기를 뺀 후 적당한 크기로 잘라놓는다.

4 오이를 가로로 둥글게 썰어 소금에 버무려 숨이 죽으면 물에 살짝 씻은 후 물기를 없앤다.

5 큰 볼에 준비해놓은 게살, 미역, 오이를 넣고 함께 잘 섞는다.

6 준비해놓은 혼합초를 볼에 담긴 식재료 위에 적당량 뿌려 버무리거나 볼에 담긴 식재료를 혼합
　초에 찍어 먹는다.

4 _ 연근 초무침(れんこんの酢の物: 렌콘노스노모노)

렌콘은 '연근'을 뜻하며, 렌콘노스노모노는 식초에 설탕, 미림 등의 조미료를 넣은
혼합초에 연근을 절인 요리이다.

연근은 구멍이 여러 개 뚫려 있어 전망이 밝은 한 해를 맞이할 수 있다고 해서 일본
설 명절 요리인 오세치요리의 하나로 먹는다. 연근은 공기와 접하면 검게 변하기 때문
에 변색을 막기 위하여 식초를 사용해서 요리를 만든다.

연근 초무침의 레시피를 간단히 살펴보자.

1 연근은 껍질을 벗겨 2~3㎜ 두께로 둥글게 썰어 10분 정도 찬물에 담가둔다.

2 냄비에 찬물과 함께 연근을 넣고, 물이 끓어오르면 약한 불로 10분 정도 더 삶는다.

3 식초에 미림, 설탕, 소금, 엷은 맛 간장(국간장)을 섞어 만든 혼합초를 볼에 넣고 씨를 뺀 빨간 고추를 얇고 둥글게 썰어 같이 넣는다.

4 연근을 채에 올려 물기를 제거한 뒤 혼합초가 들어 있는 볼에 넣고 가끔 뒤집어주며 10분 정도 절이면 된다.

 **절임 음식**

1 츠케모노의 개관과 역사

우리나라의 김치, 채소를 절여서 만든 반찬인 중국의 자차이, 서양의 피클에 해당하는 일본의 절임 식품으로 츠케모노(漬物: 절임 음식)가 있다.

츠케모노는 일본의 대표적 저장 식품으로 주로 채소를 여러 가지 방식으로 절인 식품이다. 츠케는 '절이다, 담그다'라는 뜻이고, 모노는 '물건, 것'을 뜻하므로 말 그대로 '절인 물건, 절인 것'을 의미한다.

츠케모노의 츠케도코(漬け床: 절임 음식을 만들때 사용하는 주재료)로는 소금, 쌀겨, 된장, 간장, 누룩, 술지게미, 와사비, 겨자 등이 있으며, 첨가하는 부재료로는 가츠오부시, 다시마, 미림, 설탕, 그 외 향신료 등이 있다.

다시 말하면 츠케모노는 채소에 츠케도코라고 하는 절임 주재료와 부재료를 첨가해 절인 것으로, 적당히 숙성되어 진한 맛과 풍미를 느낄 수 있는 보존성 높은 식품이다.

츠케모노는 종류만 해도 600개가 넘을 정도로 다양하며, 각 지방의 습속, 특산물,

기후 능에 따라 절임 방법도 각기 다르다. 츠케모노는 츠케도코의 차이에 따라 분류할 수 있는데, 대표적으로는 쌀겨 절임(ぬか漬け: 누카즈케) 또는 쌀겨 된장 절임(ぬかみそ漬け: 누카미소즈케), 소금 절임(塩漬け: 시오즈케), 술지게미 절임(粕漬け: 가스즈케), 초절임(酢漬け: 스즈케), 누룩 절임(コウジ漬け: 코지즈케), 간장 절임(しょうゆ漬け: 쇼유즈케)이 있다. 이 외에 무, 우엉, 당근 등을 된장 베이스로 절인 된장 절임(みそ漬け: 미소즈케), 오이 또는 가지를 겨자 베이스로 절인 겨자 절임(カラシ漬け: 가라시즈케) 등이 있다.

츠케모노는 쌀겨 절임 또는 쌀겨 된장 절임, 소금 절임, 누룩 절임 등과 같이 유산균 등 미생물의 증식으로 발생하는 발효에 따라 맛이나 풍미가 변하는 종류와 술지게미 절임, 초절임, 간장 절임, 된장 절임과 같이 절임 재료의 맛과 특성에 따라 맛이 변하는 종류로 나눌 수도 있다.

여러 가지 츠케모노

츠케모노의 역사는 매우 오래되었는데, 가장 오래된 기록으로는 나라시대에 쓰인 문헌에 울외, 푸른 채소를 사용한 소금 절임 요리법이 나와 있다.

이후 헤이안 중기인 927년에 쓰인 문헌에 채소나 과일 등을 재료로 하는 다양한 절임 음식이 궁중 연회에 사용되었다는 내용이 있는데, 그 당시 소금은 해안에서만 생산되어 양이 적다보니 비싸고 귀중한 식재료였고, 채소 재배 또한 일반적이지 않아 츠케모노를 먹을 수 있는 것은 귀족 등으로 한정되어 있었다. 이후 무로마치시대에 다도가 유행하면서 츠케모노의 종류가 늘었지만, 여전히 귀족들만 즐길 수 있는 귀한 음식이었다. 츠케모노가 더욱 다양해지고 발전한 것은 에도시대부터였는데, 그 당시에는 이미 일본 문화 전반에 깊이 자리 잡은 선종의 영향으로 사찰을 중심으로 해서 채소 재배와 츠케모노 생산이 보편화되어 오늘날에 이르렀다.

원래는 맛이 진하고 보존 기간이 긴 츠케모노인 후르즈케(古漬け)가 주류였지만, 요즘에는 그때그때 제철 채소의 풍미를 즐기기 위해 소금 등을 적게 넣고 절여 얼마 두지 않아도 먹을 수 있는 아사즈케(浅漬け)가 더욱 인기를 끌고 있다.

❷ 절임 주재료의 차이에 따른 츠케모노 분류

츠케모노는 절임 주재료인 츠케도코의 차이에 따라 대표적으로 다음 몇 가지로 분류할 수 있다.

1 _ **누카즈케**(ぬか漬け: 쌀겨 절임)

누카는 쌀겨를 뜻하며, 누카즈케는 쌀겨와 소금을 고루 섞어 물을 부어

질척하게 만든 반죽에 채소나 어패류를 묻어 발효시켜 만든 쌀겨 절임 음식 또는 그러한 조리법을 말한다.

대표적인 누카즈케에는 무를 재료로 만드는 다쿠앙(たくあん: 단무지)이 있다.

2 _ 쇼유즈케(醬油漬け: 간장 절임)

쇼유즈케는 채소, 어패류, 육류, 버섯 등을 가장 혹은 간장 베이스에 다른 혼합 조미액을 섞어 절인 절임 음식 또는 그러한 조리법을 말한다. 이때 혼합 조미액은 간장 외에 청주, 미림, 설탕, 식초 등도 섞어 만든다.

대표적 쇼유즈케에는 무, 가지, 연근, 생강 등의 채소를 혼합 조미액에 담가 절인 후쿠진즈케(福神漬け)가 있다.

塩漬け

3 _ 시오즈케(塩漬け: 소금 절임)

시오즈케는 소금이나 소금 베이스에 설탕, 식초, 매실 초 등을 섞어 절인 것과 가츠오부시, 다시마 등을 넣어 절인 절임 음식 또는 그러한 조리법을 말한다.

대표적 시오즈케로는 무, 가지, 오이, 생강, 차조기잎을 함께 잘게 썰어 소금으로 살짝 절이는 시바즈케와 햇볕에 말린 배추를 소금으로 절이는 하쿠사이즈케(白菜漬け: 배추소금절임)가 있다.

粕漬け

4 _ 가스즈케(粕漬け: 술지게미 절임)

가스는 술지게미를 뜻하며, 가스즈케란 술지게미 혹은 술지게미 베이스에 설탕, 미림, 향신료 등을 넣어 절인 절임 음식 또는 그러한 조리법을 말한다. 대표적 가

스즈케로는 나라즈케(奈良漬け), 와사비즈케(わさび漬け)가 있다. 나라즈케는 울외, 오이, 순무, 수박, 생강 등의 채소를 소금에 절인 후 술지게미에 담가 절인 음식이고, 와사비즈케는 잘게 썬 고추냉이(와사비)의 뿌리줄기나 잎꼭지를 술지게미와 섞어 절인 음식이다.

5 _ 미소즈케(みそ漬け: 된장 절임)

みそ漬け

미소즈케는 무·우엉·당근 등의 채소, 돼지·닭 등의 육류, 삼치·소라 등의 어패류 등을 미소된장이나 미소된장 베이스에 다른 조미료를 첨가해 절인 절임 음식 또는 그러한 조리법을 말한다. 절인 채소는 꺼내어 그대로 먹지만 육류나 어패류는 불에 구워 먹는 경우가 많다.

6 _ 카라시즈케(からし漬け: 겨자 절임)

카라시는 겨자를 뜻하며, 카라시즈케는 오이, 가지, 무 등의 채소를 먼저 소금 절임을 한 후 겨자를 베이스로 청주, 누룩을 섞어 만든 조미액에 절인 절임 음식 또는 그러한 조리법을 말한다.

7 _ 코지즈케(こうじ漬け: 누룩 절임)

코지는 누룩을 뜻하며, 코지즈케는 채소, 닭고기, 어패류 등의 식재료를 누룩이나 누룩에 설탕과 소금을 섞어 절인 음식 또는 그러한 조리법을 말한다. 채소는 소금으로 절이고, 닭고기나 어패류는 소금을 뿌려 수분기를 빼내 육질을 단단하게 한 다음 누룩에 절인다. 누룩 절임은 발효된 누룩의 감칠맛과 풍미가 재료에 배며, 소금을 적게 넣고 절이다 보니 장기 저장이 어렵다는 것이 특징이다.

대표적 코지즈케로는 무를 주재료로 하는 벳타라즈케(べったら漬け)가 있다.

3 일본의 대표적 츠케모노

1 _ 다쿠앙(沢庵: 단무지) 누카즈케

일본의 대표적 츠케모노인 다쿠앙은 살짝 말린 무를 쌀겨와 소금 등을 섞어 만든 조미 반죽에 묻어 만든 절임 음식으로, 우리의 단무지와 유사하다.

다쿠앙은 에도시대 초기에 만들어져 발전되었으며 착색제로는 울금을 사용했다. 다쿠앙 같은 누카즈케의 츠케모노는 에도시대 초기에 만들어지기 시작했으며, 백미가 널리 보급되어 정미할 때 나오는 쌀겨를 비교적 쉽게 사용하게 되면서 현재 방식으로 만들어지는 쌀겨 절임인 누카즈케가 등장했다.

다쿠앙의 유래를 살펴보면, 도쿠가와 막부의 세 번째 쇼군이 세운 토우카이지(東海寺)라는 사찰의 다쿠앙이라는 주지 스님이 사찰을 방문한 쇼군에게 소금을 넣은 쌀겨에 절인 담백한 무를 대접했는데, 그 맛에 감격한 쇼군이 앞으로는 이 무절임을 스님 이름을 따서 다쿠앙이라고 부르도록 명하였다는 설이 있다. 또 이 사찰에 있는 다쿠앙 스님의 묘석이 무절임 모양과 닮아서 무절임 이름을 다쿠앙이라고 부르게 되었다는 설도 있으나 두 설 모두 확실하지는 않다. 어쨌든 스님 사후 무절임인 다쿠앙이 널리 보급되었다고 한다.

한국의 단무지 vs 일본의 다쿠앙

우리가 단무지라고 부르는 일본의 다쿠앙이 우리나라에 들어온 것은 청일전쟁 이후로, 일본의 우동과 함께 들어왔다고 한다. 우리나라에서는 단무지 착색제로 인체에 전혀 무해한 순수 식물성 재료인 치자색소를 사용했는데, 지금은 대량생산을 위해 식용 색소를 사용한다고 한다.

초절임 방식으로 제조되는 한국식 단무지는 새콤달콤한 편인 반면, 일본의 다쿠앙은 쌀겨 절임(누카즈케) 방식으로 제조되기 때문에 단맛보다는 짠맛이 상당히 강하다. 또 식감도 한국 단무지는 무 자체의 수분이 많이 남아 있어 아삭아삭한 반면, 일본의 다쿠앙은 수분이 대부분 빠져나가 꾸덕꾸덕하다는 차이가 있다.

한국의 단무지

일본의 다쿠앙

2 _ 이부리갓코(いぶりがっこ: 훈제 무절임) 〔누카즈케〕

이부리갓코의 이부리는 사전적으로는 '그을리다'는 뜻이지만, 여기서는 훈제 건조시키는 가공 기술을 말한다. 갓코는 '츠케모노'를 의미하는 아키타 지방 방언으로 이부리갓코는 아키타 지방 향토 음식이다.

아키타는 산간이라는 지역 특성상 상당히 춥고 눈이 오는 시기가 다른 지역에 비해 빠르고 길다. 따라서 절임채소인 무가 얼어버리는 것을 방지하고 충분히 말리기 위해서 실내에 걸거나 이로리라는 일본식 난로 위에 매달아 불의 열과 연기로 훈제하게 된 것이 시초라고 한다.

いぶりがっこ

이부리갓코는 말린 무를 훈제하여 소금과 쌀겨 등으로 절인 음식으로, 일반적인 누카즈케와는 다른 방법으로 만든다는 것이 특징이다. 생김새가 비슷한 대표적 누카즈케인 다쿠앙과 달리 이부리갓코는 씹으면 씹을수록 입안 가득 훈제향이 퍼진다.

3 _ 우메보시(梅干し : 매실절임) 시오즈케

사전적으로 우메보시는 '말린 매실'을 뜻하는데, 좀더 정확히 말하면 '소금에 절였다가 말린 매실 절임'으로, 매실에 소금과 시소(차조기잎) 등을 넣고 절여 만든다.

우메보시는 1,500년 전 중국에서 처음 일본으로 전해졌는데, 당시에는 설사나 구토, 식욕부진 등에 먹는 약으로 쓰였으며, 형태 또한 현재의 우메보시와 달라 청매실을 훈제하거나 건조시켜 한약재로 사용했다고 한다. 그 후 언제부터인지는 확실하지 않지만 매실을 소금에 절인 우메보시가 고안되어 전국시대에는 전쟁에 나가는 병사들의 전투식량으로 우메보시 환이 만들어졌다고 한다. 우메보시가 일반 서민들에게까지 보급된 것은 에도시대로, 이때부터는 가정에서도 직접 만들어 먹었다.

梅干し

4 _ 베니쇼가(紅しょうが: 초생강절임) 스즈케

베니쇼가는 한마디로 붉은(紅: 베니) 초생강(しょうが: 생강)이라고 할 수 있는데, 생강을 소금물에 절였다가 물기를 뺀 후 매실초(梅酢: 우메보시를 만들고 남은 절임액)에 며칠 동안 담가 절여 만든다. 이때 붉은 차조기(赤しそ)잎이 들어 있는 매실초를 사용하기 때문에 베니쇼가 또한 붉은색을 띤다.

관동 지방에서는 주로 잘게 저민 생강과 감미식초(甘酢: 아마즈)를 사용해 초생강(がり: 가리)을 만들고, 관서 지방에서는 주로 다지거나 채 썬 생강과 매실초를 사용해 베니쇼가를 만든다. 공장 등에서 대량으로 제조할 때는 식용 색소를 사용한다.

식용 색소를 사용하여 붉게 착색한 매실초에 절인 초생강은 모양에 따라 다음 세 가지로 구분할 수 있다.

① **센기리베니쇼가**(千切り紅しょうが: 채 썬 생강 초절임)
   야키소바, 규동(소고기덮밥) 등에 곁들여지는 초생강

② **미진기리베니쇼가**(みじん切り紅しょうが: 잘게 썬 생강 초절임)
   오코노미야키, 다코야키 등에 곁들여지는 초생강

③ **히라기리베니쇼가**(平切り紅しょうが: 슬라이스 생강 초절임)
   스시 등에 곁들여지는 초생강. 스시집에서는 이러한 형태의 초생강을 가리라고 한다.

千切り   みじん切り   平切り

らっきょう

5 _ 락교 (らっきょう: 염교) 〔스즈케〕

우리에게 초밥 또는 생선회를 먹을 때 곁들여 나오는 마늘같이 생긴 반찬 종류로 잘 알려져 있는 락교는 백합과에 속하는 다년생식물(염교라고도 함)로, 이 식물의 머리 부분을 소금으로 밑절임을 해 저장해놓았다가 나중에 감미 식초에 절여 만드는 초절임 음식을 뜻하기도 한다.

중국 히말라야 지방이 원산지인 락교는 헤이안시대에 일본으로 들어왔을 것이라 추정되는데, 처음에는 우메보시와 마찬가지로 약용으로만 사용되었다.

식용 채소로 재배되기 시작한 것은 에도시대로, 이때부터 락교는 몸에 좋은 음식이라 하여 가정에서도 흔히 담가 먹었다. 시판되는 락교 절임은 대부분 감미 식초를 사용해 새콤달콤한 초절임이지만, 지역에 따라서는 소금 절임이나 간장 절임으로 먹기도 한다. 현재는 후쿠이현과 돗토리현의 특산품이기도 한데, 특히 후쿠이현은 전국 생산량의 90%를 차지할 정도로 락교 재배지로 유명하다.

6 _ 시바즈케 (しば漬: 차조기잎, 가지절임) 〔시오즈케〕

시바즈케의 어원에는 몇 가지 설이 있으나, 그중 우리의 깻잎과 비슷하게 생긴 시소(紫蘇: 차조기)잎을 시바라고 불렀기 때문이라는 설이 가장 많이 알려져 있다.

시바즈케는 가지를 메인으로 하여 오이, 무, 양하 (생강과 식물) 등을 잘게 썰어 차조기잎과 함께 넣고 소금 절임을 해 유산 발효시킨 교토의 대표적이면서도 전통적인 절임 음식으로, 적자색이 선명하고 신맛이 나는 게 특징이다.

しば漬

전통적인 제조법으로 절이면 숙성까지 1년 가까이 걸린다고 하는데, 처음에 시바즈케는 가지와 붉은 차조기잎, 소금만 사용하고, 신맛은 유산균 발효에 의한 것으로 식초는 사용하지 않았다고 한다. 붉은 차조기잎을 사용하는 것은 가지를 소금으로만 절이면 깔끔한 색이 나오지 않지만 붉은 차조기잎을 함께 절이면 가지에 예쁜 적자색이 입혀지기 때문이다.

7 _ 나라즈케(奈良漬: 울외장아찌) 가스즈케

나라즈케는 승려가 길가에 있는 울외를 근처에 있던 술독 안에 넣어두었는데, 시간이 지나 술독에서 꺼내 맛을 보니 잘 절여져 맛이 뛰어나 이때부터 만들기 시작했다는 재미있는 유래설이 있다.

나라즈케는 에도시대 초인 1600년대 초 청주(일본술)공장이 많았던 나라(奈良) 지방에서 울외를 소금에 절인 후, 청주의 부산물인 술지게미에 절여 먹던 츠케모노이다. 이를 나라에서 만들었다 하여 지역 이름을 따 나라즈케라 부르고 팔기 시작했다. 이

후 나라즈케는 막부에 헌상될 정도로 유명해졌으며, 서민들에게도 사랑받는 음식이 되었다. 현재는 나라 지방 외에서 제조되는 것도 나라즈케라고 부를 정도로 일반 명사화되었다.

우리나라에서는 울외장아찌라고 하며, 특히 군산에서 만들어지는 울외장아찌는 지역 특산물로 많이 판매되고 있다.

8 _ 센마이즈케(千枚漬: 순무절임) 스즈케

센마이즈케는 순무를 메인으로 하여 식초에 절인 교토의 대표적 츠케모노 중 하나

千枚漬

로, 교토에서 재배된 지름 20㎝정도 크기의 순무를 얇게 썰어 다시마와 고추를 넣고 초에 절인 음식이다.

센마이즈케의 센마이는 '천 장'이라는 뜻으로 순무를 얇게 썰어 통에 넣고 한번에 절이는 양이 천 장 이상이라고 하여 붙여진 이름이다. 센마이즈케는 1865년 궁중 요리사가 처음 만들었다고 하는데, 이 요리사가 궁을 나와 가게를 차려 센마이즈케를 팔면서 서민들에게도 보급되었다고 한다.

센마이즈케가 처음 만들어질 당시에는 순무를 얇게 썰어 소금에 절여 여분의 수분을 없앤 후 질 좋은 다시마를 넣고 절이면 유산 발효로 자연스럽게 순무 본래의 감칠맛과 산미를 느낄 수 있었다고 한다. 그러나 1945년 이후 식초와 설탕 등을 사용해 대량 생산하면서부터 현재의 초절임 센마이즈케로 바뀌었다.

9 _ 벳타라즈케(べったら漬: 무 누룩절임) 코지즈케

벳타라즈케는 껍질을 두껍게 깎아 말린 무를 소금에 밑절임한 후 감주 또는 단술이라고 하는 아마자케(甘酒)의 누룩으로 최종적으로 달콤하게 절인 절임 음식이다. 아삭하고 꼬들꼬들한 식감과 달면서도 담백한 맛이 특징이며, 도쿄를 대표하는 특산 츠케모노이다. 벳타라는 주위의 물건에 무언가가 끈적끈적하게 붙어 있는 모습을 나타내는 의태어로, 아마자케의 누룩이 무 표면에 끈적끈적하게 붙어 있는 모습에서 벳타라즈케라는 이름이 붙었다고 한다.

벳타라즈케는 적은 양의 소금으로 밑절임을 하기 때문에 저장성이 높지 않아 어느 정도 시간이 지나면 풍미가 변해버린다. 따라서 절이고 나서 10~15일 사이에 먹는 것이 가장 맛있다.

10 _ 후쿠진즈케(福神漬) 쇼유즈케

후쿠진즈케는 비발효형 절임의 일종으로 무, 작두콩, 가지, 순무, 차조기, 표고버섯, 땅두릅의 7가지 채소를 먼저 소금에 밑절임한 후 소금기를 빼서 다지듯 잘게 잘라 최종적으로 간장을 메인으로 설탕, 미림으로 만든 조미액으로 절인 츠케모노이다. 후쿠진즈케는 식당에서 카레를 먹을 때 곁들여 나오는 대표적 절임 음식이라고 할 수 있다.

후쿠진즈케의 후쿠진은 '복신(福神: 복을 가져다주는 신)'이라는 뜻이며, 일곱 가지 채소를 사용하여 만든 절임인 후쿠진즈케라는 명칭은 일본에서 일곱 가지 행복을 가져다준다는 칠복신(七福神)에서 유래했다고 한다.

4 아게모노와 야키모노

일본의 가정식 반찬의 종류로, 채소와 어육 등을 기름에 튀긴 일본식 튀김 요리인 아게모노, 꼬챙이를 이용하거나 석쇠에 굽는 직화구이와 철판 등을 놓아 간접적으로 굽는 간접구이로 나뉘는 야키모노가 있다. 아게모노는 덴푸라 부분, 야키모노는 구이 요리 부분을 참조하기 바란다.

츠케모노의 주재료인 코지(누룩)와 누카(쌀겨)

4부

일본 전통 정식 요리

일본의 전통적 숙박시설인 료칸에 묵게 되면 일본 전통 정식(定食) 요리인 가이세키(会席料理) 요리가 제공되는 경우가 많다. 이는 에도시대에 서민들을 위해 탄생한 캐주얼한 스타일의 코스 요리로, 일본의 대표적인 전통 정식 요리이다. 이러한 요리는 탄생 시기나 목적과 방식에 따라 여러 종류로 구분되며, 크게 쇼진요리(精進料理), 혼젠요리(本膳料理), 가이세키요리(懷石料理), 가이세키요리(会席料理) 등으로 나뉜다.

쇼진요리는 가마쿠라시대에 중국에서 들어온 선종의 영향으로 일본 각지의 사찰에 전해지면서 시작된 요리이다. 사찰 음식이다 보니 동물성 식재료를 사용하지 않는 것이 특징이다.

혼젠요리는 무로마치시대에 귀족들, 특히 무사 집안에서 손님들을 대접하거나 공식행사 등이 있을 때 제공된 요리로, 현재 일본 요리의 원점이라 할 수 있다.

가이세키요리는 한자의 의미에 따라 가이세키요리(懷石料理)와 가이세키요리(会席料理)로 나뉜다. 가이세키요리(懷石料理)는 다도와 관련해 생겨난 요리로 차를 마시는 자리에 내놓는 가벼운 요리인데, 차를 맛있게 마시기 위한 요리라 하여 차(茶)가이세키요리라고도 한다. 이와 달리 쇄국정책을 펴던 에도시대에 완성된 가이세키요리(会席料理)는 술을 즐기기 위한 연회요리로, 혼젠요리와 가이세키요리(懷石料理)를 간략하게 합체한 형식으로 일본 요리의 집대성이며, 그 흐름은 지금도 계속되고 있다.

이 외에 일본 전통 요리는 아니지만 서양, 즉 포르투갈이나 스페인, 네덜란드 등과의 교류로 서양 요리가 일본에 전해지면서 생겨난 난반요리(南蛮料理), 중국과 서양 양쪽 모두의 영향을 받아 생겨난 싯포쿠요리(卓袱料理), 중국의 영향이 큰 후차요리(普茶料理) 등이 있다. 이 세 가지 요리는 외국의 영향을 받아 일본에서 탄생한 요리이기 때문에 기본적으로 원조가 되는 나라의 요리 양식을 띠지만 오랜 시간 일본에 스며들면서 일본풍으로 발전된 것이 특징이다.

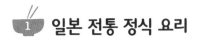

일본 전통 정식 요리

1 _ 쇼진요리

일본에서 쇼진(精進: 정진)은 불교에서 '잡념을 버리고 불도 수행에 마음을 다한다'라는 뜻으로 쓰이며, 요리와 관련되어 쓰일 때는 '불교의 계율에 따라 고기나 어패류 등의 육식을 금기시하고 채식을 함'을 나타내는 말이다. 즉, 쇼진요리는 육식을 금하는 요리이면서 승려들의 불교 수행에 필요한 최저한의 식사라고 할 수 있다.

쇼진요리에서 피해야 할 식재료는 크게 두 가지다. 하나는 동물성 식재료이고 다른 하나는 고쿤(五葷)이라고 불리는 파속 식물로 파, 마늘, 락교(염교), 부추, 양파 등이다. 고쿤은 번뇌를 자극하고 식재료 냄새도 강하기 때문에 피해야 한다고 한다. 다만 산초, 생강, 고수를 포함하기도 하는 등 지역 특성에 따라 금기라고 여겨지는 채소의 범위는 다르다고 한다.

일본에서 사찰 음식으로 쇼진요리가 발달하기 시작할 당시에는 동물이나 어패류 등의 육식이 금지되었기 때문에 쇼진요리는 소박하고 볼품없는 요리라는 이미지가 강했다. 육식이 불가능한 요리 형식이다 보니 채소의 맛을 최대한 맛있게 이끌어내는 것이 핵심이었다.

쇼진요리가 채소 요리로 정착하게 된 것은 가마쿠라시대이다. 사찰을 중심으로 채소 요리를 비롯하여 곡물류(두부), 해조류, 버섯 등 식물성 식재료로 만든 요리가 다양하게 발달하자 이러한 요리의 조리 방법이 당시 일반인에게까지 전해졌다. 그러나 승려들과 달리 일반인들 사이에서는 불교적 금기사항에 신경 쓰지 않고 조류와 생선을 재료로 하는 요리까지 만들게 되면서 쇼진요리가 일본의 대표적 전통 정식 요리의 형식 중 하나로 자리매김하게 되었다. 특히 쇼진요리라는 요리 형식이 정착해 일본의 조림(煮物)이라는 조리법이 발달되었다. 그때까지 요리는 대부분 굽거나 건조시키거나 날로 먹었으나, 이 시기부터는 간이 된 국물로 식재료를 조려서 뜨거운 상태로 밥상까지 옮겨놓는 새로운 요리 형식이 쇼진요리를 통해 탄생한 것이다.

쇼진요리는 단순한 식재료를 많은 제약 속에서 조리하기에 여러 방법으로 가공되어 왔다. 한 예로 콩을 들 수 있는데, 콩은 영양가가 풍부하고 채식만으로 부족하기 쉬운 단백질을 보충할 수 있어 적극적으로 쇼진요리에 도입되었으나, 소화가 잘 안 되어 생으로 먹기에 곤란한 부분이 있었다. 이 때문에 장기적으로 보존하여 풍미를 더해서 먹는 사람이 질리지 않도록 된장, 두부, 유바(湯葉: 데운 두유의 얇은 막), 두유, 유부(아부라아게), 낫토 등이 생겨났으며, 이와 관련된 요리와 면요리도 크게 발달하게 되었다.

이처럼 중세 이후 승려들의 식사나 생활 수준이 크게 향상되면서 일찍이 하찮은 식사라고 평가되던 쇼진요리에 가공 기술을 더해, 쇼진요리를 필요로 하는 사찰을 포

일본 전통 정식(定食) 요리

함한 그 주변 사람들에 의해 약간 사치를 부린 요리가 만들어지게 되었다. 이른바 '모도키요리(もどき料理)'라는 것으로, 모도키는 '가짜이지만 진짜를 닮게 만든 것'이라는 의미이다. 여기서는 식물성 원료를 사용해서 동물성 요리와 유사하게 만드는 것을 뜻한다.

모도키요리는 채소나 두부, 곡물류를 사용해 금기시되던 동물과 비슷한 형태나 색으로 음식을 만들고 다음과 같이 해당 동물 이름을 붙이기도 했다.

① **간모도키**(雁もどき: 가짜 기러기 두부 튀김)
으깬 두부에 잘게 다진 채소(당근, 연근, 우엉)나 다시마 등을 넣어 기름에 튀긴 두부 크로켓이다. 맛이 기러기 고기와 비슷하다 하여 붙여진 명칭이다.

② **다누키지루**(狸汁: 너구리 스프)
우엉, 무 등의 채소와 곤약을 찢어 넣어 끓인 된장국이다.(실제로 너구리 고기를 사용한 된장국도 있다.)

③ **기지야키**(雉焼き: 꿩구이)
두부를 큼직하게 썰어 구운 후 뜨거운 일본술을 뿌려 먹는 요리이다.(실제로 꿩고기를 구운 요리도 있다.)

이처럼 쇼진요리에는 법칙과 제한이 있는 만큼 조리 기술은 더욱 발달했다.

현재 쇼진요리의 기본 식단으로는 밥과 미소 된장국(최근에는 생략되는 게 일반적)에 익힌 채소, 두부 요리, 나물 무침, 튀김, 조림 음식, 절임채소 등이 나오며, 생선회가 곁들여지고 마무리로 소면이나 초밥과 함께 입가심용 과일이 나온다.

현재 사찰 중에는 참배객을 숙방에 묵게 하고 쇼진요리를 제공해 불문 수행을 체험할 수 있도록 하는 곳도 적지 않다. 나가노현의 센코지(善光寺)에는 참배객을 숙박시키는 숙소가 구비되어 저녁식사에 쇼진요리를 제공하는 경우가 많은 한편, 교토의 사찰에서는 특히 참배객용 쇼진요리를 음식점에 일임해서 사찰보다 주변 음식점에 고급 쇼진요리가 있는 경우가 많다. 교토에 위치한 다이도쿠지(大德寺)와 묘신지(妙心寺) 주변에는 쇼진요리 전문 음식점들이 있어 사찰뿐만 아니라 음식점에서도 쇼진요리를 먹을 수 있다.

이렇게 쇼진요리는 사찰 내에서 먹는 요리라는 원래 개념을 넘어서 서민들에게도 깊이 침투했다. 채소의 맛을 최대한 살린 쇼진요리는 떫거나 쓴맛을 우려내고 물에 삶는 등 제한된 식재료와 복잡한 조리 기술로 많은 요리사와 요리연구가에게 영향을 주었고, 일본 요리 발달에 큰 영향을 미쳤다.

2 _ 혼젠요리

와쇼쿠(和食)의 요리 양식을 설명할 때 본격적인 요리 양식인 혼젠요리(本膳料理) 이전의 식사 양식으로 신센요리(神饌料理)와 대향요리(大饗料理)라는 두 가지 요리 양식을 드는 경우가 많다.

일본에서 가장 오래된 요리 양식인 신센요리는 신에게 제사를 지낼 때 바치는 음식이나 술의 총칭이다. 또 제사를 지낸 후 제사에 참가한 사람들이나 마을 사람들이 신과 친밀감을 강화해 신에게 은혜를 입는다는 의미로 신에게 바친 음식 등을 나누어 먹었는데, 이것도 신센요리라고 한다. 그러나 일본 고대시대의 요리 문화에 대한 역사적 자료가 없기 때문에 사실을 확인하기는 어렵다.

신센요리 이후 나라시대에 중국에서 받아들인 식사 양식을 발전시킨 대향요리가 있다. 학자들에 따라서는 신센요리를 요리 양식으로 인정하지 않고 대향요리를 일본에서 가장 오래된 요리 양식으로 인정하는 경우도 있다. 궁중 귀족의 의례용 식사 예법인 대향요리는 밥상에 요리를 짝수로 놓는데, 사람 앞쪽으로 밥과 조미료 접시를 놓고 요리를 소금이나 식초에 찍어 먹는 방식이다. 요리 숫자가 짝수라는 점이 중국식이라고 할 수 있다.

신센요리

대향요리

4부_일본 전통 정식 요리

그 이후 무로마치시대에 정권을 장악한 무가(武家)에서 불교와 일본 고유의 민족 신앙인 신도(神道)의 요리 양식을 바탕으로 만든 식사 예법이 혼젠요리의 기원이다. 혼젠요리는 대향요리의 의례적 요소와 쇼진요리의 기술적 요소가 적당히 혼합된 형식의 요리로, '본(本)격적으로(정식으로) 차린 상(膳)'이라는 뜻이 있으며 식사 시에는 복장이나 그릇의 위치, 먹는 순서까지 정해져 있어 매우 격조 높은 식사 예법이었다. 이후 에도시대에 들어와 이 요리는 상류사회 귀족들의 공식 행사나 연회 등이 있을 때의 요리로 정형화되어 혼젠요리라는 요리 형식이 확립되었다. 예전에는 관혼상제와 같은 의식이나 연회 등에 많이 사용되는 식사 형식이었을 뿐만 아니라, 한때는 일반 가정에서 차려지는 식사 형식으로 사용되기도 했다. 그러나 메이지시대 이후 쇠퇴해 현재는 거의 볼 수 없고 일본 전통 여관인 료칸 등에서 행해지는 연회 요리나 일본식 결혼 피로연의 요리 등에서나 겨우 찾아볼 수 있는 요리 형식이 되었다.

혼젠요리는 다다미에 앉아 먹는 1인용 밥상(膳: 젠), 즉 소반에 차려 나오는 요리를 말한다. 자그마한 상에 요리 몇 가지씩만 차려서 내는데, 다 먹으면 상을 물리고 다음 상을 올리는 형식이다. 가로세로 30~40㎝ 정도의 작은 1인용 상인 젠에 기본적으로 1즙 3채(一汁三菜)를 올리는 상차림으로, 경우에 따라서는 혼젠이라고 부르는 상을 중심으로 2~7개 상이 배치되기도 한다. 여기서 즙은 국물류, 채는 반찬류를 말한다. 첫 번째 밥상인 혼젠에는 기본적으로 왼쪽에 밥이 놓이고 그 오른쪽으로 국물 1가지가 놓이며, 그 앞으로 3가지 반찬이 놓여 나온다. 일반적으로 1즙 3채는 '밥, 국, 반찬, 절임채소' 4가지를 기본으로 구성되며, 반찬은 2~3개로 상차림한 식사 형식이다. 이때 1인용 소반 위에 차려지는 국은 된장국(みそ汁: 미소시루), 반찬은 ① 회, ② 국물이 적은 조림 음식, ③ 채소절임인 경우가 많다. 그러나 1즙 3채에서 절임채소는 밥과 하나의 세트로 밥과 국 사이에 놓여 반찬으로 취급되지 않는 경우도 있다. 이럴 때에는 생선구이 등의 구이 요리가 반찬으로 추가되기도 한다. 반찬 종류는 바뀌기도 하지만, 이

것이 20세기 초까지 일본의 전통적인 일상적 기본 상차림이었다.

혼젠요리에서도 이처럼 1즙 3채 형식이 첫 번째 상차림이며, 즙과 채의 수와 종류에 따라 1즙 3채, 2즙 5채, 2즙 7채, 3즙 7채, 3즙 11채 등의 상차림이 존재한다. 이들 중에서 1즙 3채, 2즙 5채, 3즙 7채가 가장 기본이 되는 일본의 상차림이다. 생일·졸업·입학 등 가족끼리 축하할 때에는 1즙 3채나 1즙 5채를 준비하고, 결혼식 피로연에는 보통 5개 상에 3즙 7채가 나오며, 큰 경사가 있을 때는 국과 반찬의 수가 늘어난다.

그러나 손님을 초대하여 많은 요리를 대접하고 싶을 때는 손님 앞에 놓이는 본래의 밥상인 혼젠 옆으로 상을 추가한다. 두 번째 상인 니노젠(二の膳)에는 앞서 나온 국과

4부_일본 전통 정식 요리

혼젠요리의 구성

는 다른 종류의 국(이때는 보통 맑은 국) 한 가지와 국물기가 있는 조림 음식과 초무침 등 무침 요리 반찬 두 가지가 놓여, 결국 국물 두 가지와 반찬 다섯 가지인 2즙 5채가 된다(이때는 절임채소도 반찬에 포함된다). 이것이 부족하면 세 번째 상인 산노젠(三の膳)을 내놓는다. 일반적으로 세 번째 상에는 앞서 나온 것과 다른 국, 생선회(도미 등), 무침 요리가 추가되는 경우가 많으며 때에 따라 네 번째 상을 대신해 생선구이가 나오기도 한다. 호화롭게 차려질 때는 최대 7개 상까지 내놓는 경우도 있지만, 대부분 손님은 세 번째 상인 산노젠까지 먹고, 그 이후에 나오는 상의 음식은 아예 손을 대지 않고 돌아갈 때 포장해 선물로 가져가기도 한다. 이처럼 많은 상이 차려지는 혼젠요리는 다 먹을 수 없을 정도로 요리가 나와 많이 남을 뿐만 아니라, 그릇이나 음식의 겉모양과 장식이 너무 호화스러운 경우도 많았으며, 상차림과 먹는 방법이 상당히 복잡했다. 결국 요리의 본질을 잃게 된 혼젠요리를 간결하게 개선하여 탄생한 요리 형식이 다도 모임에서 나오는 가이세키요리(懷石料理)이다.

3 _ 가이세키요리

가이세키요리(懷石料理)는 다도 모임에서 차를 마시기 전에 손님을 대접하기 위해 식사로 내놓던 요리로, 공복 상태에서 차를 마시면 속을 쓰리게 할 수 있을 뿐만 아니라 차를 맛있게 마실 수 없으므로 가볍게 배를 채운다는 목적에서 시작된 요리 형식이다. 차를 마시기 전의 간단한 식사이므로 요리에 쓸데없이 화려한 장식은 하지 않는다는 것이 특징이며, '제철 식재료 사용', '소재의 맛 살리기', '배려를 가지고 환대하기' 라는 3대 원칙을 내걸고 있다.

가이세키요리(懷石料理)라는 식사 양식은 에도시대 중기에서 말기경인 16세기에 시작해서 18세기 중반에는 대부분 완성되었다고 한다. 각종 요리가 놓인 많은 상을 손님의 눈앞에 한번에 내놓는 혼젠요리와 달리, 하나의 상에 음식을 차리고 차려진 음식을 다 먹을 때마다, 즉 시간 흐름에 따라 새로운 음식을 하나씩 내오는 시간차 배열 형식이다. 혼젠요리는 불필요한 장식이 너무 많다거나, 요리가 식어서 굳어버리거나, 나오는 요리의 양이 너무 많아 남기거나 하는 경우가 많았다. 이러한 단점을 보완한 가이세키요리(懷石料理)는 따뜻한 요리를 적절한 시간에 내놓으며, 적당한 양이 제공되기 때문에 남기지 않고 먹을 수 있고, 불필요한 장식이 없어졌다. 이 요리의 등장으로 일본 연회 요리의 양식이 좀더 합리적인 방향으로 개선되었다고 할 수 있다.

가이세키(懷石)는 매우 추운 날, 사문암과 경석 등의 돌을 불로 가열한 것 혹은 데운 곤약 등을 천에 싸서 품에 넣는 것을 의미한다. 즉 승려들이 수행 중 배고픔과 추위를 견디기 위해 '품속(懷)에 따뜻한 돌(石)을 품는다'는 말에서 유래된 표현으로, 배고픔을 참을 수 있을 정도의 아주 소박한 요리 또는 매우 수수하고 간소하며 한순간의 공복을 달래는 정도의 요리가 원래 의미이다. 지금은 다도 자리뿐만 아니라 고급 음식점에서 먹을 수 있는 고급 요리로도 친숙해져 동음이의어인 또 하나의 가이세키요리(会席料理)와 혼동을 피하기 위해 차를 마시기 전에 먹는 가이세키요리(懷石料理)라

하여 차가이세키요리(茶懷石料理)라고도 한다.

가이세키요리(懷石料理)는 차를 가장 맛있게 마시기 위해서 준비되는 식사로 팽주, 즉 차를 끓여 손님에게 내놓는 사람과 팽객, 즉 차를 대접받는 손님의 마음이 교류될 수 있는 접대의 장을 만든다는 의미가 있다. 정찬이지만 양은 보통의 8할 정도로 적고, 요리가 너무 두드러지지 않게 만들며, 강한 맛과 향을 피하면서 미각적으로도 기복이 없고 품격이 있는 음식을 만들어야 한다.

맛을 즐기기 위해서는 계절과 상관없이 따뜻하게 먹는 요리는 한여름에도 따뜻하게 제공되어야 하며, 차갑게 먹는 요리는 그 음식을 담아서 손님에게 접대할 때까지 차가운 상태를 유지해야 한다. 접대에서 중요한 포인트는 음식이 손님에게 제공되는 시간의 흐름이라고 할 수 있는데, 즉 호흡이 맞아야 한다. 팽주의 호흡이 너무 빠르면 재촉하는 행동이 되어 팽객의 마음을 바쁘게 만들 테고, 호흡이 너무 느리면 그 공백이 팽객을 불편하게 만들 수도 있어 시간을 잘 분배하는 것이 상당히 중요하다. 팽객은 다도 모임에서 나오는 요리를 남기지 않고 그릇을 깨끗이 비우는 것이 예의이고, 먹고 남은 생선뼈 등은 준비한 종이에 싸서 가지고 돌아가는 것이 원칙인데, 이것은 청결을 중요시하는 다도 모임에서 팽객이 갖추어야 할 마음가짐이다.

요리는 제철 재료로 준비하고 모양과 신선도, 그리고 색 조화를 잘 생각해서 식단을 만들어야 한다. 계절과 다도 모임의 목적에 맞아야 하며 영양가도 고려해야 하므로 매우 까다로운 요리로 보일 수 있지만, 그렇게 정성을 다한 요리는 그 마음을 손님에게 전달하는 것이므로 매우 의미가 있다고 할 수 있다.

가이세키요리(懷石料理)는 식사를 중심으로 하는 요리이므로, 음식 자체의 맛을 음미하도록 구성되며 제공되는 요리의 순서는 다음과 같다.

가이세키요리(懷石料理)의 종류와 순서

① 갓 지은 흰쌀밥(飯), 국물류(汁: 미소시루가 기본)

② 무코우즈케(向付): 생선회 · 초무침 요리

③ 니모노완(煮物椀): 국물 있는 조림

④ 야키모노(焼物): 생선 구이

⑤ 시이자카나(強肴): 소량의 일품 술안주

⑥ 고스이모노(小吸物): 입가심용 맑고 연한 국물

⑦ 핫슨(八寸): 산해진미 술안주

⑧ 유토우(湯桶): 후식용 누룽지

⑨ 고우노모노(香の物): 절임채소

🐟 가이세키요리에서 술은 총 세 번 제공되는데, 첫 번째는 국과 밥을 먹고 난 후에 나오고, 두 번째는 니모노완 다음에 나오는데, 이때의 술은 거절해도 상관없다. 1즙 3채가 끝나고 핫슨에 이어 세 번째 나오는 술은 팽주와 팽객이 함께 즐긴다.

가이세키요리의 제공 순서와 먹는 법_(식사 예절)

가이세키요리는 어디까지나 마지막에 나오는 말차(抹茶)를 맛있게 마시기 위해 제공되는 요리이다. 말차는 꽤 짙고 쓴맛을 내기 때문에 공복에 갑자기 강한 카페인 성분의 말차를 마시면 속을 쓰리게 하는 등 그다지 바람직하지 않으므로 가볍게 뭔가를 먹어두어야 말차를 더욱 맛있게 즐길 수 있다. 따라서 대체로 다음과 같은 흐름과 순서로 요리가 제공된다.

Step. 1 나무로 만든 사각 쟁반에 갓 지은 흰쌀밥, 국물류, 무코우즈케라는 생선회나 초무침 요리가 차려져 나온다.

① 갓 지은 흰쌀밥과 국물류_(汁: 주로 된장국)

가장 먼저 흰쌀밥과 국물류가 나오는데, 밥은 갓 지은 따뜻한 밥을 손님에게 내놓아야 하며, 국물류는 미소시루가 기본이다. 건더기는 제철에 나는 채소를 중심으로 두부, 해초 등을 부재료로 사용한다. 보통 둘 다 양이 적기 때문에 간단하게 먹는다. 손님 쪽에서 볼 때, 상 앞 왼쪽에는 밥그릇, 국그릇, 안쪽에는 무코우즈케를 놓고 앞에 리큐바시(利休箸)를 놓는 것이 원칙이다.

🐟 리큐바시: 양 끝을 뾰족하게 깎은 양면 삼나무 젓가락

② 무코우즈케_(向付: 생선회·초무침 요리)

무코우즈케는 상 맞은편(向こう)에 놓는(付け: 붙임, 딸림) 요리를 말하는데, 1즙 3채의 3채 중 첫 번째 반찬은 상의 중앙에서 먼 쪽에 차려지는 생선회나 초무침 요리이다. 손님이 국물을 다 마실 때 술병(또는 데운 냄비)과 잔이 나와 손님에게 술을 따르는데, 여기서 손님은 술을 가볍게 한잔하고, 상의 맞은편(먼 쪽)에 놓이는 생선회나 초무침 요리인 무코우즈케를 안주로 먹는다. 생선회는 관동 지방에서는 참치, 관서 지방에서는 도미가 주역이 된다. 가이세키요리에서 보통 그릇은 칠기를 사용하는 것이 원칙이지만, 무코우즈케는 도자기를 사용한다. 대부분 계절을 느낄 수 있는 제철 식재료를 사용하며, 여름에는 상하기 쉬운 생선회보다 초무침 요리를 사용할 때가 많다.

Step. 2 술이 나온 후 무코우즈케를 먹고 나면, 1즙 3채의 3채 중 두 번째 반찬에 해당하는 조림 요리인 니모노완과 생선 구이 요리가 나온다.

① 니모노완_(煮物椀: 국물이 있는 조림)

니모노완은 보통의 조림 음식인 니모노와 달리 국물이 있는 조림 요리인데, 씻거나 데치거나 하여 밑준비를 해놓은 유바, 생선, 채소 등 다양한 식재료를 색이 조화를 이루도록 그릇(椀: 완)에 담고, 그 위에 뜨거운 다시지루를 부어 만드는 것으로, 스이모노(맑은 국)의 일종이라고도 할 수 있다. 니모노완은 일반 국그릇보다 약간 크고 뚜껑이 있는 그릇을 사용하며, 그릇(완)에 담는다(모리)는 의미에서 완모리(椀盛)라고도 한다.

🐟 완(椀): 음식을 담는 도자기 그릇. 또는 그 그릇을 사용하는 요리
　　모리(盛): 담다의 명사형으로 '담기, 담음'이라는 뜻
　　다시지루(出汁): 국물 요리나 소스의 기본이 되는 육수(다시와 동일)

② 야키모노(燒物: 생선 구이)

야키모노는 1즙 3채의 3채 중 세 번째 반찬에 해당한다. 니모노완이 손님 한 사람 한 사람에게 주는 것에 비해, 야키모노는 큰 그릇에 요리(생선 등)를 준비하게 된다. 손님은 그릇에서 각자 먹을 분량을 젓가락으로 덜어 무코우즈케나 니모노완 뚜껑에 놓고 먹는다. 주로 구운 생선이 가시를 제거한 토막 형태로 나온다. 구이도 기본적으로 제철 생선을 사용하는데, 예를 들어 여름에는 은어, 겨울에는 방어 등이 사용된다.

Step. 3 본 식단 외에 제공되는 시이자카나와 입가심용 국인 고스이모노가 나온다.

① 시이자카나(強肴)

1즙 3채가 나온 후에 내놓는 소량의 술안주로 채소 무침이나, 고기나 생선 또는 새우 등과 채소를 따로 익혀 하나의 그릇에 담아놓은 시이자카나가 나온다. 이것 또한 야키모노와 같이 큰 그릇에 담은 요리를 대나무로 만든 공용 젓가락으로 덜어 담는다. 다른 말로는 아즈케바치(預け鉢)라고도 한다.

- 시이자카나: 기본 메뉴들과 더불어 술을 손님에게 권하기 위해 내놓는 소량의 술안주. 사전적 의미로는 시이(強いて: 시이테)는 '굳이, 구태여', 사카나(자카나)는 '안주'라는 뜻으로, 굳이 한 가지 더 추천하는 안주라는 의미이다.

- 아즈케바치: 아즈케는 '맡기다', 하치(바치)는 '사발, 그릇'을 뜻한다. 아즈케바치는 1즙 3채가 제공된 후 주인이 다른 방에서 간단한 식사를 할 때 '손님에게 맡긴 요리 또는 그릇'을 의미한다.

② 고스이모노(小吸物)

고스이모노는 식사의 마지막에 제공되는 국물로, 소량의 해초나 나무열매 등을 얇게 썰어 띄우며 맑고 맛이 연한 것이 특징이다. 지금까지 식사에 사용한 젓가락과 입안을 국으로 청결하게 한다는 의미에서 하시아라이(箸: 젓가락, 洗い: 씻기), 스스기시루(すすぎ: 헹굼, 汁: 국)라고도 한다. 국물 그릇인 스이모노완(吸物椀)은 이후에는 술잔으로 사용되고, 그 뚜껑은 술안주를 받기 위해 사용된다.

- 고스이모노: 고(小)는 '간단한, 작은', 스이모노(吸物)는 '국물'을 뜻한다. 본래는 술안주로 제공하는 것은 스이모노, 밥과 제공하는 것은 시루모노라고 구분한다.

Step. 4 식사의 마무리 단계로 술안주인 핫슨과 우리의 입가심 숭늉을 떠올리게 하는 유토우 그리고 채소절임인 고우노모노가 함께 차려진다. 유토우와 고우노모노가 나오면 식사는 마무리된다.

① 핫슨(八寸)

핫슨은 네모난 삼나무 쟁반에 차려 나오는 술안주로, 기본적으로 산(식물성)과 바다에서 수확한 식재료를 함께 조리하여 내놓는다. 일반적으로 표고버섯, 송이버섯, 죽순, 연근, 토란, 우엉 등과 생선류, 새우, 조개 등을 잘 조합해서 조리한다. 이처럼 술안주가 되는 진미를 두 가지 정도 담아내는데, 하나가 해산물이라면 다른 하나는 채소류가 나와 산해진미를 맛볼 수 있게 하는 것이 관례이다.

- 핫슨: 슨(寸)은 길이를 나타내는 단위로, 우리말로는 '치, 촌'이라고 한다. 따라서 핫슨은 8치를 나타내는 말이다. 1치는 3.03cm로, 8치면 약 24cm가 된다. 요리에서 쓰이는 핫슨은 가로세로가 모두 8치, 즉 약 24cm가 되는 사각접시(쟁반)의 크기에서 비롯된 말이다.

② 유토우(湯桶)

납배(納盃), 즉 마지막 잔을 마신 후 유토우가 나오는데, 유토우에는 따뜻한 물과 함께 유노코(湯の子)가 들어 있다. 유노코는 누룽지나 볶은 쌀에 뜨거운 물을 붓고 약간의 소금간을 한 것으로, 함께 나오는 유노코스쿠이(湯の子すくい)로 덜어 밥그릇과 국그릇에 넣은 후 두 그릇에 물을 붓고 밥그릇에 소량 남겨둔 밥을 만다. 다 먹은 후에는 그릇을 깨끗이 닦아 주인에게 돌려주는데, 이는 선사의 식사 예절을 그대로 따른 것이라고 한다.

- 납배: 연회 등에서 맨 마지막에 마시는 술잔, 막잔
- 유토우: 식후에 마실 뜨거운 물을 넣어두는 주전자 모양의 나무통, 또는 그 통에 들어있는 후식용 누룽지
- 유노코스쿠이: 유노코(湯の子)를 떠서(すくい) 그릇에 담기 위해 유토우와 함께 제공되는 국자를 말한다.

③ 고우노모노(香の物)

가이세키요리의 마지막 순서로 여러 가지 채소를 소금, 식초, 술지게미 등으로 절인 음식, 즉 절임채소를 말하며, 절임채소 2, 3종류가 함께 담겨 나온다. 다른 말로는 츠케모노(漬物)라고도 한다.
고우노모노는 헤이안시대 귀족들 사이에 술자리에서 향(香)을 피워 그 향이 어떤 향인지 알아맞히는 전통 놀이가 있었는데, 여러 향의 냄새를 맡아 각각의 향이 어떤 향인지를 식별해야 하기 때문에 다른 향을 맡기 전에 향이 강한 쌀겨 된장으로 절인 무, 즉 츠케모노(다쿠앙)를 먹어 코를 정리하고, 입안의 냄새도 없앴다고 한다. 이러한 놀이에서의 행위가 계기가 되어 츠케모노를 고우노모노라고도 부르게 되었다고 한다.

Step. 5 이상의 식사 코스가 끝나면 최종적으로 진한 말차를 마시게 된다.

지금까지 8, 9종류의 요리가 나온 것은 진한 차를 맛있게 즐기기 위함이다. 이렇게 먹고 나면 말차의 쓴맛을 즐기고 싶어진다. 경우에 따라서는 강렬한 말차의 맛을 좀더 살리기 위해 단맛이 나는 일본 과자(和菓子)가 곁들여 나오기도 하는데, 여기서 결국 가이세키요리는 진한 말차를 즐기기 위한 요리라는 것을 알 수 있다.

4 _ 가이세키요리

가이세키요리(숲席料理)는 혼젠요리의 흐름을 이어가면서 술을 즐기기 위한 정식 코스 요리이다. 원래는 에도시대에 술과 함께 식사를 즐긴 것에서 유래되어 일본 료칸이나 연회 자리 등에서 손님을 대접하기 위한 고급 요리였는데, 현재는 전문 음식점이나 호텔 등의 고급 연회 때 제공된다. 딱딱한 격식에 얽매이지 않고 요리 내용이나 가짓수도 비교적 자유로운데 식재료와 요리법 그리고 맛이 중복되지 않게 구성한다. 계절 감각을 중시하고, 색감과 모양도 다양하며, 음식을 담아내는 그릇의 재질과 모양도 서로 다르게 한다. 음식은 코스식으로 제공되어 보통은 10가지 이상 나오며 밥은 가장 마지막에 차려진다. 입맛뿐만 아니라 눈으로 즐기는 일본 요리의 특징을 잘 보여주는 대표적 요리 양식 중 하나이다.

원래 가이세키(숲席)는 일본 문학의 한 종류인 렌가(連歌: 두 사람 이상이 일본 고유의 정형시인 와카(和歌)의 상구(上句)와 하구(下句)를 서로 번갈아 읽어나가는 형식의 노래), 하이카이(俳諧: 남을 웃기려고 하는 소리 혹은 악의 없는 농담)를 즐기기 위한 모임을 뜻하는 말이다. 이 형식의 요리가 처음 등장한 1629년경에는 모임 말미에 안주를 약간 곁들여 간단히 술을 한잔하는 단순한 식사 형식으로 다과 모임 정도의 느낌이었지만, 차츰 변화를 거쳐 술을 마시기 위한 술안주 중심의 세련되고 화려한 잔치 코스 요리 성격을 띠게 되었다.

가이세키요리(숲席料理)가 탄생한 것은 에도시대 중기로, 에도시대는 무가(武家)사회였지만, 중기 이후로 일반 서민의 활약이 두드러지면서 에도에는 돈 많은 서민들이 다니는 고급 요리점이나 요리차야(料理茶屋: 손님에게 음식과 유흥을 제공하는 가게)가 성행했다. 그 당시 이러한 고급 요리점에서 혼젠요리나 가이세키요리(懷石料理)를 내놓았으나 서민들은 이러한 요리를 좋아하지 않았다. 이들 요리 형식에는 엄격한 식사 순서나 예절이 있어 서민들이 이러한 매너를 지키면서 먹으려면 시간도 오래 걸리고 불편했다. 이러한 문제점을 해결하기 위해 요리차야에서 서민들이 편하게 식사할 수 있는 캐주얼한 스타일의 요리 형식이 생겨났는데, 이것이 바로 가이세키요리(会席料理)이다. 에도시대에 출간된『수정만고(守貞漫稿)』에서도 이 시기에 고급 요리점이나 요리차야를 통해 가이세키요리(会席料理)가 전파되었다는 사실을 확인할 수 있다. 새로 탄생한 이 요리는 형식이 정해져 있지 않아 혼젠요리나 가이세키요리(懷石料理)의 식사 형식이 적당히 생략되고 섞여 있다는 것이 특징이다.

가이세키요리(会席料理)는 에도시대부터 계속 이어져온 전통적 요리이면서도 격식에 구애받지 않고 자유롭게 변형할 수 있어 더욱 발달해가며 현재도 연회 등에서 제공되는 일본 요리의 주류를 형성하게 되었다.

가이세키요리(会席料理)의 기본 상차림은 국물 한 종류와 세 가지 반찬으로 구성되는 1즙 3채라고 할 수 있는데, 맑은 국(吸物: 스이모노)과 회(刺身: 사시미), 조림(煮物: 니모노), 구이(焼物: 야키모노) 반찬이 기본이다. 여기에 코스가 늘어나면 2즙 5채, 2즙 9채 등으로 구성되기도 한다.

모든 요리가 한꺼번에 차려져 나오는 혼젠요리와 달리 가이세키요리(会席料理)는 시간차를 두고 보통은 한 가지씩 나온다. 식당에 따라 구이, 조림, 튀김(揚げ物: 아게모노)의 순서가 앞뒤로 뒤바뀌어 나오거나 일부가 생략되면서 조금씩 차이를 보이기는 하지만, 대체로 다음과 같은 흐름과 순서로 요리가 제공된다.

가이세키요리(会席料理)의 종류와 식사 순서

① 전채(前菜) 요리 = 先付け(사키즈케)

② 맑은 국(吸物: 스이모노) = 椀盛(완모리)

③ 회(刺身: 사시미) = お造り(오츠쿠리)

④ 구이(焼物: 야키모노)

⑤ 조림(煮物: 니모노)

⑥ 튀김(揚げ物: 아게모노)

⑦ 찜(蒸し物: 무시모노)

⑧ 무침(和え物: 아에모노) = 특히 초무침(酢の物: 스노모노)

⑨ 밥과 된장국(汁: 시루), 절임채소(香の物: 고우노모노)

⑩ 후식(水物: 미즈모노/水菓子: 미즈기시)

🍬 가이세키요리는 제공되는 음식의 순서대로 젓가락을 댄다. 음식을 다 먹기 전에 다음 요리가 나와도 신경 쓰지 말고 제공된 음식에 젓가락을 한 번 댄 후 남은 요리를 천천히 먹으면 된다.

🍬 다음 순서는 1즙 7채에 나오는 요리 종류이며, 1즙 5채의 경우는 튀김, 찜 등이 제공되지 않는다.

① 전채(前菜) 요리

가이세키요리의 오르되브르(オードブル, Appetizers)로, 식사가 시작되기 전의 가벼운 안주이며 국물 앞 순서에서 제공되는 첫 번째 음식을 뜻한다. 사키즈케(先付け)라고도 부르며 고기, 채소, 생선 등 다양한 재료를 활용해서 세 가지 또는 다섯 가지 음식을 조금씩 담아내어 계절감을 느끼면서 식욕을 돋우는 가벼운 요리가 제공된다(경우에 따라서는 사키즈케를 먹기 식전 또는 사키즈케와 매실주 등의 가벼운 식전주가 함께 제공되기도 한다). 식욕을 돋우는 것이 목적이기 때문에 양이 적고 염분이나 신맛이 강한 경우가 많으며, 밥이 나올 때까지의 요리는 술과 함께 먹는 것이 일반적이다.

② 맑은 국(吸物: 스이모노)

전채 요리와 함께한 목축임 정도의 간단한 술을 마신 뒤 입가심용으로 나오는 맑은 국으로, 대접에 담은 국물 요리라는 의미로 완모리(椀盛り)라고도 부른다. 본격적인 요리가 나오기 전에 입안을 깔끔하게 한다는 의미가 있기 때문에 맛이 약간 연한 국물이 제공되는 경우가 많다. 작은 그릇에 담겨 나오는 맑은 국은 손쉽게 만들 수 있는 요리처럼 보이지만, 단순하기 때문에 오히려 만들기 어려워 가이세키 요리 장인의 솜씨를 가늠할 수 있는 요리이다. 맑은 장국이나 계절에 따라 도빈무시(土瓶蒸し)가 제공되며, 뚜껑이 있는 그릇은 윗사람이 뚜껑을 열고 나서 자신도 뚜껑을 열고, 다 먹으면 뚜껑을 비스듬히 닫아두는 게 매너이다.

> 🐟 도빈무시: 송이버섯이나 갯장어 등의 재료를 육수인 다시자루(出汁)가 들어간 주전자로 찌는 가을철 단골요리

③ 회(刺身: 사시미)

메인 요리 중 하나인 사시미(관서 지방에서는 오츠쿠리)가 나오는데, 앞쪽에는 담백한 흰살생선, 중간에는 조개, 안쪽에는 붉은살생선이 담겨져 제공된다. 사시미는 흰살생선 등의 담백한 것부터 먹고 나서 붉은살생선을 먹는 것이 순서이다. 사시미를 먹을 때는 간장이 바닥에 떨어지지 않도록 왼손으로 작은 접시를 받쳐 입 가까이에 가져간 후 먹고, 와사비는 조금씩 집어서 사시미에 직접 올려 간장에 살짝 찍어 먹는 게 매너이다. 사시미를 올려놓는 무(츠마)는 장식 역할뿐만 아니라 입을 산뜻하게 하는 역할도 하므로 사시미와 같이 먹어도 상관없다. 일반적으로 회는 제철 생선의 회가 제공되며, 그날 가장 선도가 높은 생선을 골라서 낸다.

축하자리 등에는 사시미가 작은 배 모양 용기에 플레이팅되어 나오는 경우도 있는데 이를 후나모리(舟盛り: 배담기)라고 한다. 개인 접시로 각자 회를 가져올 때는 따로 준비된 공용 젓가락이 없으면 자신의 젓가락을 사용해도 된다. 이때 본인 젓가락을 거꾸로 해서 입을 대지 않은 부분으로 집어 오는 경우가 있는데, 오히려 이러한 행위는 매너 위반이다.

④ 구이(燒物: 야키모노)

제철 생선구이나 새우구이 등이 직화로 구워져 나오며, 구운 육류(소고기 직화구이)를 내놓는 경우도 있다. 생선 외에 조개나 게 등 다른 해산물을 곁들이기도 하고 가을에는 밤과 송이 같은 재료가 제공되기

도 한다. 생선구이는 본인의 왼쪽부터 조금씩 먹으며, 생선 머리와 꼬리가 있는 상태로 나올 때는 생선의 한쪽 면을 다 먹은 후 다른 쪽으로 뒤집지 않고 그대로 둔 채 가운데 뼈를 제거하고 먹는다. 껍데기가 붙어 있는 새우나 꼬리가 달린 생선, 조개요리 등은 손으로 먹어도 괜찮다.

⑤ **조림**(煮物: 니모노)
제철 채소나 어패류 등의 재료를 모양 내 다듬은 후 간장 또는 된장 등의 양념장에 조린 음식이 제공된다. 국물이 거의 없는 경우에는 납작하고 얕은 접시를 사용하고, 국물이 있는 경우에는 옴폭한 그릇에 담아낸다. 보통 뚜껑 있는 그릇에 담겨 나오는데, 이는 먹기 전까지 식지 않도록 하기 위함이다.
조림을 먹을 때는 부피가 큰 것은 먹기 좋은 크기로 미리 잘라놓고 나누어 먹어야 하며, 작은 그릇은 손으로 들고 먹지만 큰 그릇은 상에 둔 채로 국물이 있는 경우는 종이나 뚜껑으로 밑을 받치며 먹는 것이 매너이다.

⑥ **튀김**(揚げ物: 아게모노)
바삭바삭하게 튀긴 채소나 어패류 등의 요리가 나온다. 아게모노는 튀김옷을 입히지 않고 식재료를 그대로 튀겨내는 스아게(素揚げ)와 튀김옷을 입혀 튀기는 덴푸라가 있는데 보통은 덴푸라가 나오며, 플레이팅되어 나온 모양이 흐트러지지 않게 앞쪽에서부터 순서대로 먹는다. 튀김장을 흘리지 않도록 장을 담은 작은 접시는 들고 튀김을 찍어 먹어도 상관없다. 기본이 되는 튀김장 외에도 무를 갈아 넣은 튀김장이나 굵은 소금, 말차가루나 카레가루를 섞은 소금에 찍어 먹기도 한다.

⑦ **찜**(蒸し物: 무시모노)
주로 달걀, 두부, 새우, 도미, 연어, 조개 등 다양한 재료를 이용해 만드는데, 보통은 일본식 달걀찜인 차완무시가 나온다. 겨울철에는 순무(가부라)를 간 것과 달걀흰자를 거품 낸 머랭을 섞어 흰살생선 등의 위에 얹어 쪄낸 요리인 가부라무시(蕪蒸し)가 나오기도 한다. 내용물을 섞어서 먹지 않도록 한다.

⑧ **초무침**(酢の物: 스노모노)
생선이나 조개, 채소 등을 소금으로 밑간을 하고 식초, 설탕 등을 첨가하여 새콤달콤하게 무친 요리를 초무침 또는 초회라고 한다. 초무침은 입안을 상쾌하게 해주어 입가심 역할을 한다. 물기가 많으므로 그릇을 들고 먹으며, 양이 적다고 해서 한입에 다 먹는 것은 좋지 않다. 술안주로는 마지막 코스라서 도메자카나(止肴)라고도 한다.

🐟 도메자카나: 止(도메)는 '끝내다', 肴(자카나)는 '술안주'라는 뜻

⑨ **밥과 된장국**(汁: 시루), **절임채소**(香の物: 고우노모노)
코스 요리가 끝나면 식사가 나오는데, 가이세키요리에서 식사는 갓 지은 따뜻한 밥에 된장국을 곁들인다. 보통 된장국, 밥, 절임채소의 순서로 먹으며, 밥그릇과 국그릇을 번갈아가며 들고 먹고 마시는데 국은 따뜻할 때 마신다. 이 음식들이 나온 뒤에는 술은 마시지 않는다. 가게에 따라서는 스시나 메밀국수 등의 면류가 나오기도 하며, 국은 보통 뚜껑이 있는 그릇에 제공되는데, 뚜껑을 열어서 상 옆에 뚜

껍의 아랫면이 위로 향하도록 뒤집어놓는다. 먼저 국물을 한입 마신 뒤 건더기를 젓가락으로 집어 먹으며, 국물과 건더기 그리고 밥의 순서로 번갈아가며 먹는다.

⑩ 후식(水物: 미즈모노/水菓子: 미즈가시)

식사 후 디저트로 보통 제철 과일이나 셔벗, 일본 과자(화과자), 차 등이 차례로 나온다. 미즈모노는 에도시대에는 과일을 부를 때이 호칭이었는데, 좀더 거슬러 올라가면 지금은 과자라는 의미로 쓰이는 가시(菓子)도 원래 과일을 나타내는 말이었다고 한다. 그러던 중 주전부리 간식인 지금의 과자가 본격적으로 가시라는 명칭으로 일반화 되자, 과자의 가시와 구별하기 위해서 과일은 미즈가시로 불리게 되었고, 이러한 이름이 지금까지 전해온다고 한다.

녹차와 화과자가 제공될 경우에는 녹차를 마시기 전에 화과자를 먼저 먹는다. 미즈가시로 제철 과일 등 디저트와 마지막으로 마실 녹차가 제공되면, 가이세키요리의 코스는 모두 끝난다.

tip 2종류의 가이세키요리는 발음은 같지만, 의미가 서로 다르다. 즉 요리의 목적과 요리가 나오는 순서가 다르다. 가이세키(懷石)는 다도 자리에서 차를 즐기기 위해 제공되는 요리이며, 가이세키(会席)는 연회 등 술자리에서 술을 즐기기 위해 제공되는 요리이다.

가이세키(懷石)는 진하고 쓴맛의 말차를 제대로 즐기기 위해 공복감을 없애는 요리이기 때문에 제일 먼저 적은 양의 밥과 국물류(된장국)가 나오는 반면, 가이세키(会席)는 술을 먹기 위해 제공되는 요리이므로 일반적으로 일식집에서 술 한잔하며 정식 요리를 먹을 때처럼 밥과 국물류(된장국)가 마지막에 나온다는 점이 다르다. 다시 말하면 차를 즐기느냐, 술을 즐기느냐에 따라 밥과 국물류의 식사를 내는 순서가 다르다는 차이점이 있다.

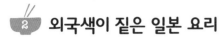

외국색이 짙은 일본 요리

1 _ 난반요리

난반(南蠻: 남만)의 사전적 의미는 '남쪽 지역의 야만인'이라는 뜻이지만, 요리에서는 무역과 관련된 의미로 쓰인다. 무로마치시대인 1543년 포르투갈 상선이 규슈 가고시마현 다네가시마(種子島)라는 섬에 표류하게 되었는데, 이때 일본인은 유럽인을 처음 보았다. 이를 계기로 서양과의 무역이 활발히 이루어진 무로마치시대 말기부터 에도시대 초기에 걸쳐 포르투갈, 스페인 상선이 교역을 위해 일본으로 들어왔다. 당시 포르투갈은 말레이시아의 말라카를, 스페인은 필리핀의 마닐라를 거점으로 하였는데, 일본을 기준으로 하면 남쪽 지역인 말레이시아나 필리핀 지역에서 교역하러 왔다 하여 이들을 난반인(南蠻人: 남만인)이라고 했다. 이들과 함께 서양 요리가 일본에 전해지면서 채소, 소고기, 닭고기, 생선 등을 섞어 조리거나 채소나 해산물에 튀김옷을 입혀 꽃을 피우듯 튀겨 재료의 고유한 맛을 살리는 난반요리가 생겨났다. 다시 말해 주된 통상국가인 포르투갈, 스페인, 네덜란드 등에서 들어오거나 동남아시아를 경유해서 주로 나가사키의 인공 섬인 데지마(出島)를 통해 들어온 조리법과 식재료를 사용해 만들어진 요리를 난반요리(南蠻料理)라고 한다.

고기를 기름에 볶거나 튀기는 조리법이나 당시 서양에서 전래된 대파나 고추 등을 넣어 만드는 난반요리는 육식 금지령으로 고기를 먹지 못하는 일본인에게는 처음 접하는 획기적인 요리였다. 그 후 이러한 서양 요리는 일본의 조리법과 접목되면서 일본 요리로 변신하기 시작했다. 서양의 소스 대신에 미소 된장국을 사용하거나 볶음 요리를 조림 요리로 변화시키는 등 새로운 조리법을 시도하면서 서양 요리를 일본 요리로 탈바꿈시켰다. 그중에서도 덴푸라는 대표적인 일본 요리가 되었다.

덴푸라 외에 유명한 난반요리로는 생선을 파와 고추 등의 채소와 함께 기름에 볶아서 조려 만든 난반조림(南蛮煮: 난반니)을 비롯해 난반구이(南蛮焼き: 난반야키), 난반 채소절임(南蛮漬: 난반즈케) 등이 있으며, 현재 대표적인 난반요리로는 치킨난반, 카레난반 등이 있다. 이 외에도 오븐에 구운 카스테라, 비스킷과 같은 구운 과자, 별사탕 등도 유명한 난반요리(과자)에 속한다. 특히 나가사키 카스테라는 대표적인 일본 전통 과자류가 되었다.

2 _ 싯포쿠요리

싯포쿠요리(卓袱料理)는 중국 요리와 서구 요리가 일본화된 연회 요리의 일종으로 중국식의 식사 형식을 도입한 나가사키가 유명하다. 에도시대 초기에 나가사키에 살

던 중국인의 영향을 받아 요리법이나 식기나 식탁은 중국풍이지만, 재료나 맛을 내는 방식은 일본인이 좋아하는 담백한 맛으로 변화했다. 싯포쿠(卓袱)는 중국식 '식탁' 또는 '식탁보'를 뜻하며, 싯포쿠요리는 이러한 중국식 식탁보를 깔아놓은 식탁에서 먹는 요리를 말한다. 즉 음식이 큰 접시에 담겨 제공되어 원탁에 둘러앉아 맛보는 코스 요리의 형태로 일식과 중식, 양식(네덜란드)이 고루 섞여 나오는 정찬 요리이다. 일본에서 보편적으로 사용되는 상이 아닌, 원탁에 음식을 올려놓고 식사하는 것이 특징이며 보통 요리 종류에 따라 나오는 순서는 정해져 있지만 요리에 정해진 형식은 없어서 음식점에 따라 특색이 있다.

현재는 요정(料亭: 일반 유흥음식점)이나 일본 요리점에서 맛보는 것이 주류로, 결혼 피로연에서 싯포쿠요리 형식으로 식단을 짜거나 관혼상제 등에서 싯포쿠요리를 배달 시키는 가정도 있다. 음식마다 담아야 하는 그릇의 종류가 다른 일본의 음식 문화와 달리, 큰 접시에 담아 수고를 줄일 수 있고 인원수에 증감이 있어도 그에 대응하기 쉬워 '급한 손님을 위한 요리'라는 측면도 있다. 식단에는 중국 요리 특유의 약선(藥膳: 약이 되는 음식)사상이 포함되어 있는 것으로 알려져 있다.

3 _ 후차요리

후차요리(普茶料理)는 에도시대 초기(1654)에 중국의 은원선사가 교토 우지(宇治)에 황벽산만복사라는 절을 세우고 포교 활동을 하면서 보급한 요리의 한 형식이다. 당시 중국의 선(禪)문화가 전해지면서 강낭콩, 수박, 연근 등 여러 가지 채소나 과일이 일본에 들어왔고, 이와 함께 전해진 중국풍 쇼진요리 쓰좌이(素菜/スーツァイ)가 바로 후차요리이다.

후차(普茶)란 '널리 대중에게 차(녹차)를 보급한다'는 의미로 원래는 승려들이 차를 마시면서 여러 가지 회의를 마친 후 나오는 식사를 말한다. 후차요리는 사찰음식이므

로 어패류나 육류 등의 동물성 재료는 사용하지 않고 채소를 주재료로 하여 식물성 기름을 사용해 만드는 것이 특징이다.

탁자 중앙에 놓인 큰 접시에 있는 반찬을 각자 개인 접시에 덜어먹는 형식은 싯포쿠요리와 비슷하며 일반적으로 식탁에는 2즙 7채(二汁七菜)나 2즙 9채(二汁九菜)가 차려진다.

에필로그

2013년, 일본 음식(일식)인 '와쇼쿠(和食): 일본인의 전통적인 식문화'가 유네스코 무형문화유산에 등록되었습니다. 와쇼쿠는 음식 문화를 포함한 일본의 전통 음식을 말합니다. 프롤로그에서 '일본의 전통 음식은 있다? 없다?'라는 질문으로 시작하여 많은 일본 음식이 일본의 역사와 문화 속에서 배양되어 전해 내려오는 전통 요리라고 할 수 있는지를 알아보기 위해 음식들의 기원과 역사 등을 중심으로 살펴보았습니다. 이러한 관점에서 볼 때, 앞에서 다룬 일본 음식들 중에는 일본의 전통 음식이라고 할 수 있는 음식이 많지 않았습니다.

예를 들어 일본의 대표 음식이라 할 수 있는 '스시'도 식초를 사용하지 않고 자연발효시켜 먹는 나레스시는 그 역사가 아주 오래되었다고 할 수 있으나, 자연발효 스시는 동남아시아나 동아시아가 원조라 할 수 있으므로 이를 일본의 전통 음식이라고는 할 수 없을 것입니다. 이후 현재의 방법인 식용초를 사용해서 만드는 스시가 처음 등장한 것은 에도시대인 1824년경이므로 200년 정도밖에 되지 않았으며, 일본 전역에서 일상적으로 현재와 같은 스시를 먹을 수 있게 된 것은 운송 시스템이나 냉장시설이 보급되기 시작한 1970년대라고 할 수 있으니, 전통 음식이라고 하기에는 그 역사가 그리 길다고 할 수 없습니다.

스시 이외의 외국 유래 음식인 우동, 돈카츠, 덴푸라, 카레라이스 등의 음식을 살펴보면, 처음에는 다른 나라의 것을 모방하지만 시간이 지나면서 자신들에게 맞게 변형을 거듭해 새로운 음식으로 발전시켰다는 것을 알 수 있는데, 모방으로 시작해서 재창조하는 일에 능숙한 일본인의 특징이 이러한 음식에도 잘 드러나 있음을 알 수 있었습니다.

이 책에서는 대표적인 일본 요리에는 어떠한 것들이 있고, 이들 요리는 어떻게 탄생하게 되었으며, 어떠한 변화를 거쳐 현재와 같은 요리로 발전하게 되었는지 소개하고, 또한 여러 가지 조리법으로 만들어지는 일본 가정식의 대표적인 반찬, 일본의 전통 정식 요리도 소개했습니다. 특히 대표적인 일본 요리에 대해서는 이들 요리와 관련된 재미있는 이야기나 우리에게는 잘 알려지지 않은 일화도 함께 소개하는 등 일본 요리 및 음식 문화를 폭넓게 그리고 되도록 쉽게 이해할 수 있도록 했습니다.

'음식은 알고 먹으면 맛도 두 배'라는 말이 있습니다. 모쪼록 독자 여러분이 일본 음식의 유래와 탄생, 그리고 음식 문화 등 일본 음식에 대한 이야기를 가벼운 마음으로 재미있게 읽어주시기 바랍니다.

1번 육수(이치반 다시)

주재료
- 물 1L
- 다시마 10g
- 가츠오부시 20g

Recipe

1. 물이 차가울 때 다시마를 냄비에 넣고 끓여준다.
2. 온도가 70℃가 되면 기포가 올라오기 전에 불을 줄여준다.
3. 거품을 제거해주면서 30분 정도 뭉근하게 끓여준다.
4. 다시마를 건져내고 불의 세기를 높여준다.
5. 끓어오르기 직전인 90℃ 온도에서 불을 꺼준다.
6. 가츠오부시를 천천히 넣어준다.
7. 가츠오부시가 가라앉을 때까지 기다렸다가 면보에 걸러 완성한다.

스시

주재료

- 광어 30g
- 도미 30g
- 참치 뱃살 15g
- 참치 속살 15g
- 새우 15g
- 오징어 15g
- 연어 15g
- 줄무늬전갱이 15g
- 문어 15g
- 바다장어 15g

초밥 재료

- 쌀밥 1kg
- 식초 1L
- 설탕 350g
- 소금 250g
- 레몬 1ea
- 다시마 30g
- 와사비 10g

기타 재료

- 초생강 20g
- 간장 20mL

Recipe

1. 식초, 설탕, 소금을 잘 섞어 녹을 때까지 저어준다.

2. 배합된 초밥초에 레몬과 다시마를 넣고 1주일 정도 숙성시킨다.

3. 갓 지은 쌀밥에 초밥초를 넣고 으깨지지 않도록 잘 섞어준다.

4. 초밥 재료를 준비해서 초밥을 만들어준다.

5. 초생강과 간장을 곁들여 완성한다.

사시미

주재료

- □ 광어 50g
- □ 도미 50g
- □ 참치 뱃살 50g
- □ 참치 속살 30g
- □ 연어 30g
- □ 고등어 30g
- □ 문어 30g
- □ 줄무늬전갱이 30g
- □ 무 100g
- □ 레몬 1ea
- □ 차조기잎 3ea
- □ 래디쉬 5g
- □ 당근 2g
- □ 고구마 4g

기타 재료

- □ 무순 10g
- □ 라임 1ea
- □ 와사비 20g
- □ 식용꽃 1ea
- □ 간장 20mL

Recipe

1. 손질한 생선은 종류에 따라 다른 방법으로 썰어준다.
2. 곁들임 재료를 준비한다.
3. 준비된 그릇에 색감을 살려 먹기 좋게 담아준다.
4. 간장과 와사비를 곁들여 완성한다.

덴푸라

주재료

□ 새우 2ea
□ 흰살생선 20g
□ 고구마 20g
□ 단호박 20g
□ 연근 20g
□ 양파 20g
□ 가지 15g
□ 표고버섯 1ea
□ 꽈리고추 1ea
□ 시소 1ea

튀김옷 재료

□ 튀김가루 500g
□ 달걀 1ea
□ 물 500mL
□ 식용유 1L

소스 재료

□ 1번 육수 400mL
□ 진간장 100mL
□ 맛술 100mL
□ 무 20g

Recipe

1. 1번 육수에 진간장, 맛술을 넣고 끓여 튀김 소스(덴다시)를 만들어둔다.
2. 무는 강판에 갈아 물기를 제거한다.
3. 새우는 꼬리만 남기고 껍질을 제거한다.
4. 손질한 새우의 배 쪽에 칼집을 넣어서 일자가 되도록 펴준다.
6. 생선과 채소는 튀기기 좋은 크기로 준비한다.
7. 물과 달걀노른자를 잘 섞어준다.
8. 달걀물에 튀김가루를 조금씩 넣어가며 덩어리지게 섞어준다.
9. 손질된 튀김재료들은 수분을 제거하고 튀김가루를 묻혀준다.
10. 튀김반죽을 묻혀 175℃ 기름에 튀겨준다.
11. 튀김 소스(덴다시)와 간 무를 넣어 소스를 만들어준다.
12. 튀김과 튀김 소스(덴다시)를 곁들여 완성한다.

쿠시카츠

주재료

- 새우 1ea
- 흰살생선 20g
- 닭다리살 30g
- 소고기 20g
- 표고버섯 1/2ea
- 양파 15g
- 연근 15g
- 가지 15g

반죽 재료

- 식용유 1L
- 튀김가루 300g
- 우유 200mL
- 빵가루 150g

소스 재료

- 소금 5g
- 돈카츠소스 20g
- 칠리소스 20g

Recipe

1. 튀김 재료들을 손질한다.
2. 꼬챙이에 재료들을 끼워준다.
3. 튀김가루와 우유를 잘 섞어 반죽을 만든다.
4. 튀김 재료들에 반죽을 묻혀준다.
5. 빵가루를 골고루 묻혀준다.
6. 165℃ 기름에 튀겨준다.
7. 소금과 소스를 함께 곁들여 완성한다.

관동풍 스키야키

주재료
- 소고기 200g
- 배추 100g
- 대파 50g
- 양파 50g
- 표고버섯 1ea
- 우엉 30g
- 실곤약 20g
- 두부 60g
- 팽이버섯 20g
- 쑥갓 10g
- 달걀 1ea

소스 재료
- 1번 육수 450mL
- 맛술 125mL
- 청주 90mL
- 진간장 90mL
- 설탕 20g

Recipe
1. 1번 육수에 맛술, 청주, 진간장, 설탕을 넣고 끓여 소스를 만들어준다.
2. 배추, 대파, 양파, 표고버섯은 먹기 좋은 크기로 썰어준다.
3. 우엉은 필러로 얇고 길게 썰어 찬물에 헹구어준다.
4. 실곤약은 식초를 넣은 끓는 물에 데쳐내고 매듭 지어 묶어준다.
5. 두부는 물기를 제거하고 겉면만 타지 않게 마른 팬에 구워준다.
6. 나베에 썰어놓은 채소와 스키야키소스를 넣고 끓여준다.
7. 채소가 거의 다 익었을 때 고기를 넣고 살짝만 익혀준다.
8. 팽이버섯과 쑥갓을 올려주고 날달걀과 함께 먹는다.

관서풍 스키야키

주재료

- □ 소고기 200g
- □ 배추 100g
- □ 대파 50g
- □ 양파 50g
- □ 표고버섯 2ea
- □ 우엉 30g
- □ 실곤약 20g
- □ 두부 60g
- □ 팽이버섯 20g
- □ 쑥갓 10g
- □ 달걀 1ea
- □ 식용유 20mL

소스 재료

- □ 1번 육수 150mL
- □ 맛술 150mL
- □ 청주 75mL
- □ 진간장 150mL
- □ 설탕 90g

Recipe

1. 1번 육수에 맛술, 청주, 진간장, 설탕을 넣고 끓여 소스를 만들어준다.
2. 배추, 대파, 양파, 표고버섯은 먹기 좋은 크기로 썰어준다.
3. 우엉은 필러로 얇고 길게 썰어 찬물에 헹구어준다.
4. 실곤약은 식초를 넣은 끓는 물에 데쳐낸 후 매듭 지어 묶어준다.
5. 두부는 물기를 제거하고 겉면이 타지 않게 마른 팬에 구워준다.
6. 주물나베에 식용유를 두르고 대파와 고기를 넣고 구워준다.
7. 스키야키소스를 뿌려가며 조리듯이 구워준다.
8. 기호에 따라 팽이버섯, 쑥갓 등 채소와 고기를 넣고 조리듯이 구워가며 날달걀에 적셔 먹는다.

오사카풍 오코노미야키

주재료
- 삼겹살 50g
- 오징어 30g
- 칵테일새우 5ea
- 양배추 150g
- 대파 30g

반죽 재료
- 식용유 100mL
- 부침가루 200g
- 물 200mL
- 달걀 1ea
- 산마 100g

소스 재료
- 돈카츠소스 20g
- 마요네즈 20g
- 가츠오부시 10g
- 파슬리 2g

Recipe

1. 양배추는 두께 1cm, 길이 3cm 정도 크기로 짧게 썰어준다.

2. 대파는 가늘게 송송 썰어준다.

3. 삼겹살과 오징어는 먹기 좋은 크기로 썰어준다.

4. 산마는 강판에 갈아준다.

5. 부침가루, 물, 달걀, 산마를 섞어 반죽을 만든다.

6. 볼에 채소와 삼겹살, 오징어, 칵테일새우를 넣고 가볍게 섞어준다.

7. 만들어놓은 반죽을 조금씩 넣어 반죽과 재료들을 섞어준다.

8. 예열된 팬에 식용유를 두르고 약불에서 노릇하게 부쳐준다.

9. 한번 뒤집은 후에 물을 뿌리고 뚜껑을 덮어 속까지 완전히 익혀준다.

10. 돈카츠소스와 마요네즈를 뿌려준다.

11. 그릇에 담고 가츠오부시, 파슬리를 뿌려 완성한다.

히로시마풍 오코노미야키

주재료
- □ 삼겹살 50g
- □ 양배추 150g
- □ 대파 30g
- □ 야키소바면 1pk

반죽 재료
- □ 식용유 100mL
- □ 부침가루 100g
- □ 물 150mL
- □ 달걀 1ea
- □ 돈카츠소스(면용) 10g

소스 재료
- □ 돈카츠소스 20g
- □ 마요네즈 20g
- □ 가츠오부시 10g
- □ 파슬리 2g

Recipe

1. 부침가루와 물을 섞어 반죽을 만든다.

2. 양배추와 대파는 가늘게 채 썰어준다.

3. 약불로 예열한 팬에 식용유를 두르고 반죽을 얇고 넓게 펴준다.

4. 반죽 위에 양배추, 대파, 삼겹살을 차례로 올려준다.

5. 반죽 위에 올려놓은 재료들을 한번에 뒤집어준다.

6. 5번을 팬 한쪽으로 밀어놓고 식용유를 조금 둘러 야키소바면을 볶아준다.

7. 야키소바면이 조금 풀어졌을 때 돈카츠소스를 넣고 함께 볶아준다.

8. 볶아놓은 야키소바 위에 5번의 반죽과 재료들을 쌓아 올린다.

9. 8번을 한쪽으로 밀어놓고 식용유를 조금 둘러 달걀프라이를 만든다.

10. 달걀이 덜 익었을 때 밀어놓은 모든 재료를 쌓아 올려준다.

11. 노릇하게 부치며 밀가루 반죽이 밑으로 가도록 다시 뒤집는다.

12. 돈카츠소스와 마요네즈를 뿌려준다.

13. 그릇에 담고 가츠오부시, 파슬리를 뿌려 완성한다.

야키우동

주재료

- 우동면 1pk
- 삼겹살 50g
- 오징어 30g
- 칵테일새우 5ea
- 양배추 20g
- 대파 10g
- 달걀 1ea

기타 재료

- 식용유 100mL
- 가츠오부시 10g
- 파슬리 2g

소스 재료

- 굴소스 30g
- 돈카츠소스 20g
- 진간장 20g
- 맛술 20g
- 설탕 10g

Recipe

1. 소스 재료들을 모두 섞어준다.
2. 삼겹살과 오징어, 채소는 먹기 좋게 썰어준다.
3. 끓는 물에 우동면을 삶아준다.
4. 예열된 팬에 식용유를 두르고 삼겹살을 볶아준다.
5. 고기가 반 정도 익었을 때 채소를 넣고 볶아준다.
6. 오징어, 칵테일새우를 넣고 볶아준다.
7. 삶은 면을 넣고 볶다가 소스를 넣고 볶아준다.
8. 면수를 조금 넣어 타지 않고 윤기 나게 볶아준다.
9. 그릇에 담고 달걀프라이, 가츠오부시, 파슬리를 올려 완성한다.

자루소바

주재료
- 메밀면 1pk
- 무 20g
- 대파 15g
- 와사비 5g
- 김가루 3g

소스 재료
- 1번 육수 800mL
- 진간장 100mL
- 맛술 100mL
- 설탕 30g

Recipe

1. 1번 육수에 진간장, 맛술, 설탕을 넣고 끓여준다.
2. 끓인 소스를 차갑게 식혀준다.
3. 무는 강판에 갈아 물기를 제거해준다.
4. 대파는 가늘게 송송 썰어준다.
5. 끓는 물에 메밀면을 삶아준다.
6. 삶은 면을 손으로 비벼가며 얼음물에 여러 번 헹구어준다.
7. 물기를 제거한 메밀면을 자루에 담고 김가루를 올려준다.
8. 간 무와 대파, 와사비를 함께 준비하여 완성한다.

마제소바

주재료

- □ 생라멘면 1pk
- □ 돼지 다짐육 300g
- □ 대파 20g
- □ 부추 20g
- □ 마늘 15g
- □ 김가루 10g
- □ 가츠오부시 10g
- □ 달걀 1ea
- □ 돼지기름 15g
- □ 고추기름 15g
- □ 진간장(면용) 5g
- □ 굴소스(면용) 5g
- □ 식용유 50mL

소스 재료

- □ 물 100mL
- □ 설탕 20g
- □ 맛술 20mL
- □ 청주 20mL
- □ 진간장 30mL
- □ 굴소스 20g
- □ 두반장 40g

Recipe

1. 대파와 부추는 송송 썰어주고 마늘은 다져준다.
2. 팬에 식용유를 두르고 돼지고기를 넣어 뭉치지 않게 볶아준다.
3. 고기가 반 정도 익었을 때 설탕, 맛술, 청주를 넣고 볶아준다.
4. 알코올이 증발하고 설탕이 모두 녹았을 때 진간장, 굴소스, 두반장, 물을 넣고 잘 저어가면서 조리듯이 볶아준다.
5. 팬에 돼지기름을 넣고 가열하여 체에 걸러준다.
6. 마른 팬에 가츠오부시를 볶아 체에 내려준다.
7. 끓는 물에 생라멘면을 삶아주고 면에 상처가 나도록 물기를 제거한다.
8. 그릇에 돼지기름, 고추기름, 진간장, 굴소스, 면수를 넣어 면과 함께 비벼준다.
9. 그 위에 볶아놓은 고기와 대파, 부추, 마늘, 김가루, 가츠오부시, 달걀 노른자를 올려 완성한다.

오야코동

주재료
- □ 쌀밥 300g
- □ 닭다리살 150g
- □ 양파 80g
- □ 표고버섯 1ea
- □ 파드득나물 10g
- □ 달걀 2ea

소스 재료
- □ 1번 육수 200mL
- □ 진간장 50mL
- □ 맛술 50mL
- □ 설탕 15g

Recipe

1. 1번 육수에 진간장과 맛술, 설탕을 넣고 끓여준다.
2. 닭다리살의 껍질과 기름을 제거한다.
3. 손질한 닭다리살은 먹기 좋은 크기로 썰어준다.
4. 양파와 표고버섯은 채 썰어준다.
5. 파드득나물은 잎을 떼어낸 후 줄기를 2cm 길이로 썰어준다.
6. 팬에 양파, 표고버섯, 닭다리살을 넣고 소스를 넣어 끓여준다.
7. 재료들이 모두 익으면 잘라둔 파드득나물 줄기를 넣고 끓여준다.
8. 약불로 줄이고 달걀을 풀어 재료들 위에 끼얹는다.
9. 달걀이 반 정도 익었을 때 불을 끈다.
10. 밥 위에 담은 후 파드득나물 잎을 올려 완성한다.

텐동

주재료
- □ 새우 2ea
- □ 단호박 20g
- □ 양파 20g
- □ 가지 15g
- □ 꽈리고추 1ea
- □ 쌀밥 300g

튀김옷 재료
- □ 튀김가루 500g
- □ 달걀 1ea
- □ 물 500mL
- □ 식용유 1L

소스 재료
- □ 1번 육수 400mL
- □ 진간장 100mL
- □ 맛술 100mL

Recipe

1. 1번 육수에 진간장, 맛술을 넣고 끓여준다.
2. 새우는 꼬리만 남기고 껍질을 제거한다.
3. 손질한 새우의 배 쪽에 칼집을 넣어서 일자가 되도록 펴준다.
4. 채소는 튀기기 좋은 크기로 준비한다.
5. 물과 달걀노른자를 잘 섞어준다.
6. 달걀물에 튀김가루를 조금씩 넣어가며 덩어리지게 섞어준다.
7. 손질된 튀김재료들은 수분을 제거하고 튀김가루를 묻혀준다.
8. 튀김반죽을 묻혀 175℃ 기름에 튀겨준다.
9. 그릇에 밥을 담고 튀김 소스(덴다시)를 조금 뿌려준다.
10. 튀긴 덴푸라를 올려주고 튀김 소스(덴다시)를 끼얹어 완성한다.

카레라이스

주재료
- 쌀밥 300g
- 소고기 200g
- 감자 100g
- 당근 50g
- 양파 50g

소스 재료
- 식용유 30mL
- 카레 루 1pk
- 버터 100g
- 파슬리 1g

Recipe

1. 양파는 잘게 다져준다.
2. 소고기와 감자, 당근은 먹기 좋은 크기로 썰어준다.
3. 냄비에 식용유를 두르고 약불에서 타지 않게 양파를 볶아준다.
4. 캐러멜라이즈된 양파와 소고기, 감자, 당근을 넣고 볶아준다.
5. 물을 넣고 소고기, 감자, 당근이 모두 익을 때까지 끓여준다.
6. 카레 루를 넣어 타지 않게 잘 저어가면서 녹여준다.
7. 약불에서 원하는 농도가 될 때까지 끓여준다.
8. 버터를 넣어 잘 저어준다.
9. 밥 위에 카레를 올려주고 파슬리를 뿌려 완성한다.

니쿠자가

주재료
- 소고기 200g
- 감자 300g
- 곤약 70g
- 꽈리고추 20g
- 식용유 50mL

소스 재료
- 1번 육수 600mL
- 진간장 100mL
- 맛술 100mL
- 설탕 100mL

Recipe

1. 곤약은 0.5cm 두께, 7cm 길이로 썰어 가운데 칼집을 넣고 꼬아준다.

2. 식초를 넣은 끓는 물에 곤약을 데쳐준다.

3. 감자는 껍질을 벗겨 먹기 좋은 크기로 썰어주고 가장자리를 다듬는다.

4. 냄비에 식용유를 두르고 감자를 노릇하게 구워준다.

5. 소고기를 넣고 볶아준 뒤에 1번 육수, 맛술, 설탕을 넣고 끓여준다.

6. 끓어오르는 거품을 모두 제거해주고 진간장을 넣고 끓여준다.

7. 완성하기 5분 전에 꽈리고추를 넣고 졸여준다.

8. 그릇에 담아 완성한다.

스이모노

주재료
- □ 백합 200g
- □ 대파 10g
- □ 파드득나물 3g
- □ 레몬 5g

기타 재료
- □ 생수 1L
- □ 다시마 7g
- □ 청주 15mL
- □ 소금 3g

Recipe

1. 백합은 해감한 뒤 깨끗하게 씻어준다.
2. 대파 흰부분의 진액을 제거한 후 얇게 채 썰어 찬물에 헹궈준다.
3. 레몬은 껍질만 사용하되 속껍질은 모두 제거한다.
4. 냄비에 생수, 다시마, 백합을 넣고 끓여준다.
5. 끓어오르면 불을 줄이고 다시마를 건져낸다.
6. 백합은 입이 모두 벌어지고 익었을 때 건져내 둔다.
7. 청주와 소금을 넣고 끓어오르는 거품은 모두 제거한다.
8. 그릇에 백합과 국물을 넣고 대파, 파드득나물, 레몬껍질을 올려 완성한다.

차완무시

주재료
- 1번 육수 450mL
- 달걀 3ea
- 소금 2g
- 국간장 1g
- 맛술 2g

고명 재료
- 닭 안심 20g
- 표고버섯 1ea
- 칵테일새우 2ea
- 쑥갓 1g

Recipe

1. 달걀의 3배 양인 1번 육수에 달걀을 섞어 달걀물을 만든다.

2. 잘 섞어준 뒤 체에 내려준다.

3. 소금, 국간장, 맛술을 넣어 간을 한다.

4. 닭 안심과 표고버섯은 알맞은 크기로 썰어준다.

5. 끓는 물에 소금을 넣고 손질한 닭 안심과 표고버섯을 데쳐낸 후 물기를 제거한다.

6. 쑥갓은 찬물에 담가놓는다.

7. 찻잔에 데친 고명 재료(5번)를 넣은 후 달걀물을 넣어준다.

8. 뚜껑을 덮어 찜기에 10분간 쪄준다.

9. 칵테일새우와 쑥갓을 올려 30초간 뜸을 들인 후 완성한다.

다시마키

주재료
- 달걀 6ea
- 1번 육수300mL
- 청주 100mL
- 맛술 100mL
- 설탕 100g
- 소금 5g
- 국간장 10g
- 식용유 50mL

기타 재료
- 무 20g
- 간장 2g

Recipe

1. 먼저 1번 육수에 청주, 맛술, 설탕, 소금, 국간장을 넣고 끓여서 식혀 다시마키 소스를 만들어둔다.

2. 5개의 전란과 1개의 노른자를 섞어 체에 내려준다.

3. 식힌 다시마키 소스 125mL를 넣고 잘 섞어준다.

4. 예열된 팬에 식용유를 조금 두르고 중약불에서 다시마키를 만든다.

5. 뜨거울 때 김발로 모양을 잡아준다.

6. 무는 강판에 갈아 물기를 제거해준다.

7. 완성된 다시마키는 먹기 좋은 크기로 썰어준다.

8. 간 무에 간장을 뿌려서 곁들여 완성한다.

연표로 본 한·일 시대 비교

	한국	시대	시대	일본
B.C.	청동기문화 보급 8조법 제정	고 조 선	조 몬 시 대	신석기문화 보급
500				
400				조몬토기 제작
	철기문화 보급			
300				청동기문화 보급 벼농사 전래 야요이 토기제작
200				
	194 – 위만조선 108 – 고조선 멸망			107 – 규슈를 중심으로 철기 보급
100	57 – 신라 건국 37 – 고구려 건국 18 – 백제 건국		야 요 이 시 대	
0 A.D.	94 – 고구려 진대법			57 – 왜(倭)의 노국왕(奴国王)이 후한(중국) 에 사신을 보내 금인(金印)을 받음
100		삼 국 시 대		
200	260 – 백제 16관등제 실시			239 – 야마타이국 중국 위(魏)에 사신 보냄
300	372 – 고구려 불교 수용 373 – 고구려 율령 반포 384 – 백제 불교 수용		고분 · 아 스 카	350 – 야마토정권 전국통일
400	427 – 고구려 평양 천도 433 – 나제 동맹 체결 475 – 백제 웅진 천도			
500				

500					
	538 – 백제 사비 천도	삼	고	592 – 아스카시대 시작	
	545 – 신라 국사 편찬	국	분	593 – 쇼토쿠태자 섭정	
	553 – 백제 일본에 불교 전파	시	·		
600		대	아	607 – 견수사 파견	
	660 – 백제 멸망		스	630 – 견당사 파견	
	668 – 고구려 멸망		카	675 – 육식 금지령	
	698 – 발해 건국				
700			나	701 – 대보율령 반포	
	722 – 신라 정전제 실시	통	라	710 – 나라시대 시작	
	751 – 신라 불국사 석굴암 완성	일		794 – 헤이안시대 시작	
	788 – 신라 독서삼품과 설치	신			
800		라		805 – 당나라에서 천태종이 전해짐	
	828 – 장보고 청해진 설치			894 – 견당사 폐지	
	900 – 후백제 건국				
900			헤	935 – 다이라노 마사카도의 난	
	918 – 고려 건국		이	939 – 후지와라노 스미토모의 난	
	926 – 발해 멸망		안		
	935 – 신라 멸망				
1000				1051 – 전9년 전쟁	
	1011 – 초조대장경			1083 – 후3년 전쟁	
	1019 – 귀주대첩	고		1086 – 시라카와 상황 원정	
	1044 – 천리장성 완성	려			
1100		시		1156 – 호우겐의 난	
	1126 – 이자겸의 난	대		1159 – 헤이지의 난	
	1145 – 삼국사기 편찬			1192 – 가마쿠라 막부 설립	
	1170 – 무신정변				
1200			가마	1221 – 조큐의 난	
	1232 – 강화도 천도		쿠라	1274 – 분에이의 역	
	1274 – 여몽의 일본 1차 원정			1281 – 코우안의 역	
	1281 – 삼국유사 편찬, 2차 원정				
1300				1333 – 가마쿠라 막부 멸망	
	1388 – 위화도회군			1333 – 무로마치 막부 설립	
	1392 – 고려 멸망	조	무로	1336 = 남북조 대립	
	1392 – 조선 건국	선	마치		
1400		시		1457 – 에도성 완성	
	1402 – 호패법 실시	대		1467 – 오닌의 난	
	1442 – 측우기				
	1443 – 한글 창제				
1500					

연도	한국사		일본사	
1500	1519 – 기묘사화 1592 – 임진왜란 1597 – 정유재란	조선시대	1573 – 무로마치 막부 멸망 1592 – 분로쿠의 역 1597 – 케이쵸의 역	무로마치
1600	1623 – 인조반정 1627 – 정묘호란 1636 – 병자호란		1600 – 세키가하라 전투 1603 – 에도 막부 설립 1639 – 쇄국령	아즈치모모야마
1700	1725 – 탕평책 실시 1750 – 균역법 실시 1776 – 규장각 설치		1709 – 아라이 하쿠세키의 개혁 1782 – 텐메이의 대기근 1792 – 러시아 사절단 내일	에도
1800	1875 – 운요호 사건 1876 – 강화도 조약 1894 – 갑오개혁		1868 – 에도 막부 멸망 1868 – 메이지시대 시작 1894 – 청일전쟁 발발	메이지
1900	1905 – 을사늑약 조약 1910 – 대한제국 멸망 1919 – 3·1운동, 임시정부 수립		1904 – 러일전쟁 발발 1912 – 다이쇼 일왕 즉위 1914 – 제1차 세계대전 발발	
1920	1920 – 민족분열통치, 산미 증식계획 1932 – 이봉창, 윤봉길 의거 1939 – 창씨개명	강점기	1923 – 관동대지진 1926 – 쇼와시대 시작 1931 – 만주사변	다이쇼
1940	1945 – 광복 1948 – 대한민국 건국 1950 – 6·25전쟁 발발		1941 – 태평양전쟁 발발 1945 – 일본 패전 1956 – 국제연합 가입	쇼와
1960	1960 – 4·19혁명 1961 – 5·16군사정변 1979 – 12·12사태	대한민국	1964 – 도쿄올림픽 개최 1970 – 만국박람회 개최 1972 – 오키나와 반환	
1980	1980 – 광주민주화운동 1988 – 88올림픽 1997 – IMF금융위기		1989 – 헤이세이시대 시작 1995 – 한신대지진 1998 – 나가노동계올림픽 개최	헤이세이
2000 2020	2002 – 월드컵 개최 2018 – 평창동계올림픽개최		2011 – 동일본대지진 2019 – 레이와시대 시작	

참고문헌

일본 문헌

『明治大正史 世相篇』(1993), 柳田國男(著), 講談社

『プロのためのわかりやすい日本料理』(1998), 畑 耕一郎(著), 柴田書店

『講座 食の文化 第2巻「日本の食事文化」』(1998), 石毛 直道(監修), 熊倉 功夫(編集), 味の素食の文化センター

『日本料理語源集』(2004), 中村 幸平(著), 旭屋出版: 新版

『完全理解 日本料理の基礎技術』(2004), 野崎 洋光(著), 柴田書店

『日本料理の歴史(歴史文化ライブラリー)』(2007), 熊倉 功夫(著), 吉川弘文館

『日本料理の常識・非常識』(2007), 村田 吉弘(著), 柴田書店

『一流料理長の和食宝典』(2008), 伊藤 尚子(編集), 世界文化社

『食べる指さし会話帳 9, JAPANESE FOOD 日本料理』(2009), 榎本 年弥(著), 情報センター出版局

『からだにおいしい魚の便利帳(便利帳シリーズ)』(2010), 藤原 昌高(著), 高橋書店

『和のおかず決定版』(2011), 野崎 洋光(著), 世界文化社

『なるほどなっとく! おいしい料理には科学(ワケ)がある大事典』(2012), 別冊宝島編集部(編集), 宝島社

『本当においしく作れる和食』(2012), 奥田 透(著), 世界文化社

『飲食事典』(2012), 本山荻舟(著), 平凡社ライブラリー

『英国一家、日本を食べる』(2013), マイケル・ブース(著) 寺西 のぶ子(翻訳), 亜紀書房

『すしの技術大全』(2013), 目黒 秀信(著), 誠文堂新光社

『たべもの起源事典 日本編』(2013), 岡田 哲(著), 筑摩書房

『たべもの起源事典 世界編』(2014), 岡田 哲(著), 筑摩書房

『和食とはなにか 旨みの文化をさぐる』(2014), 原田 信男(著), 角川ソフィア文庫

『江戸の食文化: 和食の発展とその背景』(2014), 原田 信男(編集), 小学館

『日本人の「食」、その知恵としきたり』(2014), 永山 久夫(監修), 海竜社

『はじめてでもおいしく作れる和食 -永久保存レシピ-』(2015), おいしい和食の会(編集), 家の光協会

『「和食」ってなんだろう?』(2015), 江原 絢子(監修) 和食の学研プラス, 学研

『和食の教科書 ぎをん丼手習帖』(2015), 浜作 森川 裕之(著) ¦ 世界文化社

『和えもの』(2015), 真藤 舞衣子(著), 主婦と生活社

『和食に恋して: 和食文化考』(2015), 鳥居本 幸代(著), 春秋社

『和食とは何か(和食文化ブックレット1)』(2015), 熊倉 功夫(著), 思文閣出版

『日本の食文化史 -旧石器時代から現代まで-』(2015), 石毛 直道(著), 岩波書店

『日本料理大全 プロローグ』(2015), 日本料理アカデミー監修, 熊倉功夫, 伏木 亨(著) ¦ SHUHARI

『和食の常識Q&A百科』(2015), 堀 知佐子 成瀬宇平(著), 丸善出版

『和の達人野崎洋光が教える じつは知らない和食の常識』(2016), 野崎 洋光(著), 洋泉社

『「和食と日本人」おもしろ雑学』(2016) 武田 櫂太郎(著), 大和書房

『和食のきほん、完全レシピ』(2016), 野崎 洋光(著), 世界文化社

『日本料理とは何か: 和食文化の源流と展開』(2016), 奥村 彪生(著), 農山漁村文化協会

『日本の食文化「和食」の継承と食育-』(2016), 江原 絢子(著,編集), ㈱アイ・ケイコーポレーション

『和食の歴史(和食文化ブックレット5)』(2016), 原田 信男(著), 思文閣出版

『「和の食」全史』(2017), 永山久夫 (著), 河出書房新社

『ちゃんと覚えたい和食』(2018), 吉田麻子 (著), 秀和システム

『よくわかる日本料理用語事典』(2018), 遠藤十士夫 (著), 旭屋出版

『和食のこころ』(2018), 村田吉弘 (著), 世界文化社

『日本の食文化1: 食事と作法』(2018), 小川直之 (著), 吉川弘文館

『外国人にも話したくなる日本食』(2019), 永山久夫 (監修), KADOKAWA

『お客に言えない食べ物の裏話大全』(2019), ㊙情報取材班 (編集), 青春出版社

『家庭料理100のきほん』(2020), 松浦弥太郎 (著), マガジンハウス

フリー百科事典『ウィキペディア（Wikipedia）』

한국 문헌

『음식, 그 상식을 뒤엎는 역사』(2002), 쓰지하라 야스오 저, 이정환 역, 창해(새우와 고래)

『에도의 패스트푸드』(2004) 오쿠보 히로코 저, 이언숙 역, 청어람미디어

『돈가스의 탄생』(2006), 오카다 데쓰 저, 정순분 역, 뿌리와이파리

『맛의 전쟁사』(2007), 김승일 저, 역사공간

『음식천국, 중국을 맛보다』(2008), 정광호 저, 매일경제신문사

『스시 수첩』(2009), 사카모토 가즈오 저, 이은경 역, 우듬지

『기초 일본 요리』(2010), 구본호 저, 백산출판사

『일본 식문화의 이해』(2012), 박병학·임홍식·최익석 공저, 형설출판사

『정통일본 요리』(2012), 나카무라아카데미 저, 비앤씨월드

『일본 요리의 역사』(2012), 박병학 저, 살림출판사

『일본의 맛 규슈를 먹다』(2013), 박상현 저, 따비

『맛으로 본 일본』(2014), 박용민 저, 헤이북스

『집에서 일본 가정식』(2014), 셀라 저, 부즈펌

『일본 의식주 사전』(2015), 도요자키 요코·스튜어트 버냄 앳킨 공저, 승현주 역, 한울

『요리 도감『삶의 저력』을 키워보자』(2015), 오치 도요코 글, 히라노 에리코 그림, 김세원 역, 에이케이커뮤니케이션즈

『요리하는 조선 남자』(2015), 이한 저, 청아출판사

『요리 초보자도 맛있게 만드는 일본 가정식 260』(2016), 맛있는 일본 요리 연구 모임 저, 김하경 역, 시그마북스

『일본 가정식 밑반찬 채소절임』(2016), 일본 부티크사 편집부 저, 김수정 역, 즐거운상상

『찬바람 불 땐, 나베 요리』(2016), 이와사키 게이코 저, 이소영 역, 윌컴퍼니(윌스타일)

『오사카 키친』(2016), 김윤주 저, 알에이치코리아(RHK)

『일본, 엄청나게 가깝지만 의외로 낯선』(2016), 후촨안 저, 애플북스

『일본, 국수에 탐닉하다』(2018), 이기중 저, 따비

『카레라이스의 모험』(2019), 모리에다 다카시 저, 박성민 역, 눌와

『일본 가정식 반찬 결정판』(2019), 노자키 히로미쓰 저, 김소영 역, 시그마북스

『일본 요리 뒷담화』(2019), 우오쓰카 진노스케 저, 술부인 역, 글항아리

『음식과 세계문화』(2020), 김건희 외 6명 공저, 파워북

『히데코의 일본 요리교실』(2020), 나카가와 히데코 저, 맛있는책방

『성스러운 한 끼』(2020), 박경은 저, 서해문집

위키백과

나무위키

문화로 맛보는 맛있는 일본 요리

초판인쇄	2021년 3월 10일
초판발행	2021년 3월 20일

저자	정의상
책임 편집	김성은, 최미진
펴낸이	엄태상
디자인	권진희
일러스트	강희주
조판	김성은
콘텐츠 제작	김선웅, 김현이
마케팅	이승욱, 전한나, 왕성석, 노원준, 조인선, 조성민
경영기획	마정인, 조성근, 최성훈, 정다운, 김다미, 오희연
물류	정종진, 윤덕현, 양희은, 신승진

펴낸곳	시사일본어사(시사북스)
주소	서울시 종로구 자하문로 300 시사빌딩
주문 및 교재 문의	1588-1582
팩스	0502-989-9592
홈페이지	www.sisabooks.com
이메일	book_japanese@sisadream.com
등록일자	1977년 12월 24일
등록번호	제300 - 1977 - 31호

ISBN 978-89-402-9309-6 (13730)